北平抗日斗争历史丛书

平郊抗日根据地

中共北京市委党史研究室
北京市地方志编纂委员会办公室　组织编写

杨胜群　李良　主编

史波波　著

北京出版集团
北京人民出版社

图书在版编目（CIP）数据

平郊抗日根据地／中共北京市委党史研究室，北京市地方志编纂委员会办公室组织编写；史波波著. —北京：北京人民出版社，2023.8
（北平抗日斗争历史丛书／杨胜群，李良主编）
ISBN 978-7-5300-0584-2

Ⅰ. ①平… Ⅱ. ①中… ②北… ③史… Ⅲ. ①农村革命根据地—史料—北京 Ⅳ. ①K269.506

中国国家版本馆 CIP 数据核字（2023）第 029114 号

北平抗日斗争历史丛书
平郊抗日根据地
PINGJIAO KANG RI GENJUDI
中共北京市委党史研究室
北京市地方志编纂委员会办公室　组织编写
杨胜群 李 良 主编
史波波 著
＊
北 京 出 版 集 团
北 京 人 民 出 版 社　出版
（北京北三环中路 6 号）
邮政编码：100120
网　　址：www . bph . com . cn
北 京 出 版 集 团 总 发 行
新 华 书 店 经 销
河北宝昌佳彩印刷有限公司印刷
＊
787 毫米 ×1092 毫米　16 开本　17.125 印张　236 千字
2023 年 8 月第 1 版　2023 年 8 月第 1 次印刷
ISBN 978-7-5300-0584-2
定价：68.00 元
如有印装质量问题，由本社负责调换
质量监督电话：010-58572393
编辑部电话：010-58572798；发行部电话：010-58572371

序　言

中国人民抗日战争，是近代以来中国人民反抗外敌入侵持续时间最长、规模最大、牺牲最多，并第一次取得完全胜利的民族解放斗争。中国人民以顽强的意志和英勇的斗争，彻底打败了法西斯主义，取得了正义战胜邪恶、光明战胜黑暗、进步战胜反动的伟大胜利。这个伟大胜利，是中华民族从近代以来陷入深重危机走向伟大复兴的历史转折点，也是世界反法西斯战争胜利的重要组成部分，是中国人民的胜利，也是世界人民的胜利，将永远铭刻在中华民族史册上，永远铭刻在人类正义事业史册上。

在中华民族生死存亡的历史关头，中国共产党秉持民族大义，高举抗日旗帜，积极倡导、有力推动以国共合作为基础的抗日民族统一战线，同日本侵略者进行了最英勇、最坚决的斗争，成为全民族抗战的中流砥柱。全体中华儿女共赴国难、浴血奋战，彰显了中华民族威武不屈的脊梁和精神。

北平抗日斗争是中国人民抗日斗争的重要组成部分，在全国抗战中具有独特地位和作用。这里是一二·九运动的策源地，由此掀起抗日救亡运动新高潮；这里是全民族抗战的爆发地，由此拉开全民族抗战帷幕；这里是华北抗战的前沿阵地，由此成为晋察冀抗日根据地重要组成部分。在这片红色沃土上，北平军民为国家生存而战、为民族复兴而战、为人类正义而战，涌现出许多可歌可泣的英雄人物，书写了许多感天动地的英雄壮举，他们血染的风采成为伟大抗战精神的生动写照。

为继承和弘扬伟大抗战精神，配合以卢沟桥、宛平城为代表的抗日斗争主题片区保护利用，深入挖掘北平抗日斗争历史内涵，经报请中共北京市委批准，我们策划编写了"北平抗日斗争历史丛书"。丛书由《抗日救亡运动新高潮》《全民族抗战起点》《到前线去 到根据地去》《故宫文物南迁》《平津高校外迁》《北平沦陷区的抗日斗争》《平郊抗日根据地》《北平抗日秘密交通线》《迎接抗战最后胜利》《北平抗日斗争群英荟》《北平抗日斗争遗址遗迹纪念设施》《北平抗日斗争文物故事》12种书构成。

丛书重点聚焦一二·九抗日救亡运动兴起、全民族抗战爆发、北平城内地下斗争、平郊抗日根据地的开辟和敌后游击战争等重大历史事件，全面回顾了北平抗日斗争波澜壮阔的历史进程，全景展现了北平军民不屈斗争的历史画卷，深刻诠释了北平军民以铮铮铁骨战强敌、以血肉之躯筑长城、以前仆后继赴国难的英雄气概和重要贡献。

丛书定位于学术研究基础上的专题历史著作，面向广大党员干部和社会大众，兼具思想性、政治性、通俗性和原创性，努力将之打造成权威可信、可读可学的精品力作。丛书总体呈现以下几个显著特点：

一是导向正确。坚持以党的三个历史问题决议精神和习近平总书记关于党的历史和党史工作重要论述为遵循，坚持以马克思主义立场、观点和方法为指导，牢牢把握抗战历史的主题和主线、主流和本质，坚决反对任何否认日本军国主义侵略历史甚至美化侵略战争和殖民统治等谬论。

二是权威科学。坚持党性和科学性相统一，实事求是反映历史的真实。编撰组织上，邀请党史、军史、抗战史相关领域权威专家担任编委或作者。资料运用上，坚持以原始档案、权威文献著作为依据，在全面收集相关资料基础上，注重发掘新史料，吸收新成果，确保内容的准确性和科学性。

三是主题鲜明。紧紧扭住北平作为一二·九运动策源地、全民族抗战爆发地、华北抗战前沿阵地等关键点，深刻揭示北平在全国抗日斗争中的地位和作用，深刻揭示中国共产党的中流砥柱作用是抗战胜利的关键、全民族抗战是抗战胜利的法宝、伟大抗战精神是抗战胜利的决定因素。

四是可读可学。布局上坚持统分结合、融为一体，叙事上注重条理清晰、逻辑严谨，语言上力求通俗易懂、生动活泼，设计上做到图文并茂、相得益彰，努力使丛书成为激励广大党员干部和人民群众在新时代奋发有为的教科书、营养剂与清醒剂。

中国人民在抗日战争的壮阔进程中孕育出伟大抗战精神，向世界展示了天下兴亡、匹夫有责的爱国情怀，视死如归、宁死不屈的民族气节，不畏强暴、血战到底的英雄气概，百折不挠、坚韧不拔的必胜信念。这一伟大精神，始终熔铸于北平抗日军民血液之中，并得到充分释放和展现，今天依然是我们书写实现中华民族伟大复兴中国梦北京篇章的重要力量源泉。奋进新征程、建功新时代，我们必须大力传承和弘扬伟大抗战精神，坚定不移坚持党的领导，自觉拥护"两个确立"、增强"四个意识"、坚定"四个自信"、做到"两个维护"，筑牢历史记忆，担当历史使命，锲而不舍为实现中华民族伟大复兴而奋斗。

目　录

前　言

　　1937年7月7日，丧心病狂的日本侵略者悍然炮击宛平城，制造震惊中外的卢沟桥事变，发动全面侵华战争。中国驻军第29军一部奋起抵抗，全民族抗战由此爆发。

　　1937年8月，中共中央在陕北洛川召开政治局扩大会议，明确提出在敌后开展抗日游击战争、创建抗日根据地的方针。按照中共中央和毛泽东的部署，在平郊地区，八路军首先开辟了平西抗日根据地，然后以平西为基地挺进冀东、开辟平北，在以雾灵山为中心的区域开展抗日游击战争。中共北平地下党动员大批共产党员、中华民族解放先锋队队员和青年学生奔赴平郊，开展游击战争，配合挺进华北敌后的八路军，建立平郊抗日根据地，给日、伪军以沉重打击。

　　平郊抗日根据地作为晋察冀抗日根据地的重要组成部分，是华北地区最早创建的抗日民主根据地之一。它从东西南北四个方向包围着华北地区日本侵略者的政治、军事中心北平，并可直指唐山、张家口、天津等敌占重要城市，可控制北宁、平绥、平汉等铁路干线，战略位置极为重要。在中国共产党的领导下，平郊人民团结一心，共同抗日，展开了不屈不挠的斗争。

　　当年夜深人静的时候，北平城内的人们时常能够听到来自平郊的枪炮声，这给了人们持之以恒的必胜信念。百望山、颐和园、香山、妙峰山、十渡、龙庆峡、卢沟桥、十三陵、海坨山、雾灵山、丫髻山……长城内外、永定河畔，无处不活跃着英勇的八路军和游击队。尽管他们武器落后、弹药匮乏、缺衣少食，但凭借着先进的战术、坚定的信念和必胜的决心，与日本侵略者展开了一轮又一轮的殊死搏斗，取得了一场又一场战斗的胜利。

平郊抗日根据地

　　凶残的敌人对平郊抗日根据地的疯狂"扫荡""蚕食"没中断过，广大抗日军民付出了巨大牺牲。平西中心区是日军南苑空军学校的靶场，很多村子被炸得粉碎。敌人在平北大搞"集家并村"，大肆制造"无人区"，广大军民处于极其艰苦的境地。冀东怀柔县大水峪等地在日军的"三光政策"下成为"寡妇村"。但平郊广大抗日军民没有退缩，他们始终充满斗志、不畏牺牲、前仆后继。日益壮大的平郊根据地，像一把利剑直接插入敌人的心腹。到1944年9月，平郊地区的日、伪军只能龟缩在北平周边一个狭小的范围之内，北平城内的敌人，则成了瓮中之鳖。敌后战场转入战略反攻后，平郊地区成为八路军向察哈尔、热河、东北等地挺进的阵地。

　　作为中国人民抗日战争的重要组成部分，平郊抗战为中国抗战胜利做出了重要贡献。平郊抗日根据地的斗争与发展史，理应被更多的人知晓并铭记。

第一章 "以游击战争为唯一方向"

远望春光镇日阴，太行高耸气森森。

忠肝不洒中原泪，壮志坚持北伐心。

百战新师惊贼胆，三年苦斗献吾身。

从来燕赵多豪杰，驱逐倭儿共一樽。[①]

——朱德

　　1937年前后，中国的政治军事形势发生剧变，红军的作战方针和战略转变问题提上日程。早在1935年12月23日，中共中央政治局通过《中央关于军事战略问题的决议》，提出"游击战争对于战胜日本帝国主义及汉奸卖国贼的任务，有很大的战略上的作用"。这是中国共产党抗日战争实现战略转变的起点。[②]在推动同国民党结成抗日民族统一战线后，中共中央和毛泽东等创造性提出中国共产党领导下的人民抗日武装实行"独立自主的山地游击战"的战略方针。放手发展抗日武装和根据地，开展敌后游击战争，是中国共产党根据实际情况做出的战略决策，为夺取抗日战争伟大胜利起到了不可估量的作用。晋察冀广大军民在巩固扩大抗日根据地的过程中，坚决执行巩固平西、坚持冀东、开辟平北的方针，创建了冀热察抗日根据地，直接威胁到日本侵略者在华北的重点城市与交通命脉。

---

　　① 朱德创作的这首《太行春感》表达了驱逐日寇，夺取抗战胜利，收复祖国大好河山的雄心壮志和必胜信念。

　　② 全国中共党史研究会编：《抗日民主根据地与敌后游击战争》，中共党史资料出版社1987年版，第36页。

一、党确立抗日游击战争战略

在土地革命战争时期的反"围剿"战争中，中国工农红军在较长时间里实行了游击战和运动战；长征途中，为摆脱数十万国民党军围追堵截，红军将运动战演绎得出神入化，确保了战略转移的胜利。那么，抗日战争为何不直接沿用从前的战略呢？原因是各方面的情况均有了很大变化。

其一，此敌非彼敌。中国共产党领导的八路军面对的不再是老对手国民党军，而是日本侵略者这个新对手。他们对中国觊觎已久，长期备战扩军，部队训练有素，武器装备精良，以武士道为精神支柱，组织力强，野蛮凶残，无所不用其极，连毒气、细菌等国际公约禁止的武器都敢频繁、大量使用，是妄图置我国于亡国灭种境地的法西斯主义者。

其二，友军不可完全信赖。国民党军队成为抗日统一战线下的友军。七七事变前已整编50个师，并加强50个步兵师，各师下辖2个步兵旅、1个骑兵旅、1个野炮兵团，以及工兵等兵种力量，编制13854人，各类大炮84门。[1]但整体战斗力还是弱，且不少人持久抗战意志不坚定，对八路军、新四军怀有一定敌意。蒋介石甚至希望借日本之手尽快除掉八路军、新四军。在统一战线中，必须保持高度警惕性，坚持独立自主的立场。坚持游击战争为主，才能同敌情和任务相符合。

其三，我军规模小、装备落后，必须放手发动群众。八路军绝大多数经过长期实战考验，军政素质高，组织纪律性强，擅长游击战，但总数少、缺枪少弹等问题十分突出。全民族抗战初期，八路军仅4.6万人。[2]据第120师参谋长周士第记载，该师无汽车、坦克、大炮，平均2人1支枪。[3]新四

---

① 胡德坤：《七七事变》，解放军出版社1987年版，第105页。

② 军事科学院军事历史研究部编著：《中国人民解放军战史第二卷·抗日战争时期》，军事科学出版社1987年版，第111页。

③ 据《周士第将军阵中日记》，该师在改编后过黄河前，共有9595人，迫击炮4门（炮弹86发），重机枪35挺，轻机枪143挺，花机关枪1挺，马步枪4091支，驳壳枪788支，手枪91支，手提式枪67支，手榴弹2021枚，马刀2把，刺刀117把，马（骡、驴）596匹（头）。

军共1.03万余人，枪6200余支（挺）。八路军和新四军总共才5.63万人，而齐装满员的日军常备陆军主力师团编制2.4万~2.8万人。[1]因此，急需发动群众，扩大抗日武装规模。

朱德回忆说："当我们由内战进入抗战时，面对着的敌人是日本军队，我们便不固执内战的经验，而是加以必要的改变和提高，充分研究敌情来下决心，来决定战法。"[2]只有充分发动人民群众，广泛开展游击战争，创建敌后抗日根据地，才能最终战胜日本帝国主义。

1937年5月中下旬，毛泽东派彭雪枫到平津等地，向地下党组织传达中共中央关于建立抗日民族统一战线和开展敌后游击战争的战略方针等指示，并调查华北地区日、伪军和国民党驻军的政治军事动态。[3]7月8日，中共中央书记处致电北方局，"立即在平绥平津以东地区，开始着手组织抗日义勇军，准备进行艰苦的游击战争，在平汉线、津浦线亦应准备组织义勇军，注意与各界爱国分子合作"。北方局积极落实中央指示精神，放手发展武装力量。

7月29日、30日，日军相继占领北平、天津，华北门户大开。在此之前，红军已经开始酝酿改编工作，并掀起了练兵热潮，积极准备抗击日本侵略者。

8月1日，毛泽东、张闻天致电正在就抗战方针与国民党谈判的周恩来、博古、林伯渠，提出红军作战原则必须坚持"在整个战略方针下执行独立自主的分散作战的游击战争，而不是阵地战，也不是集中作战，因此，不能在战役战术上受束缚。只有如此才能发挥红军特长，给日寇以相当打击"[4]。为了阐明立场、获取理解与支持，毛泽东、张闻天于4日致电在南京参加国防会议的周恩来等，指示其在国民政府召开的国防会议上提出："正规战与游击战相配合，游击战以红军与其他适宜部队及人民武装担任之，在整个

---

[1] 徐平主编：《侵华日军通览（1931—1945）》，解放军出版社2012年版，第86页。

[2] 中共中央文献研究室朱德研究组编著：《朱德1886—1976》，四川人民出版社2009年版，第161页。

[3] 中共中央文献研究室编：《毛泽东年谱修订本1893—1949（上卷）》，中央文献出版社1993年版，第679页。

[4] 《毛泽东军事文集》编写组：《毛泽东军事文集》（第二卷），军事科学出版社、中央文献出版社1993年版，第20页。

战略部署下给与独立自主的指挥权。"第二天，毛泽东、张闻天致电朱德、周恩来等，明确指出："红军担负以独立自主的游击运动战，钳制敌人大部分，消灭敌人一部的任务。"①毛泽东连发电报，足见重视程度之高。

8月22—25日，中共中央在陕北洛川冯家村召开政治局扩大会议（史称洛川会议）。会议指出，红军的基本任务是创造根据地，钳制和相机消灭敌人，配合友军作战（主要是战略配合），保存和扩大红军，争取民族革命战争领导权。毛泽东将红军作战方针正式概括为独立自主的山地游击战，包括：在有利条件下消灭敌人兵团，以及向平原发展游击战争；游击战争的作战原则是分散以发动群众，集中以消灭敌人，打得赢就打，打不赢就走；山地战要达到建立根据地，发展游击战争，小游击队可到平原地区发展；等等。这一方针正确反映了抗日战争的基本规律。会议还通过了著名的《抗日救国十大纲领》，强调武装人民，发展抗日游击战争，配合正规军队作战。

洛川会议是在全民族抗战爆发、中华民族处在危亡的重要历史关头召开的。会议关于抗日游击战争的战略方针和组织抗日民族统一战线等政策方针的确定，确立了八路军在敌后放手发动独立自主的游击战争，利用游击战争配合正面战场，开辟敌后战场，建立敌后抗日根据地的战略任务，为实现党对抗日战争的领导权和争取抗日战争的胜利指明了正确道路。

统一思想，可不是件轻而易举的事情。据聂荣臻回忆，讨论时间较长、讨论最多的就是八路军出征后的作战方针。有人认为红军可以整师地歼灭国民党军队，日军也没什么了不起，坚持以打运动战为主，搞大兵团作战。毛泽东认为：同日本侵略军作战，不能局限于同国民党军队作战的那套老办法，硬打硬拼是不行的。我们的子弹和武器供应都很困难，打了这一仗，打不了下一仗。由于蒋介石奉行错误政策，以及日本帝国主义暂时处于优势地位，所以必须开展独立自主的山地游击战争，准备坚持持久抗战。会议最后统一到毛泽东提出的作战方针上。徐向前在回忆录中记述：

---

① 《毛泽东军事文集》编写组编：《毛泽东军事文集》（第二卷），军事科学出版社、中央文献出版社1993年版，第25页。

毛泽东指出离开了游击战为主的作战形式，以几万红军去同几十万日军硬拼，那就等于送上门去被敌人消灭，这正是蒋介石求之不得的。有人主张以运动战为主要作战形式，红军兵力全部出动，开上去多打几个漂亮仗。毛泽东认为，根据敌情我力，还不能那样干。他主张出动三分之二兵力，留下三分之一保卫陕甘宁根据地，防止国民党搞名堂。[①]

根据国共两党达成的协议，中央军委于8月25日宣布：红军主力改名为国民革命军第八路军（简称"八路军"），将红军前敌总指挥部改为第八路军总指挥部，总指挥朱德，副总指挥彭德怀，参谋长叶剑英，副参谋长左权；红军总政治部改为第八路军政治部，主任任弼时，副主任邓小平。全军下辖3个师（第115、第120、第129师）和1个后方留守处。其中：

第115师，师长林彪，副师长聂荣臻，参谋长周昆，政训处主任罗荣桓，副主任萧华，辖第343、第344旅和独立团、炮兵营、骑兵营、辎重营、工兵营、教导队等。

第120师，师长贺龙，副师长萧克，参谋长周士第，政训处主任关向应，副主任甘泗淇，辖第358、第359旅和教导团、炮兵营、辎重营、特务营、工兵营、骑兵营等。

第129师，师长刘伯承，副师长徐向前，参谋长倪志亮，政训处主任张浩，副主任宋任穷，辖第385、第386旅和教导团、炮兵营、特务营、工兵营、辎重营、骑兵营等。

红军主力改编后，经与蒋介石、阎锡山商定，八路军在对日作战中充任战略游击支队，执行侧面作战、协助友军、扰乱和钳制日军大部并消灭一部的作战任务。在总的战略下，实行独立自主的游击战争，其原则是：

（一）有依照情况使用兵力的自由；

（二）有发动群众、创造根据地、组织义勇军的自由，地方政府与邻近友军不得干涉；

---

① 徐向前：《徐向前回忆录》，解放军出版社2007年版，第425页。

（三）国民政府只作战略规定，八路军有执行此战略的一切自由；

（四）依傍山地，不打硬仗。

中共中央和毛泽东为什么反复强调"独立自主"？这要从蒋介石说起。蒋介石是在西安事变后，无奈做出"停止剿共，联红抗日"的承诺。他在八路军指挥和人事问题上出尔反尔、让八路军分割出动、划拨军费装备不足等行径令人疑窦丛生。加上当时由于中共闽粤边区红军游击队主要负责人何鸣，对国民党利用谈判改编之机消灭独立大队的阴谋缺乏警惕，致使近千人被包围缴械，已有教训。因此，中共中央和毛泽东在出兵问题上，坚持独立自主原则，强调出动路线、出动兵力、作战方法都不应请蒋介石决定颁发，"只能待适当的时机，由我们提出与之商定"①。

山西是当时距八路军最近的抗日战场，东渡黄河开赴山西，既适合八路军发挥山地游击战争长处，直接歼敌，还可化解国民党"分割出动"阴谋，防止蒋介石"借刀杀人"诡计。时任八路军第129师参谋处处长李达回忆，该师准备东渡黄河时，西安行营主任蒋鼎文派出高级参议乔茂才到驻地，拿出蒋介石签署的命令，要求第129师经陇海路转平汉路北上，加入石家庄方向作战。刘伯承师长识破其阴谋，坚持走韩城渡河。这证明毛泽东对蒋介石的预判非常准确。

八路军奔赴山西抗日前线后，毛泽东多次向前方将领强调敌后游击战争的重要性。9月21日，毛泽东致电彭德怀，指出："今日红军在决战问题上不起任何决定作用，而有一种自己的拿手好戏，在这种拿手戏中一定能起决定作用，这就是真正独立自主的山地游击战（不是运动战）。要实行这样的方针，就要战略上有有力部队处于敌之翼侧，就要以创造根据地发动群众为主，就要分散兵力，而不是以集中打仗为主。"②同日，朱德会见第二战区司令长官阎锡山，会商八路军游击地区、驻扎及兵力使用等问题，阎锡山同意八路军进行独立自主的山地游击战争，朱德同意在有利条件下配合友军进行运动战。

---

① 中共中央文献研究室编：《朱德年谱》（新编本），中央文献出版社2006年版，第654页。

② 《毛泽东文集》第二卷，人民出版社1993年版，第19页。

9月21日、25日，八路军总部对各师发出动员令，要求应以机动灵活的袭击求得消灭敌人小部，同时立即在所到之处独立自主地担负起群众工作。随后抗日战争的发展轨迹，证明了山地抗日游击战争战略方针非常正确。9月25日，八路军第115师主力在平型关伏击日军精锐第5师团辎重队和第21旅团各一部。战前，聂荣臻特别强调这一仗必须打胜，党中央和全国人民都在盼望八路军第一个战报。那天非常热，近百名干部聚集在一个小院子里，军装都汗湿了。墙角有个大水缸，大家汗水往下淌着，也无人走动喝水，生怕漏掉一句。会议结束时，营连干部一下子围住水缸，"咕咚咕咚"地喝水。等独立团团长杨成武挤过去时，水缸已快见底了。聂荣臻向杨成武提出了更高要求，说将来还要开辟根据地，和日军长期作战，头一仗要是把本钱打光了，以后的日子可就不好过了。①

平型关一战，八路军歼敌1000余人，缴获步枪1000余支、机枪20余挺，击毁汽车100余辆、马车200余辆，②取得全民族抗战以来中国军队主动寻歼日军的第一场大胜利，打破了日军"不可战胜"的神话。同时，进一步证明"独立自主的山地游击战"是正确的战略方针。附近数百名群众自发跑来，帮八路军搬战利品。据几位当事人回忆，整整搬了两天才搬完。第386旅旅长陈赓在日记中写道：

> 这是红军参战的第一次胜利，也是中日开战以来最大的第一次胜利。这一胜利虽然是局部的，但在政治上的意义是无穷的：1.证明我党的主张正确；2.只有积极地采取运动战、游击战、山地战，配合阵地战，抄袭敌人，才能胜算；3.证明唯武器论的破产；4.单纯的防御只有丧失土地。捷报传到部队中，人人欢跃，大家都以为我们出动太迟了。③

---

① 杨成武：《杨成武回忆录》，解放军出版社2014年版，第195—196页。
② 军事科学院军事历史研究部编著：《中国人民解放军战史第二卷·抗日战争时期》，军事科学出版社1987年版，第39页。
③ 陈赓：《陈赓日记》，人民出版社2013年版，第18页。

事实上，平型关大捷也为接下来开辟晋察冀边区抗日根据地奠定了群众基础。

9月25日，毛泽东在给周恩来及中共中央北方局领导的电报中强调："整个华北工作，应以游击战争为唯一方向。一切工作，例如民运、统一战线等等，应环绕于游击战争。华北正规战如失败，我们不负责任；但游击战争如失败，我们须负严重的责任。"①电报指出："要设想在敌整个占领华北后，我们能坚持广泛有力的游击战争。要告诉全党（要发动党内党外），今后没有别的工作，唯一的就是游击战争。为此目的，红军应给予一切可能的助力。"中共中央北方局积极贯彻中央的战略方针，配合八路军动员和组织广大民众。

后来，彭德怀在党的七大上讲道："在今天看来，是极平常简单的，是很容易的，但在当时是很不容易的。由城市转入农村，由运动战转为游击战，是件不容易的事。"②

9月29日，毛泽东进一步提出："根本方针是争取群众，组织群众的游击队。在这个总方针下，实行有条件的集中作战。"不久，他把上述方针概括为"独立自主的游击战和运动战"，从而完善了党对领导抗日战争的作战指导思想。

11月9日，太原失陷。担负正面防御的国民党军如惊弓之鸟纷纷南撤。此前一天，毛泽东致电周恩来、朱德、彭德怀等，指出八路军将成为全山西游击战争的主体，要求放手发动群众，扩大自己，征集给养，收编散兵，按照每师扩大3个团的方针，不靠国民党发饷，自己筹集供给。八路军3个主力师遵从指示分兵挺进敌后，建立晋东北、晋西北、晋东南、晋西南抗日根据地，在敌侧翼及后方展开游击战争，三面包围了同蒲路，四面包围了太原城，形成了有利态势。

然而，偏偏在这个时候，中共驻共产国际代表王明从苏联回国了，任中共中央书记处书记、中共中央长江局书记。王明长期脱离中国革命实践，

---

① 《毛泽东文集》第二卷，人民出版社1993年版，第23页。
② 刘源：《梦回万里　卫黄保华——漫忆父亲刘少奇与国防、军事、军队》，人民出版社2018年版，第114页。

教条主义地执行共产国际关于统一战线的指示，怀疑和否定正在进行的战略转变。1937年12月和次年3月的中央政治局会议上，王明提出"统一编制""统一作战"，从根本上否定了独立自主的原则；提出"运动战为主而辅之以游击战和配合以阵地战"方针，否定了游击战在抗日战争中的重要战略地位。所幸的是，此时的王明已经在党内没有了以往的影响力。

游击战是八路军的拿手好戏。为了继续发挥好这一特长，八路军在抓好思想政治工作的同时，紧锣密鼓地强化了技战术教育训练。1938年1月13日，八路军总部在关于广泛开展华北游击战争的指示中，要求部队除加紧进行政治方面的民族教育、增强政治坚定性外，在军事方面加紧技术、战术教育，使大批新战士迅速成为技术优良的战士。25日，八路军总部发出关于战术原则的训令，针对日军兵力分散、山地不利其技术兵器发挥作用、外翼侧暴露、供给困难、与群众对立等致命缺点，详尽阐述了八路军的战术原则。①各部队由于开展了针对性教育训练，较好地适应了敌后游击战争需要。

国民政府在敌后也曾发展过游击战争，但从未演变成广泛的抗日运动。因为国民党军政大员们代表的不是广大人民的利益，无法与人民群众打成一片，建立不了人民军队与群众的那种鱼水情。此外，国民党军队内部官兵不平等，做不到官兵一致，说到底他们还是不懂"兵民乃胜利之本"这一道理。

1938年5月，毛泽东发表《抗日游击战争的战略问题》和《论持久战》。针对"亡国论""速胜论"，毛泽东在延安凤凰山下的窑洞里写下5万余字的《论持久战》，系统总结了10个月来的抗战经验，驳斥各种错误思想观点，阐明了抗日战争的性质、特点、发展规律和胜利前途以及游击战争的战略地位。这两部军事论著是中国共产党领导抗日战争的纲领性文献，从思想上、理论上武装了全党全军，对统一和提高游击战争战略地位的认识，增强全国坚持持久作战的决心和信心，夺取抗日战争最后胜利有着极大的指导作用。

---

① 岳思平：《八路军史》，江苏人民出版社2017年版，第143页。

二、创建首个敌后抗日根据地

土地革命战争实践表明，没有根据地作依托，革命游击战争就不能长期生存和发展。敌后抗日根据地的建立，是进行抗日游击战争不可或缺的中心环节。

1937年5月2—14日，中国共产党在延安召开全国代表大会，毛泽东做《中国共产党在抗日时期的任务》报告，高瞻远瞩地提出红军和抗日根据地的任务之一是："根据地改为全国的一个组成部分，实行新条件下的民主制度，重新编制保安部队，肃清汉奸和捣乱分子，造成抗日和民主的模范区。"[1] 红军改编八路军后，大胆深入敌后，实施战略展开，积极创建抗日根据地。

9月24日，毛泽东根据华北战场形势指出："山西地方党目前应以全力布置恒山、五台、管涔三大山脉之游击战争，而重点在五台山脉。"[2] 当时，很多人认为，数十万久经训练、超过日军数倍的国民党正规军都不能支持华北战局，在极短时间内被日军连续击破，由人民组织起来的零散的游击队，能长期与更多日军作战并取得胜利吗？10月16日，中共中央组织发行了北方局书记刘少奇撰写的《抗日游击战争中各种基本政策问题》小册子。文章阐述了游击战争的伟大意义和战略地位，指出："今天华北人民的中心任务，是广大地组织与发展抗日游击战争。广大的游击战争是华北人民抗日最有效的方式。一切愿意在华北继续进行抗日斗争的人们，都不应该放弃或逃避游击战争。"[3] 文章分析了在华北发展游击战争的条件与胜利的可能，阐述了抗日武装部队的组织和改造、抗日游击根据地的建立与抗日政

---

[1] 《毛泽东选集》第一卷，人民出版社1991年版，第261页。

[2] 中共中央文献研究室编：《毛泽东年谱修订本1893—1949（中卷）》，中央文献出版社1993年版，第24页。

[3] 中共中央党史和文献研究院编：《刘少奇年谱》（第一卷），中央文献出版社2018年版，第216页。

府的组织等问题，解开了不少人的疑惑。

晋察冀的战略位置十分重要，其大部地处津浦、平绥、正太、同蒲4条铁路和北平、天津、太原、石家庄等大城市之间，像一把尖刀插向敌人的心脏，直接威胁北平、天津、保定、石家庄、太原、大同、张家口等敌人的战略要点。毛泽东判断，日军进占太原后战局将出现极大变化，第115师等部和八路军总部有被敌隔断的危险，因此于10月20日做出部署：留第115师独立团在恒山、五台山地区坚持游击战争，师主力准备转移于汾河以西吕梁山脉；第129师在正太路以南之现地区坚持游击战争；八路军总部转移至孝义、灵石地区；第120师坚持晋西北之游击战争。[①]

八路军总部决定，第115师副师长兼政委聂荣臻率小部队留守五台山地区，创建晋察冀抗日根据地。对聂荣臻来说，这是一次重大转折。自投身革命后，他大部分时间是在党中央周围工作，可以得到毛泽东、周恩来的指导帮助，带的是主力部队，打的是主攻。现在，让他带领3000人孤悬敌后，开辟紧挨敌人心脏地区的根据地，说没有压力那是假的。夜里他辗转反侧，无法入睡，翻出了很久未用的烟斗，使劲抽起烟来。与主力部队分开后，他写下了"为保卫祖国而奋斗到底，誓与华北人民共存亡！"的誓言。这不单包含了对同志的勉励，也表达了自己的决心。

10月20日，刘少奇致电聂荣臻，要求立即筹备建立边区政府。23日，聂荣臻即率领八路军第115师独立团、骑兵营、教导队、八路军总部特务团等各一部3000人进入五台山地区。26日，中共中央北方局派王平、李葆华、刘秀峰等同志组成晋察冀临时省委，配合八路军开辟创建晋察冀根据地。

据时任八路军总部青年科科长王宗槐回忆，他当时与八路军总部秘书长舒同等到山西定襄发动群众，扩大武装，在途中遇到从繁峙溃退下来的阎锡山部队，他们沿途奸淫掳掠、无恶不作，百姓都骂他们是土匪、强盗。为了与这帮兵痞区别开来，舒同、王宗槐等人戴上"八路军"臂章，把写

---

① 中共中央文献研究室编：《毛泽东年谱修订本1893—1949（中卷）》，中央文献出版社1993年版，第33页。

着"八路"二字的斗笠背在背上,并以秋毫无犯的模范行动向百姓们表明,八路军是救国救民的队伍。他们到达定襄后,迅速明确任务、工作方法和分工,通过合法组织公开发动群众,动员群众参军、支援前线、筹粮筹款,很快就打开了局面,出现了参军热,"拿起武器,保卫家乡"的口号逐渐成为群众自觉的要求与行动。①这只是一个缩影,撒向各地的抗日火种,很快就燃遍了晋察冀全区。

开辟根据地的工作,从建立军区、军分区,分区打击敌人,聚集人心,发动组织群众参加抗日斗争开始。11月7日,晋察冀军区在五台县石咀的普济寺宣告成立。庆祝大会会场上,代表和群众挥舞着彩色纸旗,为寒冷的初冬平添一份暖意。聂荣臻用一口浓重的四川口音宣布了中央军委命令:聂荣臻任军区司令员兼政治委员,唐延杰任参谋长,舒同任政治部主任,查国桢任供给部部长,叶青山任卫生部部长。②接着,他发表了热情洋溢的讲话。人民群众奔走相告,欢呼雀跃。军区成立的消息迅速传遍华北大地,各地抗日组织纷纷来函祝贺。

当时,五台山区已经下雪,许多指战员还没有棉衣,脚上穿着草鞋,缺乏供给来源,"顾得了今天,顾不了明天"。日军所到之处,将物资洗劫一空,国民党军还掠走了当地的骡子和驴,给八路军运输造成极大困难。五台山当时有300多座庙宇,僧人好几千。部队没地方住,很多就住寺里。聂荣臻看着山上的皑皑白雪,想想长征路上的那些大雪山,好像这苦也就不算什么了。远处传来了丁零零的声音,走近一看,原来是寺庙房檐下的风铃在风中摇曳。听说聂荣臻司令员要来看望僧人,寺里特意组织了寺庙乐队欢迎。12个僧人披着袈裟,分列两行,皮鼓小锣轻敲,其音优雅动人。聂荣臻很尊重僧人,和他们相处得很融洽。八路军进驻寺庙后爱护文物古迹,僧人们看在眼里,记在心里。老百姓纷纷传说,五台山来了一位将爷,调遣神兵天将打东洋。③

---

① 王宗槐:《王宗槐回忆录》,解放军出版社1995年版,第130—132页。

② 《聂荣臻传》编写组:《聂荣臻传》,当代中国出版社2015年版,第107页。

③ 冉淮舟、刘绳:《奇特的战场——晋察冀抗战史话》,天津人民出版社1990年版,第4页。

1938年秋至1939年春，五台山百余僧人参加了八路军，其中包括菩萨顶等10处藏传佛教寺庙喇嘛30余人。他们被编入晋察冀第2分区第4团。"和尚连"里有位法名叫禧钜的小和尚，为八路军送情报、运送物资，积极参加抗日活动，后来当了五台山佛教协会会长。据聂荣臻女儿聂力回忆，2005年11月中旬，83岁的禧钜法师到北京办事，专门来到聂家，说要看看他们的聂司令。他在聂荣臻铜像前鞠躬致敬，并挥笔题下"功德无量"四个大字。

晋察冀军区机关很多年轻同志调来前就学会了识别和采集多种野菜，做好了长期在艰苦环境下与敌斗争的准备。机关人虽少，但工作效率很高，工作人员情同家人。如政治部除主任舒同外，仅有组织部部长王宗槐、秘书张际功，以及1名警卫员和2名马夫。6人住在一位老百姓家里，吃的是同一盆菜，睡的是同一个炕。

军区成立不久，所属的独立团、骑兵营等部队和工作团，在杨成武、赵尔陆、王平、刘云彪、周建屏、刘道生等同志的率领下，分别在晋察冀三省边界的广大地区打开了局面。为了加强各地区的武装和便于指挥，晋察冀军区于11月13日发布命令，以八路军总部特务团一部、独立第1师、第115师工作团、第343旅工作团和第120师第359旅工作团等部为基础，建立4个军分区：

> 第1军分区，司令员杨成武，政治委员邓华，辖雁北、察南、平西、平汉铁路保定至北平段以西的冀西地区。第2军分区，司令员兼政治委员赵尔陆，辖晋东北和太原以北的晋北地区。第3军分区，司令员陈漫远，政治委员王平，辖平汉路保定至新乐以西地区及部分路东地区。第4军分区，司令员周建屏，政治委员刘道生，辖平汉路新乐至石家庄段以西和正太路石家庄至寿阳以北地区。[①]

---

① 《中国人民解放军军史》编写组编：《中国人民解放军军史》（第二卷），军事科学出版社2011年版，第40页。

军区的成立和军分区的划分，标志着晋察冀抗日根据地创建工作全面展开。晋察冀军事指挥体系的建立，仅仅是根据地建设的重大起步，但遇到一个现实问题是各方面人手不足，特别是部队人数不足成为制约根据地发展的关键性问题。为此，聂荣臻命令各分区利用敌人后方空虚的大好时机，大刀阔斧开展工作，深入发动群众，建立抗日政府，开展游击战争，改造杂色武装，实行减租减息，废除苛捐杂税，改善人民生活。广大群众抗战热情空前高涨，踊跃参加抗日部队或团体，各分区都成立了3个大队，加上民兵配合作战，三省边界的形势发生了巨大变化，大片国土回到人民手中。美联社驻北平记者霍尔多·汉森（Holdore Hanson）是第一个到访这里的外国记者。他在专著里将边区称为理想国、民主实验场。①

聂荣臻认为，建立根据地的关键之一是发动群众。他形象地说，不能待在山上整天与和尚、喇嘛为伍，而是要下海，这海就是人民群众。再加上晋东北政治形势比较复杂，阎锡山的老家就在五台山下的河边村，军区指挥机关设在五台也不合适。因此，他率军区机关于11月18日迁至河北阜平。当地有句俗语：平山不平，阜平不富。这个又小又穷的山城，一夜间成了晋察冀新的政治军事中心，到处充满了新气象。很快，中共晋察冀省委也在此成立，并在各地成立了特委，县以下各级党的组织也先后建立了起来。群众高唱《参加子弟兵》：

> 冬天到，雪花飘，鬼子一到糟了糕。
>
> 先杀父和母，后把房子烧，野蛮疯狂逞凶暴。
>
> 这等大仇恨，岂能忘记了。
>
> 参加子弟兵，誓把家乡保，仇报恨也消。②

日本侵略军看着根据地一天天壮大，气在心头，迫不及待向晋察冀抗日根据地发起报复行动。11月24日，日军2万余人从平汉、平绥、正太、

---

① ［美］霍尔多·汉森：《中国抗战纪事》，解放军文艺出版社2017年版，第206页。

② 梁山松、林建良、吕建伟编：《烽火晋察冀：刘荣抗战日记选》，中国文史出版社2015年版，第7页。

同蒲等铁路沿线出动，妄图将这个刚刚建立的根据地扼杀于摇篮之中。聂荣臻灵活运用游击战，命令各分区依靠大量新组建的游击武装广泛开展伏击、侧击、夜袭，以削弱、消耗和疲惫敌人，将主力部队和有基础有经验的游击队部署于机动位置上，相机歼敌。不到一个月，接连打了几场胜仗，毙伤日军1000余人，对根据地的巩固与发展起了重要作用。[1]边区百姓们用丝帛做成锦旗，敲着锣鼓，欢迎部队凯旋。边区人民普遍传唱歌谣《粉碎敌"扫荡"》：

> 北风起，天气凉，日本鬼子好猖狂。
>
> 啊！好猖狂，报复来"扫荡"！
>
> 北风起，天气凉，日本鬼子好猖狂。
>
> 啊！好猖狂，报复来"扫荡"！
>
> 北风起，天气凉，鬼子来到烧又抢。
>
> 唉，烧又抢，谁能不仇这群狼！
>
> 北风起，天气凉！离开家乡别爹娘。
>
> 唉！别爹娘，要活上战场！
>
> 北风起，天气凉！父母叫儿妻勉郎。
>
> 哈，妻勉郎，粮食都已藏，
>
> 郎哥武装上战场，粉碎敌"扫荡"，
>
> 才能保家乡。[2]

要建成一个巩固的敌后抗日根据地，还必须建立统一的抗日民主政权，组织领导根据地的军事、政治、经济、文化建设。边区数十个县已与原山西、河北、察哈尔三省的国民党地方政府没有联系，被隔绝于敌后，急需建立统一的抗日政权。1937年11月16日，中共中央北方局就筹建晋察冀边

---

① 中国军事百科全书编审委员会编：《中国军事百科全书（第二版）》（军事历史Ⅰ），中国大百科全书出版社2014年版，第456—457页。

② 梁山松、林建良、吕建伟编：《烽火晋察冀：刘荣抗战日记选》，中国文史出版社2015年版，第8页。

区问题致电聂荣臻："在晋察冀全区，为了加强与统一军事政治领导，应即进行统一战线的民主政权的改造与建设。"12月5日，晋察冀边区军政民代表大会筹备处在阜平成立。为了有利于抗战大局，使即将成立的边区政府得到国民党第二战区和国民政府批准，筹备处的晋察冀边区行政委员会委员连续7次致电阎锡山，但均如泥牛入海。筹备处的中共党员胡仁奎，是牺盟会①成员，曾任盂县县长，他建议电报要讲此举是从抗战大局出发，对坚持敌后抗战有利，对山西有利，对保卫晋东北有利，可以扩大山西的地盘，边区政府的人选阎锡山可以控制等观点。宋劭文重新起草电文时，采纳了这一建议，还提到边区政府建议名单的9个委员中山西占了5个。果然，阎锡山很快回电，表示同意。他致电国民政府，称"在敌人的包围中，自行树立政权于敌后，对整个收复失地全局不无裨益"。国民政府于1938年1月30日正式批准成立边区政府。

1938年1月，由中国共产党领导的华北敌后第一个抗日民主政府——晋察冀边区行政委员会成立。当月10—15日，晋察冀边区军政民代表大会在冀西阜平召开。出席会议的代表共149人，既有共产党员、国民党员、各抗日军队和抗日群众团体的代表，又有工人、农民、开明绅士和资本家的代表，还有蒙古族、回族、藏族等少数民族以及五台山的和尚、喇嘛代表。大会讨论制定了克服边区财政、经济困难的方针和政策，通过了边区政治、军事、财政、经济、文化教育、群众运动、妇女问题等7项决议案。

大会结束时，全体代表向全国发出通电，指出日本帝国主义侵略华北各地，晋察冀三省边界1200万民众，决心不妥协、不退却，继续支持华北抗战。

晋察冀边区政府的成立，宣告华北敌后第一个抗日民主政权的诞生。它向全世界证明，日本侵略者虽然占领了华北许多点线，但中国人民永远不会屈服，中国共产党和中国人民有能力、有办法坚持持久抗战，最终实

---

① 牺盟会，山西牺牲救国同盟会的简称。成立于1936年9月，是中国共产党领导的群众团体和抗日武装，是国共两党在山西建立的特殊的统一战线组织形式。

现抗日战争的伟大胜利。

1939年的一个夜晚，作曲家王莘在阜平花山站岗，面对夜晚宁静的山村，遥望银色月光笼罩的远山，他按捺不住内心的激情脱口而出：

晋察冀，晋察冀，模范抗日根据地，这里高山起伏平原千里，都是我们中国的好土地。

晋察冀，晋察冀，模范抗日根据地，这里群众组织坚强如钢铁，到处军民合作在一起。

敌人占领了我们的铁路线和大城市，广大的乡村都在咱手里。

巩固晋察冀，扩大根据地，中华民族一定要解放，中华民族一定要胜利。

这是王莘创作的第一首歌曲。此后，他接连创作了《选村长》《坚决地战吧》《打击顽固分子》等著名抗战歌曲，真实反映了晋察冀边区的抗日斗争形势，唱出了根据地全体人民的心声，很快就在边区和各根据地传唱开来。正如歌中所唱，晋察冀很快就发展成为全国闻名的抗日模范根据地。

三、模范根据地晋察冀边区

晋察冀边区在诞生之日，就公开申明："它的实际内容是贯彻抗日与真正民主。"①也就是说，它的历史任务是双重的，既抗击日军和摧毁伪政权，又要改造旧社会、建设新制度。

晋察冀抗日根据地在敌后不但站稳了脚跟，而且在强敌围攻中不断发展壮大，受到了各界高度关注。成立之初，该区只限于正太、同蒲、平汉、

---

① 《晋察冀边区军政民代表大会宣言》，1938年1月14日。转引自《晋察冀抗日根据地史料选编》上册，河北人民出版社1983年版。

平绥4条铁路之间的山西东北部、察哈尔南部和河北西部的山区、半山区及冀中平原地区。之后，随着冀中、平西、冀东、平北等抗日根据地先后建立，逐渐扩展至绥远①、热河②、辽宁等省各一部的广大地区。它西迄同蒲铁路与晋绥抗日根据地相连，东至津浦铁路和渤海与山东抗日根据地相邻，南至正太、石德铁路与冀南、太行根据地衔接，北跨外长城到沽源、宁城、锦州一线，对伪满洲国、伪蒙疆和伪华北政权形成分割包围之势。到抗战胜利时，全区面积达到30余万平方公里，人口近4000万，在164个县、27个旗、4个自治区（县）建立了抗日民主政权。

聂荣臻在筹备成立边区政府时，便积极为开辟冀中抗日根据地做准备。他对吕正操领导的人民自卫军建设十分关怀，亲自给干部们讲解党的统一战线政策和如何进行游击战争的问题。他还曾将长征时保存下来的一双袜子送给了人民自卫军司令吕正操。1938年5月4日，人民自卫军和河北游击军合编为八路军第3纵队，长期坚持冀中平原游击战。接下来，聂荣臻又将工作重点放到了冀东地区，安排邓华③支队挺进冀东地区，在那里建立抗日根据地。他向邓华提出要求，要在冀东牢牢站住脚跟，打出一个好局面来，不能"抓一把"就走。晋察冀军区参谋长唐延杰补充说："你们可以先北上平西地区，再转向平北，开向冀东，逐步前进。"

在开辟冀中、冀东根据地的过程中，晋察冀军区部队逐步开辟了平西、平北根据地。北岳、冀中、冀东、平西、平北根据地的建立，使晋察冀抗日根据地形成了完整的体系。

1938年3月29日，毛泽东在陕北公学演讲时高度评价了晋察冀边区的成就：

> 115师副师长聂荣臻现在五台山造成一个抗日根据地，在平汉、平绥之间大唱其戏。一边喊："打倒王克敏"④，一边喊："活捉

---

① 绥远，旧省名，1954年撤销，并入内蒙古自治区。

② 热河，旧省名，1955年撤销，分别并入河北、辽宁和内蒙古辖境。

③ 邓华，1927年加入中国共产党。抗日战争时期，历任八路军第115师685团政治处主任、政治委员，晋察冀军区第1军分区政治委员、平西支队司令员、第4纵队政治委员等职。

④ 王克敏，时任伪中华民国临时政府行政委员会委员长。1940年4月1日，任伪华北政务委员会委员长。1945年12月25日，在监狱内服毒自杀身亡。

聂荣臻",打了好多回合,日本人打不过,便烧了老百姓好多房子。也好,烧了房子他自己也不能去,老百姓又好去当游击队。于是男女老少,全体动员,自卫军、少先队,又办学校,训练干部。几十个县城没有官了,于是建立抗日政府,且向热河打去。我们要在各地建立五台山,人山,各种根据地。

10月5日,扩大的六届六中全会主席团在致聂荣臻等人的慰问电中称:你们"已经创造晋察冀边区成为敌后模范的抗日根据地及统一战线的模范区。这些都在华北抗战中已经和将要尽其极重大的战略作用,而且你们的经验将成为全党全国在抗战中最有价值的指南"。充分肯定边区各方面的成就,这是晋察冀被称为抗日模范根据地的最早由来。

1939年1月,聂荣臻就晋察冀根据地创建以来的斗争情况,向中央写了一份详细报告。毛泽东看后认为很有意义,让补充修改后出版。补充后的报告共10万余字。3月18日,毛泽东写信给聂荣臻:

> 你著的书及送我的一本照片,还有你的信,均收到。这些都是十分宝贵的东西。书准备在延安、重庆两处出版(我与王主任[①]各作一序),照片正传观各同志。望努力奋斗,加深研究,写出更多的新作品。

同一天,毛泽东还致电八路军前方总部和第115、第120、第129师等,说这本书对外对内意义甚大。

该书于1939年5月在延安、重庆两地出版。毛泽东用他那流畅有力的笔触将书名定为《抗日模范根据地晋察冀边区》,并在序言中指出:

> 晋察冀边区是华北抗战的堡垒。聂荣臻同志的这个小册子,有凭有据地述说了该区一年半如何实行三民主义与如何坚持游击

---

① 王主任,指时任总政治部主任王稼祥。

战争的经验，不但足以击破汉奸及其应声虫们的胡说，而且足以为各地如何实行三民主义，如何唤起民众以密切配合抗战的模范。谓予不信，视此小册。[①]

朱德对这本书也是赞不绝口，他在所作的序言中写道：

晋察冀边区的创造、巩固与发展，对于我国的抗战，有着重大而深远的意义：首先它给全国军民以坚持敌后抗战之信心与模范的榜样；同时它给日寇以无穷的打击与深痛的隐忧；再有，它给汉奸伪组织予以无情的扑灭与摧毁，使丧心病狂之败类不无顾忌，使敌后伪政权难以组成，及无法巩固其统治；还有，它也给全世界先进人士以正确的启示，在国际人士面前宣告：中华民族是不可侮的，因而增强了我国之外援。凡此种种，它起着在今天配合全国军民之英勇战斗，去停止敌之进攻；在将来配合全国主力之出击，成为反攻敌人之最前线的有力阵地之伟大作用。

爱国民主人士李公朴，曾在晋察冀做过半年多的考察，先后调查访问15个县500多个村庄，在此基础上撰写《华北敌后——晋察冀》一书，指出："模范的抗日民主、抗日民族统一战线的晋察冀边区，象征着中华民族解放的胜利，象征着新中国光明灿烂的前景。它的名字深深地铭刻在人们心头的深处，激荡着每一个爱国者，每一个有志气的中国人，特别是鼓舞着年轻一代的希望和向往。"他甚至直呼晋察冀边区是新中国的雏形。

至1938年10月武汉会战结束，晋察冀边区发展成为"敌后模范的抗日根据地及统一战线的模范区"，在华北敌后和全民族抗战中发挥了重大的战

---

① 中共中央文献研究室编：《毛泽东年谱修订本1893—1949（中卷）》，中央文献出版社1993年版，第116页。

略作用。到1938年末，晋察冀抗日根据地共辖70余县，拥有居民1200万，武装力量约10万人。晋察冀抗日根据地在华北敌后站稳了脚跟，揭开了华北抗战史上新的一页。正如聂荣臻后来在回忆文章中所说：

> 晋察冀根据地创建不久，这个敌后的抗日堡垒引起了国内外各方面的重视，大后方的民主人士和国际朋友，接连不断地来晋察冀考察访问。他们大多奇怪地问，为什么在日军盘踞着周围的城市和铁路干线，经常调集重兵"扫荡"，又远离后方，得不到任何物资接济的情况下，你们却能在敌后建立起这样一个面积广阔的根据地？我们回答：关键的问题是发动群众。而如何才能发动群众呢？关键又是实行人民民主和改善人民生活。减租减息就是当时实行的一项重要政策。这样就使人民群众在历史的重压下抬起头来，显示出强大的战斗力量。国民党在敌后也有不少部队，由于他们不肯实行这样的政策，所以以后一个个都垮了。这就是问题的答案。把人民群众充分发动起来了，我们就有了赖以生存的基础，这就是我们从小到大，从弱到强，不断发展巩固的"奥秘"所在。

晋察冀边区政权是唯一被国民政府承认的敌后抗日民主统一战线政权，对其他根据地政权的建立和建设提供了实践依据和参考借鉴。直接普遍平等的民选是晋察冀边区政权建设的基本原则，唤醒了边区民众的民主意识，有力动员了边区民众共同参政议政和抗日行动。在北岳区选举时，年轻姑娘、刚过门的媳妇、临产孕妇和老太太们，都穿上节日服装参加选举。活动结束后，还举办盛大演出。人们都把这一天看作一个盛大的节日。

据不完全统计，1940年夏的民主选举运动，全边区平均参选人数占选民总数的81.9%，参加区选的选民占全部选民的80%以上，参加县选的选民占全部选民的86.3%，参加边区参议会选举的选民占全部选民的91.1%；中心区的阜平、平山，参加选举的选民占选民总数的98%，有的村达100%，而且游击区举行的秘密选举，参加选举人数也在70%以上①。《新中华报》盛赞，这次选举运动成就是伟大的，其在政治上的意义是极为重大的。它奠定了彻底实现新民主主义政治，更加巩固和发展晋察冀边区坚持敌后抗战的坚实基础。这一选举运动的经验，应成为全国首先是其他敌后抗日根据地，在民主建设上宝贵的参考和借镜。②《解放日报》盛赞边区的民主选举在敌后抗日根据地是创举。

晋察冀边区的民主建政实践，为中央制定抗日民主政权人员"三三制"③提供了实践依据。彭德怀说过："经验证明，那一地区三三制实现得比较好些，根据地也就比较巩固些。晋察冀边区是最好的例子。"④

晋察冀边区以实践证明了中国共产党在洛川会议上制定的在敌后放手发动独立自主的抗日游击战争、建立敌后根据地、开辟敌后战场的理论和决策的正确。它的创立和发展，在华北抗战史上书写了新的一页，为中国共产党建立其他敌后抗日根据地提供了宝贵经验。

聂荣臻接见卡尔逊

① 谢忠厚、肖银成：《晋察冀抗日根据地史》，改革出版社1992年版，第203页。

② 《晋察冀边区民主建设的新胜利》，《新中华报》1940年11月10日第1版。

③ 三三制，在政权机关人员配备上共产党员占三分之一，非党的左派进步分子占三分之一，不左不右的中间派占三分之一。

④ 河北省社会科学院历史研究所、河北省档案馆等编：《晋察冀抗日根据地史料选编》上册，河北人民出版社1983年版，第413页。

晋察冀这个模范根据地究竟有多好？从多位慕名而来的外国人来了就想留下，并自愿为中国的抗日斗争做出积极贡献，就可以管窥一斑。事实上，大多数到敌后抗日根据地采访或考察的外国情报官员、记者、学者，并不是共产党员，而是对边区充满了好奇，想探个究竟，然后用自己的笔和镜头向外部世界展示这些神秘地区的真实情况。

1938年1月29日傍晚，美国驻华大使馆参赞、美军观察员埃文斯·福代斯·卡尔逊（Evans Fordyce Carlson）进入阜平考察，受到军民的热烈欢迎。一个北风呼啸的夜晚，聂荣臻在他那间挂满作战图的房子里，用阜平特产梨、枣、花生接待了卡尔逊。两人从中日战场态势聊起，聊到了枪弹补充、缴获情况、日军增兵、后勤供应、干部补充、创建军校等诸多问题。聂荣臻还向卡尔逊介绍了组建边区银行、发行边区货币等设想。前者说得激情澎湃、如数家珍，后者听得津津有味、充满敬意。

卡尔逊到阜平的第三天傍晚，聂荣臻和彭真等人到他的住处看望他。卡尔逊对比自己参加过的第一次世界大战作战的特点，谈了对晋察冀边区的感受：

> 那无非是蹲在战壕里打枪打炮，你打过来，我打过去。我们这些士兵都像机器人一样，根本不动脑子，枯燥的很，一点儿味道都没有。你们这种搞法实在有意思，很有斗争艺术，一面打仗，一面考虑许多问题，不单着眼于军事，还搞政治、搞经济、搞文化，这是我从来没见过也是从来没听说过的！……我从晋察冀学到了许多新的军事思想，今后我也要这样搞！①

1938年7月，卡尔逊再次到访阜平，见到了聂荣臻。他在回忆文章中写道："他瘦削的脸更瘦了，眼睛上蒙上了忧伤。""不过，他甚至比我一月在阜平见到他时更有信心了，这期间有了许多成就。日本人洗劫并烧毁了阜平，但他们几次要进入五台高原的企图被粉碎了。临时政府的控制力量已

---

① 于俊道主编：《聂荣臻交往纪实》，中国社会科学出版社2015年版，第187页。

经延伸到河北省的中部，一支远征军已经到了北平的北边和东边地区，在那儿日本人的统治被认为是强有力的。"这里，卡尔逊提到的远征军，其实就是八路军第4纵队。卡尔逊继续写道："在建立社会的、经济的和政治的秩序以增进人民的福利，增强他们抵御侵略的力量方面的发展是很杰出的。这个被隔离的区域已经成为新中国的'试管'。"①

新中国"试管"的比喻，实在太贴切、太形象了。卡尔逊还注意到，边区银行、枪械修理所都已经建立起来了。卡尔逊后来说，首次见面时，聂荣臻提到的发展计划如果实现，势必使侵略者头疼。然而，"当时我怀疑这些计划在多大程度上能得以实行，但六个月之后我再次访问聂时，亲眼看到了这些计划并非纸上谈兵"。美国记者、作家斯诺在《我在旧中国十三年》一书中写道："（中国）共产党人并没有减弱卡尔逊对美国原则的信仰，可是共产党军队的训练方法，它的自我牺牲精神，以及指挥者的高水准的才德，却使他大受感动。"②1942年8月，卡尔逊率领一支由215人组成的第2海军陆战队突击营（2nd Marine Raider Battalion），运用八路军战术奇袭日军重兵守卫的马金岛，全歼守敌300人，摧毁2艘运输舰、2架水上飞机，己方伤亡30余人，③这成为他军事生涯的高光时刻。

八路军的无线电通信专家林迈可（Michael Lindsay）1938年初看到记者霍尔多·汉森关于"冀中有一个有趣的组织正在发展"的报道后，好奇心驱使他和同事前往晋察冀边区。他们看到了群众举行抗日集会，新兵一丝不苟操练，兵工厂工人紧张有序地工作，乡村小学校黑板上写着抗日标语，男女平等参政议政，以及根据地人民新颖的文化活动。他们还获准参加了一次破袭平汉路的战斗，他亲眼见证了装备落后、物资匮乏的八路军部队破坏了两三段铁路。很多年后，他在日本采访一位曾在山西太原负责情报工作的日本军官时说："如果八路军有越共得到的那种数量充足的外援，他

---

① ［美］埃文斯·福代斯·卡尔逊著，祁国明、汪杉译：《中国的双星》，新华出版社1987年版，第194页。

② ［美］埃德加·斯诺：《我在旧中国十三年》，生活·读书·新知三联书店1973年版，第99页。

③ ［美］米契尔·布赖克福特著，刘山等译：《美海军突击队长卡尔逊传》，中国对外翻译出版公司1996年版，第1页。

们就会在一年内把你们赶出中国。"①

林迈可在晋察冀军区无线电技术高级班授课

1941年12月，日军偷袭珍珠港，拉开了太平洋战争的序幕。日本宪兵开进燕京大学，逮捕反日人士。林迈可和新婚妻子李效黎坐着校长司徒雷登的汽车匆忙逃离。后经游击队护送到达平西根据地。林迈可与八路军战士同甘苦、共患难。他发挥自身无线电方面的特长，用从日本人那里缴获的电子元件改装无线电收发报机，为中国培养了大批报务人员。两年多的时间里，他和李效黎辗转于八路军和游击队活动地区，于1944年5月到达延安。他称赞道："中共领导者们在任何场合下，他们的实践和作风都是一流的。"

晋察冀抗日根据地成为模范不是偶然的。从聂荣臻率3000余人留守五台山起，中共中央、八路军总部始终密切关注，看他们能否在敌占区扎下根。中共中央给予了全方位指导，源源不断派来军政素质好的干部。聂荣臻等人不负众望，晋察冀抗日根据地取得了军事、政治、经济、司法、文化各方面的巨大进步，在抗战史上留下了光辉一页。

① ［英］林迈可：《八路军抗日根据地见闻——一个英国人不平凡经历的记述》，国际文化出版公司1987年版，第21页。

平郊抗日根据地

1943年1月15日，在晋察冀边区政府诞生5周年的日子，边区召开了参议会。聂荣臻欣喜地为大会题词：

> 我们屹立在五台山、太行山、恒山、燕山，旌旗指向长白山；
> 我们驰骋在滹沱河、永定河、潮河、滦河，凯歌高奏鸭绿江。

这题词鼓舞士气，振奋精神，是晋察冀军民出生入死、坚持抗战的真实写照。在边区文联工作的编辑、作家孙犁，以记者身份参加了此次参议会，他的心情无比激动，迫不及待地写出来，与未能到会的参议员王林分享：

> 在这次大会上，就像我们原先预望的一样，长了不少见识。大会在我的心里、感情上栽种了甜甜的、神圣的、生命力的种子。从大会以后，在我心里，就像一种急剧的激动，那就是要求工作上的一种建树，一种对人生的新的义务。我被胜利后的新中国的种种预见激动了。
>
> 对于我们，一个写文章的人，你没有亲身来参加，我为你惋惜，因此，我有责任向你报告一二。在会场上，我坐在前面的一角。对了，我得向你说明，你无论如何也猜不出这个参议会的大礼堂，有多么富丽庄严，这是边区的创造。
>
> ……
>
> 第三天，大会通过了"双十纲领"为晋察冀边区施政纲领。在这一天，刘奠基先生主持了这个讨论，边区国民党负责人郭飞天先生第一个发言。他说，对这个提案感到很大的兴奋和愉快。从冀东、平北来的参议员们说，在那些地区，人民对"双十纲领"，感到了领导的爱抚的幸福。一个士绅参议员说，从"双十纲领"公布的第一天起，他就深深感到了中国共产党关心各个阶层的大公无私的精神。
>
> ……
>
> 我对大会的总的感觉，是正义战争和民主政治的交流，所培养

起来的历史上无比光辉的果实。这果实将哺育我们这一代，到完全的幸福和自由的日子。我生活在大会的十几天，是非常可纪念的。我好像走入一个新天地，我的内心不断激发着热情和向往。①

时隔这么多年，我们仍能感受到作家孙犁激动的内心，从中也能发现晋察冀之所以能成为模范抗日根据地的秘密，那就是民心所向。

聂荣臻（左）与五台县长宋劭文共商建立抗日民主政府

从1937年到1948年，长达11年的时间里，晋察冀边区在党的建设、政权建设、经济建设、文教卫生建设等方面建树卓著，创立的崭新的民主制度为新中国的政权建设积累了十分宝贵的经验。晋察冀边区政府是中国共产党领导建立起来的，它使党的方针路线和政治影响扩大到华北抗日前线，也为敌后其他抗日根据地的建立和发展提供了宝贵经验，其示范效应和政

① 冉淮舟、刘绳：《奇特的战场——晋察冀抗战史话》，天津人民出版社1990年版，第435页。

治影响不可估量。它的政治影响，大大超过了边区界限，使边区政府的政令实施甚至扩及敌占区。

四、平郊根据地"三位一体"

平郊抗日根据地，由平西、平北、冀东等抗日根据地组成，是中国共产党领导人民武装在平郊敌后建立的以抗日民主政权为依托的战略基地。作为晋察冀边区的重要组成部分，它是华北地区最早创建的抗日民主根据地之一。它包围着华北地区日本侵略者的政治、军事中心北平，并可直指唐山、张家口、天津等敌占重要城市，可控制北宁、平绥、平汉等铁路干线。

九一八事变后，平郊地区逐步落入日本侵略者之手。1935年11月，日本嗾使汉奸殷汝耕[①]在通县（今北京市通州区）成立"冀东防共自治政府"，之后又扶植德王组织"内蒙古自治政府"[②]。在日本提出"华北政权特殊化"要求下，南京国民政府于12月宣布在北平设立冀察政务委员会。1937年12月13日南京陷落，第二天，日本侵略者在北平成立伪中华民国临时政府。

在八路军挺进平郊根据地前，游击队发挥了重要作用。从知名女作家黄彰（笔名白薇）的这段文字，便可管窥一斑：

北平，是怎样一个可怜的孀妇？这孀妇的心灵并未死，热血还火山般在烧。火样的愤怒和热炎，还燃烧在各层的人心。游击队蓬蓬勃勃地，伏待在四郊，常袭击敌人，交锋的枪炮声，也时常传进城里，一二十个日本兵，总不敢出城。他们神速地劫过敌人70车辎重，也曾一度占领德胜门。最近西山、南苑，也有他们

---

① 殷汝耕，中国近代政治人物。抗日战争期间沦为汉奸，聘任日本扶植的伪冀东防共自治政府主席。抗日战争胜利后，被国民政府以汉奸罪逮捕并处决。

② 德王，即德穆楚克栋鲁普。在日军扶持下，德穆楚克栋鲁普于1936年成立蒙古军政府并出任总裁，1938年出任"蒙古联盟自治政府主席"。

的埋伏，外国新闻记者曾看见，他们钢盔整衣，伏在离城5里的冰雪中。^①

晋察冀军区和边区抗日民主政权成立后，游击战争蓬勃发展，对四周敌占之铁路线和北平、石家庄等中心城市构成重要威胁。1937年12月—1938年4月，晋察冀抗日军民先后粉碎了日军"八路围攻"，向平汉、正太、同蒲线出击以配合正面战场作战，击退日军对冀西地区的进犯，使晋察冀抗日根据地北岳地区日益扩大，成为向平西、平北、冀东发展的重要战略基地。

此前，中共中央北方局根据中共中央的指示精神，要求华北各地党组织深入农村，领导人民进行武装抗日，并于1937年11月15日在《北方局关于目前形势与华北党的任务的决定》中明确提出：华北党要进一步独立自主地去领导游击战争，争取广大的乡村成为游击战争的根据地。在此背景下，平郊抗日根据地作为晋察冀军区的重要组成部分，受到了各级领导的高度重视。八路军总部、中共中央北方局、河北省委、北平市委及中共东北工作特别委员会^②相继派干部进入平郊地区，组织人民抗日武装，开展抗日游击战争。

平郊抗日根据地地跨冀热察三省，地形复杂，有便于开展游击战争的充足回旋空间，其中山岳根据地是依托、是后方，可为活动在平原上的部队提供兵力转移、休整场所；平原根据地是前沿、是粮仓，能为山区提供人力、物力和财力支援。其辖区内的平西、平北、冀东等抗日根据地，因地理位置不同、敌情不同，发展也很不平衡。

平西地区，指北平以西、北岳恒山东北的宛平、百花山、涿县（今河北省涿州市）、涞水以西以北小五台山一带，约12个县的部分地区。^③这里西

① 白薇：《从北平来》，载于《救亡日报》，1938年3月20日。
② 中共东北工作特别委员会，简称东特，1936年上半年在北平成立，书记为苏梅，副书记为李德仲。
③ 指当时的昌平、宛平、良乡、房山、涿县、涞水、涞源、宣化、蔚县、涿鹿、怀来、阳原等12县的部分地区。

北山岳重叠，河川交错，道路崎岖，东南临平汉铁路及涞易支线，北界平绥路，南至紫荆关、易水滨，纵横三四百里。其东南是一块人口稠密、粮产颇丰的小平原。平西腹地交通非常落后，道路多为崎岖土路，仅有斋堂川和板城川有坑坑洼洼的石头路。驴、骡、马是主要运输工具。平西在华北敌人统治中心北平、天津、张家口的肘腋之下，有较大的回旋余地。可直接威胁敌人占领的交通要道和大城市。同时，还是在华北的最前线，是华北军队向热河、察哈尔、冀东前进的阵地。平西地区矿产丰富，自然成了日、伪军眼中待宰的肥羊和必争之地。七七事变后不久，日军侵入平西，制造了一系列惨案，其所到之处尸横遍野、瓦砾成堆。仅以房山、良乡为例，仅两三个月时间，日军便屠杀两地无辜百姓800余人，强奸妇女多人，烧毁房屋700余间，并抢走了所有粮食。①

平北地区，是指北平以北、平承铁路以西、平张铁路以北、长城内外的一片地区。它是伪满洲国、伪华北和伪蒙疆3个伪政权的接合部。北部有广阔的草原，南部有富饶的平川，中部为崇山峻岭的燕山山脉。它是华北敌人的心腹区域，是关内与关外的咽喉，是伪满主要屏障。1933年3月，日军侵占热河全省后，继续向长城一线进发。国民党军一部在喜峰口、冷口、古北口等地进行了英勇抗击。冯玉祥等率领察哈尔民众抗日同盟军转战平北地区，英勇抗敌。然而，蒋介石坚持"攘外必先安内"，疯狂"围剿"红军，不派兵增援，致使守军于5月中旬弃守。此后，国民党政府与日本相继签订《塘沽协定》"何梅协定""秦土协定"，为日本侵略者全面侵华大开方便之门。1935年11月，密云、怀柔、顺义、昌平等县沦陷。1936年2月，张北、崇礼、宝昌、沽源等县沦陷，脱离察哈尔省。1937年8月27日，日军占领张家口，宣化、怀来、龙关、赤城、延庆等县沦陷。自此，平北绝大部分地区被日、伪军侵占，敌人在此建立了极其严密和血腥的殖民统治。

冀东地区，指北平以东部分地区，因此也有京东地区一称。其以雾灵

---

① 中共北京市委党史研究室、房山区党史区志办公室编：《平西抗日根据地历史》，北京出版社2015年版，第30页。

山①为中心，包括南起乐亭、宁河海滨，北至兴隆、青龙，东至迁安，西到平谷、顺义、通县、蓟县的广大地区。冀东海陆交通便利，是联结东北与华北的咽喉地带，矿产、农产品极为丰富，早被日本垂涎。冀东沦陷后，日军和浪人横行霸道，汉奸特务鱼肉乡里，草菅人命，肆意掠夺。平均每县都有百十家烟馆，每个村都有不少人吸毒。各地设立了无数赌场、妓院，许多人因此家破人亡。有个农民捡到一个皮箱，里面有800元现金和两个防毒面具，在乡长家里放了1个多月后把钱分了，防毒面具被丢到河里。几天后，日军"清乡"时发现皮箱，把乡长吊起来拷打。乡长答应赔偿3000元，还雇了20只小船打捞面具，结果没找到。村中男人跑了，日军把妇女捉住，用水机从下体注水，然后用脚猛踏胀起的肚子，实在丧尽天良。②冀东人民在黑暗压迫之下发动过多次反日反伪斗争。

由于平郊地区地理位置重要，中共中央和北方局很早就将其纳入了战略视野。1937年5月，中共京东特委书记李运昌（原名李芳岐）出席了在延安召开的中国共产党白区工作会议，汇报了冀东情况。后又在《解放》周刊上发表《日寇汉奸统治下的冀东人民》，反映冀东人民迫切盼望开展抗日游击战争的心声。③李运昌向毛泽东汇报时，毛泽东语重心长地说：

> 你们那里现在已变成日本占领区了，人民处在水深火热之中，要进一步发动全民抗战，打倒日本帝国主义。人民群众对冀东的党和政府期望值很高，你们肩上的担子很重。因此，你们要充分发动群众，巩固和发展抗日统一战线，抓紧建立以雾灵山为根据地的抗日游击战争，不断壮大抗日根据地。④

周恩来嘱咐李运昌回到冀东后，要进一步发展抗日根据地，开展抗日游击战争。刘少奇让他回去后"要准备开展游击战争，进行武装抗日"。

---

① 雾灵山，位于河北省兴隆县境内。
② 《李运昌回忆录》编写组编：《李运昌回忆录》，法律出版社2006年版，第90页。
③ 中共唐山市委党史办公室编：《纪念冀东人民抗日暴动》，1988年3月，第5页。
④ 《李运昌回忆录》编写组编：《李运昌回忆录》，法律出版社2006年版，第92页。

平郊抗日根据地

离开延安前，中共中央还专门安排李润民、孔庆同一起前往冀东。他们二人，一个曾任红军团政委，一个曾任红军营长，都是身经百战的老红军。在云阳镇，李运昌一行还拜访了彭德怀，专门请教游击战方法。彭德怀向李运昌说道：

> 你一定要头脑清醒，认清形势，冀东的战略位置很重要，你们一定要紧紧地依靠广大人民群众，团结社会各阶层，共同抗日，以山区为根据地，开展抗日游击战争，狠狠打击日本侵略者，消灭日本鬼子的有生力量。①

1937年7月29日，根据上级指示，中共北平市委书记黄敬在石驸马大街东口一家茶馆组织召开紧急会议，研究部署北平的工作安排问题。会后，大部分共产党员、民先②队员和进步学生分别撤至乡村，加入创建抗日根据地的行列。这其中就有一些人员撤至平郊，为开辟和巩固平郊抗日根据地做出了积极贡献。

8月，毛泽东在洛川会议上提出，红军可以一部于敌后的冀东，以雾灵山为根据地进行游击战争。③之后，他在《抗日游击战争战略问题》中，深刻论述了在燕山等地建立抗日根据地的重要性。

为什么身在陕北延安的毛泽东剑指冀东，关注雾灵山地区？因为，他已看到了该地区的战略价值。而且这里很早就有革命的火种也是一个重要原因。

1933年12月，民团头领孙永勤发动黄花川起义，组织民众军，展开了抗日救国、严惩汉奸的活动。民众军接受中国共产党主张，整编为抗日救国军，队伍也发展至四五千人。1935年5月24日，日、伪军约1.5万人，将抗日救国军围困在茅山、十里铺、吴家沟一带，孙永勤为掩护战友突围，

---

① 同上，第93页。
② 民先，中华民族解放先锋队的简称，抗日战争时期中国共产党领导建立的抗日救国团体。
③ 《聂荣臻回忆录》(中)，解放军出版社1984年版，第398页。

与500余战士壮烈殉国。日军将孙永勤头颅割下，挂于城门示众。同年，中共中央《八一宣言》赞扬了一批誉满全国的民族英雄，孙永勤在列。

1938年2月8日，中共中央召开常委会会议讨论冀东工作，毛泽东进一步阐述了冀东工作的重要性，建议派杨成武去发展新的游击区域。[①]2月9日，毛泽东致电八路军总部，指出：

> 雾龙山为中心之区域，有扩大发展前途，但是独立作战区域，派去部队须精干，且不宜过少，军政党领导人员须有独立应付新环境之能力，出发前须作充分准备。[②]

根据中共中央和北方局的指示，晋察冀军区决定派出一部兵力挺进冀东，配合冀东地区的武装起义。

10月2日，中央军委电示聂荣臻、宋时轮[③]、邓华和冀热边区委，强调指出：

> 在冀热边区创造抗日根据地有极重要的战略意义，宋邓纵队与冀热边区全体同志应为达成这个任务而坚决斗争。当目前敌人主力尚在进攻华中华南冀东，八路军与全党团结并执行正确的政策与战略战术，创造冀热边区根据地是完全可能的，目前困难及游击队纪律不好等现象是能够克服的。[④]

11月25日，雪后的延安如往昔一样平静，但对萧克来说却迎来了不寻

---

① 毛泽东在中共中央政治局常委会上的发言记录，1938年2月8日。转引自中共中央文献研究室编：《毛泽东传》(二)，中央文献出版社2011年版，第491页。

② 《毛泽东军事文集》编写组编：《毛泽东军事文集》(第二卷)，军事科学出版社、中央文献出版社1993年版，第153页。"雾龙山"，即雾灵山。

③ 宋时轮，1927年加入中国共产党。抗日战争时期，历任八路军第120师第358旅第716团团长、雁北支队支队长、第4纵队司令员等职。

④ 《毛泽东军事文集》编写组编：《毛泽东军事文集》(第二卷)，军事科学出版社、中央文献出版社1993年版，第367页。

常的一天。根据中共六届六中全会精神，党中央和中央军委决定成立八路军冀热察挺进军，司令员由八路军第120师副师长萧克担任，统一领导指挥平西、平北和冀东的抗日军政工作。

1939年1月初，正值北国隆冬，萧克向毛泽东要了份比例尺为1∶20万的热河地图，向中共中央组织部副部长李富春要了些干部，便向晋察冀军区驻地进发。到后，聂荣臻组织召开会议，讨论中共中央和军委成立冀热察挺进军的决定。会后，萧克和中共冀热察区委书记马辉之、拟任冀热察挺进军参谋长程世才，率领一批干部向平西进发，经几天行军到达紫荆关。①这里离百花山不远，想到在冀热察开展游击战争的前景，他激动地作了首诗：

> 北渡拒马河，百花山在望。
> 建立挺进军，深入敌心脏。
> 放眼冀热察，前程不可量。
> 军民同协力，胜过诸葛亮。
> 抗战虽持久，笑我力正壮。

这是萧克心情的真实写照。不论条件多么艰苦，萧克等人对于冀热察的抗日斗争前途，充满了信心。1939年1月下旬，他们到达了三坡（今河北省保定市涞水县野三坡），立即与宋时轮、邓华、马辉之等商量组建挺进军的工作。

2月7日，八路军冀热察挺进军正式成立，萧克任司令兼军政委员会书记，程世才任参谋长，伍晋南任政治部主任。同时成立冀热察军政委员会，由萧克、马辉之、伍晋南、宋时轮、邓华组成，统一领导平西、平北、冀东3个地区的党政军工作。随后，司令部、政治部、供给部、卫生部、随营学校、兵工厂、医院、报社等也陆续建立起来。

挺进军如何快速打开新局面，成了这一时期萧克考虑最多的问题。一个孤单的根据地，如果没有其他根据地从外线相配合，便会非常困难，而

---

① 中共北京市委党史研究室编：《北平抗战简史》，北京出版社2015年版，第82页。

八路军进驻浮图峪长城关隘

且极有可能坚持不下去。平郊地区西面山川相连，北面峻岭连绵，东面平原广阔，南面水运发达，有山地，有青纱帐，有平原，有河流，复杂多样的地形为开展持久抗战提供了有利条件。如果将平西、平北、冀东三块根据地通盘考虑，互相关联，互相依存，互相配合，互相促进，三者成为不可分割的整体，也就盘活了整个平郊地区的抗日斗争。萧克反复研究中共六届六中全会文件精神，认真研读毛泽东《论持久战》、克劳塞维茨《战争论》等军事著作，经过深思熟虑，逐渐勾勒出在冀热辽地区开展游击战争的设想。11月间，在冀热察区党委和挺进军军政委员会联席会议上，萧克正式提出"巩固平西抗日根据地，坚持冀东游击战争，开辟平北新的游击根据地"的三位一体战略任务。

1940年初，萧克写下《挺进军的三位一体任务》一文，用精练的语言准确地概括了这三块根据地的关系："平西的巩固，需要平北的开展与冀东之坚持；冀东之坚持，需要平西的巩固与平北的开展；平北的开展，需要平西的巩固与冀东之坚持。这三个基本任务无论在军事上、政治上都是互相关联，互相储存的，虽则他们相互储存关系有程度之不同。"[1]

---

① 隗合甫主编：《平西抗日斗争史料选编》，国防大学出版社1999年版，第3页。

平郊抗日根据地

当时，平西是华北抗战的重要战略支点，是向冀东、平北发展的前进基地，挺进军的首要任务是"巩固平西"。但是，如果没有平北、冀东斗争的密切配合，平西的巩固很难实现。平西巩固了，才能支援冀东的坚持与发展，才能直接派遣干部和武装到平北。平北是平西和冀东接合部，是挺进军在热察的前沿阵地，地域广大。开辟平北，有利于冀东和平西间的联系，成为坚持冀东的战略回旋区。平西到冀东，冀东来平西，都要经过平北，平北是冀东与平西往返的中间转运站、联络站。"三位一体"从战略上统一了三个地区军民思想，对于创建冀热察根据地、坚持敌后游击战争具有重要意义。

> 挺进，挺进！在卢沟桥畔，在永定河边，在敌人的远后方，在祖国的最前线！巩固平西抗日根据地，配合东北义军的胜利，坚持冀东游击战争，创造冀热察新的根据地！我们的旗帜飘扬在长城外，我们的斗争震动了全世界！挺进！挺进！要驱逐日寇，直到鸭绿江边！

这首由挺进军政治部宣传部部长罗立斌作词作曲的《挺进军军歌》，很快在平郊地区广为传唱。经过一年多艰苦卓绝的斗争，平西、平北、冀东终于连成一片，基本实现了"三位一体"战略任务，冀热察根据地人口达320万，部队发展到7个团和9个区队共1.6万余人，游击队近1万人，并建立了广大的民兵组织[①]。日益壮大的平郊根据地，像一把利剑直接插入敌人的心腹。到1944年9月，日、伪军只能龟缩在北平周边一个狭小的范围之内，北平城内的日、伪军，则成了瓮中之鳖。作家周而复描绘了这样一幅图景：

> 如果以北平城里为圆心，画一个圆圈，那敌人在北平的统治

[①]　中共河北省党史研究室编：《冀热察抗日根据地》，中共党史出版社1996年版，第529页。

半径，还不到六十里地：东直门外，去通州的路上，有冀东军分区的部队，控制了这条华北和东北之间的走廊；在南面，大红门（离北平永定门不过三十里）一带，就有晋察冀第十军分区部队活动；西边呢？出西直门不到六十里，便有我们的抗日政权；北面出德胜门，十三陵、昌平、怀柔一带是平北解放区。

所以说，北平敌人的控制半径不到六十里，六十里以外，便有公开的抗日政权和八路军，六十里以内，甚而至于北平市内呢？敌人也不敢相信，这里面没有抗日活动。

北平就是这样一个形势，在八路军包围之中。[①]

敌后战场转入战略反攻后，平郊地区成为八路军向察哈尔、热河、东北等地挺进的阵地。抗战中，北平地区根据地军民消灭了大量日、伪军，不仅解放了北平地区，还配合八路军其他部队收复了大片国土。

---

① 周而复：《晋察冀行》，阳光出版社1946年版，第105页。

第二章　率先创建平西抗日根据地

> 百花山上百花开，
>
> 六合英雄冒暑来。
>
> 夜瞰故都云烟暗，
>
> 反攻一到会燕台。[①]
>
> ——萧克

平郊抗日根据地的开辟，首先是从平西开始的。原因是平西地区群众基础好，地理环境利于八路军和游击队迂回作战。按照中共中央和毛泽东的部署，八路军总部、中共中央北方局、河北省委等都曾派干部到这里开展工作，在这里开辟了北平郊区第一块抗日根据地。平西抗日根据地与兄弟根据地密切配合，牵制和消灭大批日、伪军，打击和动摇了日本侵略者对华北沦陷区的统治，成为晋察冀抗日根据地的牢固屏障，为完成挺进冀热察战略任务提供了坚实保证，在沦陷区和解放区之间架起了秘密通道，对华北乃至全国民族解放战争的胜利都具有重要且深远的意义。

一、抗日烽火燃平西

平西地区以山地为主，南北方向是太行山脉，东西方向是恒山山脉。

---

① 1941年夏，时任冀热察挺进军司令员萧克夜登百花山，遥望京华，感而赋诗《百花山夜眺》。

这里巍巍群山，层峦叠嶂，永定河、拒马河横贯其中，狭窄的山谷里清泉潺潺。仅有良乡、涿县和房山、涞水一部是平原。平西腹地交通落后，多是崎岖山路，货物运输不便。这里矿产丰富，有门头沟、南窖、斋堂等地的煤矿和永定河以北地区的石棉、锰矿。尤其是煤炭储量丰富，早在辽金时期之前便出现了采煤业。民国初期，美国、德国、英国、日本等国资本家便来此合资开办煤矿。日本侵略者早已对平西的矿产资源垂涎三尺。

平西地区经济文化落后，除宛平八区与外界交流较多外，大部分地区相对闭塞，有些甚至长期与世隔绝，带有部落色彩。比如涿县三坡区和房山龙门台九区，历代政权鞭长莫及，村民们还穿着明代衣饰，直到1929年才知道已是"民国"。夏天，三坡、蒲洼、龙门台一带的女人，梳着龙头髻，裸着上身行走。赶庙会时，她们戴着沉重的银环圈，丁零零地响着，倚在男人们的胳膊上，嘻嘻哈哈地摇摆。冬日黄昏，男人们常裸露着粗黑的身体，在深山旷野烤火。他们不知道国家的概念，只要外人进来，便吹起号角出来战斗，不知道有多少人被活埋。[①]八路军的到来，彻底改变了这里。印度援华医疗队的比·库·巴苏医生曾在日记中记述：

> 稍稍向西，山高岭险，交通十分不便，几乎与世隔绝。据说八路军的一个部队到达之前，那儿的老百姓还按清朝的历法纪年。是八路军带来的抗日火炬，照亮了这一地区。[②]

平西地区的革命活动开展得很早。1920年4月3日，马克思主义学说研究会会员高君宇率北京大学平民教育演讲团部分成员到宛平等地宣传马克思主义。同年5月1日，长辛店1000余工人集会纪念国际劳动节，中国工人运动领袖邓中夏在会上发表演说。1922年8月24日，长辛店3000余名工人

---

① 陕缨：《创建与发展冀热察边游击战的平西根据地》，原载《八路军军政杂志》，转引自《平西烽火》（平西抗日斗争史料选编第二辑），国防大学出版社2000年版，第39—40页。

② ［印度］比·库·巴苏：《巴苏日记》，顾子欣，等译，商务印书馆1988年版，第299页。比·库·巴苏，印度共产党员，1938年9月以印度援华医疗队队员身份来华支持中国人民抗日战争，担任八路军总医院外科主治医师。1943年回国后，发起成立全印柯棣华大夫纪念委员会，继续为加强中印两国人民传统友谊贡献力量。1986年12月病逝。

在邓中夏的领导下举行大罢工。1925年6月4日，北京各学校在城区和郊区进行反帝宣传，为五卅惨案遇难同胞募捐。1928年3月，《顺直省委第二期工作计划》提出："北京西郊农运，以西郊作中心，速即发展扩大组织领导斗争。"之后，共产党员开始不断进至宛平西部农村开展活动。

1931年春，河北省委保署特委派贾汇川（贾恒江）到宛平八区下清水高小开展革命活动。8月，贾汇川召集进步学生加入"反帝大同盟"，并宣誓："誓死打败日本帝国主义，要同生死、共患难，要把为民族、救祖国的革命事业进行到底！要严守革命纪律，要保守组织秘密。""反帝大同盟"积极与当时宛平八区土豪劣绅、下清水高小校长谭体仁（谭天元）做斗争。10月上旬，北平各校抗日救国会广泛开展抗日宣传工作，周日到长辛店、良乡、涿州等地向工农宣传抗日，深受群众欢迎。

1932年秋，中共北平市委特派员马健民、刘云志、李育民等先后到田庄高小任教，开展地下工作。在他们的指导帮助下，在田庄建立了宛平西部山区第一个党的基层组织——田庄高小党支部。

1933年春，中共宛平县委成立，有党员40余人，建立了田庄、青白口支部，不久又成立沿河城支部，还决定在沿河城建立枪支修械所。为了隐蔽，枪支修械所开始设在沿河城南一个深山村——王龙沟，其人员有的是沈阳兵工厂的流亡工人，有的是吉鸿昌部队路过沿河城时留下的战士。党组织还派贾兰波（贾立芳）到沿河城开设"宝立成"首饰铺用于掩护，随时掌握敌人动态并负责枪支修械所的供给工作。枪支修械所多次转移，最后迁到了沿河城向阳口村后山大悲岩观音寺内，在这里修造步枪、手枪等四五十支。当年6月，宛平县委在沿河城组建了地下武装游击队，共13人。12月，宛平县委被迫暂停游击队活动，人员分散，枪支修械所停办。

1936年2月，北平市委在南下扩大宣传团的基础上，组织成立中华民族解放先锋队。4月28日，民先队西郊区队清华和燕京两个大队的80余名队员，在西山举行军事训练和游击战演习。7月8—15日，北平学联、民先队160余人在大觉寺、樱桃沟一带举行军事演习、组织救亡讨论。7月22—29日，学联、民先队230余人在卧佛寺、周家花园和老虎洞一带举行游击战演习和时事讨论会。1937年4月初，学联先后在香山和温泉组织了两次大中学生活动，首次3000余人参加，第二次5000余人参加。学生们演出《放下你的鞭子》《开庭》等救亡剧，观者深受教育。

从1937年7月开始，日军进犯平西，在各县制造了一系列惨案，各县相继沦陷。日本侵略者推行一整套奴化教育和愚民政策，强迫百姓学习和说日语、唱日本歌，学校上课不准讲中国话，不准开设中国地理、中国历史等课。强加的苛捐杂税多如牛毛，搞得民不聊生。

中国共产党在平西擎起了抗日大旗，从平津等地派出了许多优秀的共产党员和青年积极分子，深入到华北广大农村发动游击战争。1937年9月下旬，中共中央北方局讨论确定了在华北开展游击战的方针任务，明确"共产党在平津的组织转入长期的秘密工作，应利用一切合法的可能保存与积聚力量，以等待和准备将来反攻时收复平津。目前的主要任务是援助平津附近乡村中的抗日游击战争，城市工作服从乡村工作，干部人员除必须留在平津者外，应退到乡村组织游击队"①。因平西地区靠近敌人在华北的统治中心北平，适宜坚持敌后游击战，各级领导均注重派干部进入平西，组织民众成立抗日武装，在门头沟、石景山、百花山、温泉、圆明园等地区袭扰日、伪军。

在中国共产党组织抗日武装的同时，平西人民不当亡国奴，拿起了国民党军队溃退时丢弃的武器，建起自卫团，再加上本来就有社团、帮会，出现了很多打着"抗日"旗号的杂色武装，正如百姓所说，"武装遍地起，司令赛牛毛"。仅北平四郊就先后拉起了10多股抗日武装，然而只有国民抗日军这一股是中国共产党领导和创建的抗日武装。②绝大多数队伍都需要接受改造，通过八路军开展的正规军事、政治整训，增强组织纪律性，提升对日作战的勇气和牺牲精神。脱离了中国共产党和八路军领导和改造的队伍，基本上都坚持不了多久，起得快，散得也快，要么被日、伪军轻易击溃，要么不战而散，要么变成伪军或者土匪，与人民为敌。

杨博民率领的"民众扫日正义军"给日、伪军制造了很大麻烦。最初

---

① 中共中央文献研究室编:《刘少奇年谱（1898—1969）》（上卷），中央文献出版社1996年版，第191页。

② 星火燎原编辑部编:《星火燎原》（丛书之十），解放军出版社1989年版，第35页。

他们仅有5人，只有1支鸟枪、30发子弹、60枚自制手榴弹。1937年9月5日，他们在西直门外炸毁敌3辆巡逻车，毙敌9人，缴获9支手枪、3挺机枪。这一胜利鼓舞了人心士气，队伍很快发展为80余人。接着，杨博民率队攻打了清华园车站，缴获30箱子弹（3万发），队伍很快壮大至500余人。10月初，敌人调集20架飞机、2000多骑兵以及大量汽车和坦克进至香山附近，他们艰难抵抗两天后撤出战斗。此时，北平61名大学生加入队伍，队伍中成立了经济和政治委员会。

1937年10月19日，"民众扫日正义军"正式成立，总司令杨博民，副总司令王九如，下设8路司令，总兵力2万左右。其口号为："拥护我委员长，欢迎军民合作抗战到底，打倒小鬼帝国主义，活捉日本强盗。"义勇军誓词为："民众扫日正义军之目的，以关岳二圣之主义，唤起民众，肃清汉奸，扫平日寇，以求中国独立自由之永存，并联合世界上以平等待我之民族，共同奋斗，死生与共，不达目的不止。"他们将孙中山遗嘱编成歌曲，作为军歌传唱，还出版了名为《血潮》的日报[1]。

奇怪的是，杨博民的名字在1938年的书籍和报纸中经常出现，他还曾与刘清扬[2]合著《游击战在河北》一书，但此后他却销声匿迹。曾任冀东军区联络部部长的任远揭开了这一谜底：杨博民投降了。据他回忆：1944年10月17日晨，冀热边特委、行署、丰滦迁联合县等机关正在召开扩大会议，日军突袭，大量人员牺牲或被俘。日军采取各种手段诱降任远，曾安排他住在杨博民家。

> 杨博民在冀东大暴动后当了汉奸，每次和他"谈心"后，都会用家中的电话向日本人汇报。[3]

---

[1] 杨博民、刘清扬：《游击战在河北》，全民出版社1938年版，第1—12页。

[2] 刘清扬，1921年2月在法国加入中国共产党，成为中国共产党最早的女党员之一。大革命时期，积极组织各界妇女支援国民革命军北伐。抗日战争时期，活跃在大后方，动员和组织广大妇女支援抗战。

[3] 任远：《红色特工记忆往事》，金城出版社2011年版，第54—55页。

可见，未经中国共产党领导或改造的杂色游击武装，很难在残酷环境中坚持下去。相反，国民抗日军等经共产党领导或改造的抗日武装，最后都发展成为人民军队的一部分，成为抗日战争的中坚力量。

当时活跃在平西的还有"抗日怪杰"宫长海的队伍。七七事变前，宫长海以国民党陆军参议身份闲居北平。在中国共产党和进步人士影响下，参加了东北人民抗日会，出席过在北平召开的东北抗日将领座谈会，酝酿继续抗日。七七事变后，他决心重组游击队，遂将妻子和弟弟安置到天津英租界内居住。自己将北平房产变卖，购买了2挺机关枪和20支手枪。枪还未送出城，平津就失守了。于是他雇了几辆粪车，扮作淘粪工人，将枪藏进粪车混出城外，在平西妙峰山地区组织了200余人的游击队。人们听说当年活跃在东北抗日战场的"宫傻子"到平西抗日了，都当作新闻广而告之，连温泉一带的日军都噤若寒蝉。然而，国民政府视其为土匪，不予后勤补给，他们很快就断炊了。邓华支队进至斋堂后，立即向宫长海部送给养。然而，由于其骨干多为绿林出身，匪性难改，他本人也吸毒，喜欢劫掠民财，引起了民众不满。他还同地方武装争夺粮食和武器弹药，导致矛盾激化。1938年初，宫长海在一次冲突中丧生①。

胡振海等人领导的"华北抗日救国同盟军"也曾转战平西。胡振海，人称胡嘎巴，是房山娄子水村人。七七事变后，胡振海等人从房山县监狱逃出后便招兵买马，很快拉起了10路杂牌武装，各路军首领称司令，合计万余人，号称"十万大军"。10路军中有3路在房山地区活动。其中，第1路军3000余人活动在太和庄、西长沟一带。1937年11月，司令周文龙率部与涿县于振坛部伏击从涿县王家坟村边经过的日军运输队，击毙日军田坂②大队长。日军看到指挥官被打死，发起疯狂报复，在房山县长沟村北的太和庄村，制造了骇人听闻的惨案，78人被杀，近百间房屋被烧。第2路军3000多人活动在张坊、南尚乐一带。司令白秀亭和副司令郑勇钩心斗角，将郑勇炸死，自己后投降日军。第3路军司令胡振海，率部活动在周口店、

---

① 还有一种说法，宫长海为土匪所杀。

② 田坂，当时日军驻涿县最高指挥官。

黄山店一带。1937年11月，该部发展至1.5万余人。第4至第10路军，都活动在房山、涞水、涿县边界地带。上述武装都打过抗日旗号，但战斗力不强，失利后便退缩动摇。有的不抗日，经常扰民害民，老百姓称之为"土匪""老便"。

1938年3月，中共房涞涿联合县游击支队支队长包森到娄子水收编胡振海。当时，包森只带了警卫员孙乃漠和特务队长李兴，他们将枪和马交给门岗，说要见胡振海。胡振海一听是大名鼎鼎的包森，便热情接待。包森用其擅长的演讲和书法，宣传抗日政策。胡振海安排司令部官员轮番听课，包森讲了三天三夜。胡振海深受教育，表示真心实意抗日。然而，这支队伍人员复杂，纪律涣散，无法改编，于是包森与其商定，结为友军，互不侵犯，联防作战，互相支援。胡振海率部后来攻打过周口店、长沟、房山城区日军，一度占领了房山城区，并在琉璃河北边白草洼一带截击日军，打死了茂板大佐。胡振海坚持抗日，最后被日军杀害在涿县西合村。[①]

还有一些武装，抗日是假，与人民作对是真。1937年11月7日，霞云岭、堂上、四马台、下石堡、龙门台等8村联合宣布成立自卫团，团长杨天沛、参谋长杨万芳。自卫团下设3个营，成员100多人，配备步枪70余支、手枪2支和少量土枪土炮。1937年12月，自卫团扩大编制，成立房山九区联庄会，安济云为司令。1938年春，联庄会发展到200多人，表面上接受八路军改编，但事实上与八路军作对，当年11月，被八路军邓华支队击溃。

二、国民抗日军起兵白羊城

在平西的众多抗日武装中，有一支经共产党领导和改造的"国民抗日军"，具备很强的战斗力和组织纪律性，打了很多场大胜仗，并最终发展成为一支抗日劲旅。

---

① 中共北京市委党史研究室、中共房山区委党史办公室编：《房山革命史》，北京出版社1994年版，第29页。

昌平以西40里的五峰山下，有个百余户人家的小山村白羊城村。白羊城始建于元代，地势险要，三面环山，与长峪城、镇边城一同被誉为边关三城。昌平被划归伪冀东政府管辖后，各地土匪蜂拥而起，百姓苦不堪言。白羊城村成立了保卫团，收集了国民党部队丢弃的枪支，推举在白羊城一带很有声望的汤万宁为团总。

1937年初，流亡北平的东北抗日义勇军成员赵同（赵侗）、高鹏、纪亭榭等人，秘密筹划建立抗日武装。报国虽有志，奈何手无寸铁！他们一面招兵买马，一面购买枪支。5月，招募到20余人，买到手枪17支。他们通过在昌平锡山瓦窑当过伪警察所所长的鲍旭堂，认识了汤万宁及其儿子汤玉瑷，动员一起抗日。

七七事变爆发后，中共中央北方局直接领导下的东特军事部负责人张希尧指示其东北大学同学高鹏、纪亭榭加紧做好武装起义准备工作。由于平民带枪被日本人抓到会被枪毙，被国民党军遇见也会被当作日本便衣处理，于是他们将枪偷运进清华大学，藏于共产党员沈海清宿舍。

7月20日，纪亭榭留在北平城继续筹集枪支，其余20余人出城前往白羊城。7月21日，他们收缴了瓦窑伪警察所的枪支。次日，在白羊城关帝庙前宣布成立抗日军。在东特领导下，平西第一支人民抗日武装队伍诞生。随后，抗日军改名为"国民抗日军"，赵同任总队长，高鹏任政治部部长，郑子丰任副总队长。7月24日，国民抗日军派人与国民革命军第29军联络，声明其为抗日队伍。然而信件没有送达，第29军却收到密报，说国民抗日军计划挖庆王陵。当日夜，第29军派人包围了永安庄，次日拂晓向国民抗日军发起袭击。国民抗日军突围后，沿山激战至平西近郊和妙峰山一带。张希尧从纪亭榭处得知队伍即将溃散后，立即向东特书记苏梅进行了汇报。8月，东特联系中共河北省委和北平市委，决定派出一批共产党员、民先队员和进步青年加入国民抗日军。从此，国民抗日军在中国共产党的领导下，脱胎换骨，走上了新生的道路。

当时，最急需的还是枪。一天，部队在德胜门外土城以北一个村子吃饭，当地一位人称"回民小张"的群众反映，河北第二模范监狱有3挺机枪、30多支步枪，看守只有几个警察。8月22日晚，国民抗日军部分兵力在德胜门、西直门警戒，其余人直奔监狱。由乔装成日本军官的同志说了几句日语，回民小张向守卫喊道："洋二大爷来了，要察看监狱，快快开门!"看守遂打开大门，抗日救国军立即缴了伪警察的枪，砸了电话，命其交出钥匙。狱中人员也猛力砸门，冲出牢房。近600名同胞中，一多半人当即就加入了队伍。此次行动，缴获颇丰。伪警北郊区署给伪警察局的报告中这样写道：

> 本月22日前夜8时余，忽听门外有人叫门，因不知何故并未开启，不料门外之人将门西旁铁窗砸毁，闯入两三名，即将大门开敞，遂拥进便衣匪徒人约有100余名，均年约二三十岁，内有东北口音者，分持手枪、大枪及轻机关枪，进门后连放数枪，即将所有看守等驱逐一旁，并将电话割断，旋将监门砸毁，开放囚犯，一面在各处搜翻公有及个人财物。至11时余，该便衣匪人将囚犯放毕，遂将本狱中所有枪支、子弹及财物等项，一并携走，出门逃去。在混乱时，仅看守长周奎元面部被击数掌，其余人员并未受伤。现经查点，原有囚犯共计550余名。现在监内尚有囚犯55名。本监狱计丢失马枪29支，套筒枪10支，轻机关枪两架，捷克式枪4支，伯朗宁手枪1支，子弹共约3000余粒，公款约两三千元，个人私有财物约一千余元，详细项目尚未查清。[①]

事后，伪警察80余人，到马甸、牤牛桥、塔院、十间房、黄亭子等地搜查，结果自然是空手而归。

这件事在北平城内引起了很大震动。老舍在《四世同堂》中写道："因为德胜门外的监狱曾被劫，日本人怕游击队乘着赶市的时候再来突击，所以禁止了城里的城外的早市，而且封锁了德胜门。"

胜利的消息极大鼓舞了北平同胞，学生、农民纷纷投奔，溃散的国民党士兵和伪冀东保安队士兵也纷纷加入国民抗日军，部队迅速扩至上千人。

[①] 北京市档案馆编：《绝对真相：日本侵华期间档案史料选》，新华出版社2005年版，第231—232页。

不久后，他们得知日军由平绥线运送大批军火至南口，遂埋伏于铁路沿线，待日军押运军火的大部分汽车通过后遂发起突袭，一举缴获4车军火。[①]部队随后活动于黑龙潭、温泉至北安河一线广大地区，最前哨在香山和卧佛寺的山坡上。

由于发展迅速，队伍人员鱼龙混杂，组织纪律性差。喜欢独揽大权的赵同，就让人刻了一枚很大的"总司令"印章。据国民抗日军中的中共党员史进前回忆，赵同吞并过不少地方武装，有支400余人、几十挺机枪的队伍。他以谈判为名宴请其首领高宪章，然后以勾结日军为由将其抓捕并枪毙，影响很坏。在此情况下，由汪之力起草了一个"全军约法"，明确所有人员、武器、军需财物归全军所有，统一指挥和调动；重大事项均须通过军政委员会讨论决定。9月5日，部队在三星庄集会，选出并通过军政委员会人员。女学生们紧急缝制了红蓝两色的袖箍，红色代表战斗，蓝色代表祖国河山，队员虽衣衫不整，但都戴上了"红蓝箍"。为解决枪支紧缺问题，队员们走遍了平西，收集了捷克式、中正式、日制三八式、汉阳造、老套筒、俄制水连珠等枪支，真可谓"万国造"。

9月8日上午，国民抗日军到黑山扈天门沟活动，日军小股部队发起攻击，被警戒部队开枪阻击狼狈而去。下午2时许，日军七八十人从冷泉方向发起攻击，遭猛烈还击，伤亡20余人，退至一山头组织防御，试图将伤亡人员拖走。第2总队大队长杜雄飞、指导员霍志德率2个中队，从左侧包抄到敌侧后方，向敌发起猛攻，敌死伤数十人后仓皇撤退。战斗中，飞来4架日军飞机，指战员们对空射击，一架敌机中弹栽进了清河附近的农田。傍晚时分，敌人从颐和园方向开来大批援军，用大炮向天门沟猛轰，等敌人赶到时，抗日救国军已安全转移。如果说首战监狱是小试牛刀，那黑山扈一战则彻底打出了名气。敌伪报纸《北平益世报》两次报道该战斗。中共在巴黎出版的《救国时报》称其"义声远播，民气大振"，并进行了恰当的评论：

---

① 迅雷编：《战场上的鲜花》，全民出版社1938年版，第6页。

> 日寇虽已强占北平及北方各地，并集中大军南向侵略，但实无法巩固其后方。只要我军能进行反攻，在北方游击队与北方民众响应之下，必能消灭日寇而收复平津及一切失地。[①]

黑山扈战斗后，根据上级指示，国民抗日军中的共产党员成立了队委会，汪之力任书记。从监狱营救出来的党员也恢复组织关系，各部队建起了党小组。部队核心领导高鹏、纪亭榭思想进步，支持党员工作，队委会的意见都是通过他们做好赵同的工作，得以顺利执行。队委会大力开展地方工作，政治部一面在南口、阳坊、北安河、温泉、门头沟一带发动群众赶制棉衣3000套，一面在各地筹建抗日救国会，组织宣传队，出版《火花》报，并广泛开展群众性歌咏演出活动。

进入秋季，庄稼收完，没有了天然屏障，总队遂转至昌平西山地区。当时已扩至3000余人，背靠妙峰山，活动于流村、阳坊、白虎涧、前沙涧、后沙涧、北安河、温泉、清河一带。10月上旬，日军以10多架飞机轰炸妙峰山地区，并派出野口、松井、中村等部队近万名步兵，对妙峰山、阳坊地区进行拉网式"扫荡"。由于部队事先接到北平地下党送出的情报，司令部、第1总队、第2总队立即转移至昌平西山大村、镇边城地区。[②]第3总队在接到撤退命令时，副司令郑子风、参谋长包旭堂不愿进山，企图将部队拉走，大队领导、共产党员黄秋萍、戴昊等坚决执行上级命令并争取到总队长刘凤梧同意，决定迅速进山。但此时已失去了转移最佳时机，仅三分之一队员冲出包围圈，郑子风、包旭堂等脱逃。[③]日、伪军盘踞妙峰山的一周时间里，其他抗日武装受到不小损失。日伪报纸大张旗鼓地虚假宣传：

> 东北大学教授赵同部，在妙峰山为我皇军击溃，英勇的空军

---

① 隗合甫主编：《平西抗日斗争史料选编》，国防大学出版社1999年版，第32页。

② 中国抗日战争军事史料丛书编审委员会编：《八路军回忆史料（3）》，解放军出版社2015年版，第69页。

③ 梁湘汉、赵庚奇编著：《北京地区抗战史料——纪念伟大的抗日民族解放战争五十周年》，紫禁城出版社1986年版，第64—65页。

协助作战，共击毙敌军2000余众；该部匪军大部分系北平溃散之学生，及溃散之二十九军与冀东保安队，第二监狱犯人数百名，更有东北义勇军之一部会合而成。①

国民抗日军进至西山地区后，群众工作有声有色，经常组织宣传队和大学生士兵向群众演讲、唱歌，宣传抗日救国，当地群众争先恐后地参军。就连昌平瓦窑村大庙里的和尚郑福子也脱下袈裟参军，后来牺牲于攻打行唐的战斗中，纪亭榭专门为他写下一副挽联："出僧门入红门抗日救国是英雄，离佛堂赴沙场为国捐躯真烈士。"

10月下旬，国民抗日军秘书焦土（焦若愚）受组织派遣，与宛平地下党组织取得联系，国民抗日军由昌平西山地区进至宛平县斋堂、清水一带。

由于成分复杂，国民抗日军的游击习气和旧军队作风还没有彻底消除。赵同就曾以"解决抗日经费"为由，指派人员挖王陵取珠宝，还将天门沟教堂的外国神父控制起来让他们写信给领事馆，让用钱、枪、药品来赎人。②据美国记者、作家斯诺回忆，西山的游击队派联络员进北平城找他，帮忙变卖从日军手中夺回的黄金珠宝，以解决枪弹经费问题，并提出给他高额回报。斯诺说他一分钱都不要，建议把在西山修道院扣留的几名意大利传教士释放了，理由是这样做不好，会损害抗日事业，不能获得国际上的同情。游击队释放了意大利传教士，斯诺也找人帮助游击队将珠宝和黄金变卖了出去③。

为了整肃军纪，部队在斋堂川进行整训，召开第二次军人代表大会，处理了领导层严重违纪问题。开除了已逃跑的副司令郑子丰、参谋长包旭堂的军籍，抓捕了阴谋杀害纪亭榭、胁迫赵同、拉走部队的任福祥和他的3个兄弟、儿子。考虑到任福祥是赵同的舅舅，为了争取和团结赵同，只是将他们几人逐出了部队。

---

① 拓荒：《今日的将领》，统一出版社1939年版，第443页。
② 胡朋、胡可：《敌后纪事》，大众文艺出版社1997年版，第17页。
③ 方明编著：《抵抗中的中国——外国记者亲历的中国抗战》，团结出版社2017年版，第20页。

11月9日，国民抗日军与八路军晋察冀军区第1军分区司令员杨成武、政治委员邓华取得联络，同时收到了八路军总部首长朱德、彭德怀的信函。这封信在部队中公开传达并在《火花》上全文刊载。赵同虽对共产党仍有猜忌，但眼见国民党军节节败退，越来越远，在高鹏、纪亭榭催促下，决定派汪之力等3名共产党人前去和八路军联系。他们在蔚县受到了第1军分区指战员的热情招待。邓华将国民抗日军的情况向聂荣臻司令员做了报告，聂荣臻回电同意部队开至蔚县补充被服、弹药。

11月中旬，国民抗日军离开平西，开赴阜平整训。在这里，指战员们生平第一次见到了走过两万五千里长征、参加过平型关大捷的英勇部队，充满了好奇与崇敬。其间，军区参谋长唐延杰、政治部主任舒同为部队授课。12月25日，经八路军总部批准，国民抗日军改编为晋察冀军区第5支队。赵同任司令员，已加入中国共产党的高鹏任副司令员，常载武任参谋长，汪之力任政治部主任，汤万宁任司令部参议员。各级配备了政工干部，党的领导力量得到加强，从此部队精神面貌焕然一新。政治部为调查政治工作情况，让一名女同志假扮成难民，哭哭啼啼地拉住过往百姓，说她爸爸被戴红蓝箍的人强拉去了，求路人帮忙找回来。结果一连几次，村民都说"肯定弄错了，一定是无组织的土匪干的，第5支队是老百姓自己的部队"①。

1938年春节后，第5支队奉令开至灵寿、行唐一带，在平汉路沿线打击日本侵略者。邓华支队准备挺进冀东时，第5支队奉命回平西接防。4月2日，途经涞源城南时，中共涞源地下组织通报，日军近百人押送20余辆马车，从紫荆关向涞源运送弹药给养。支队领导认为这是一个打伏击的好机会。当日夜，第5支队急行军至涞源东二道河附近设伏。4月3日上午9时许，日军车队进入伏击地域，第5支队发起突然袭击，敌被打得人仰马翻。此战歼敌近百人，生俘2人，击落日机1架，缴获20车军用物资、数百支步枪和3挺机枪。②据杨成武回忆，日军一个名叫"中西"的俘虏，后来成为"在

---

① 戚霞编：《目前各地的抗日游击战》，大众出版社1938年版，第28页。

② 中共房山县委党史办：《杜伯华同志传略》，转引自李德仲、张雷主编：《燕山儿女》，华夏出版社1987年版，第332页。

华反战同盟晋察冀支部"骨干，做了很多宣传和瓦解敌军工作①。第5支队阵亡连排以下指战员50余名，第1总队长纪亭榭和参谋长常戟武负重伤。第三天，涞源敌人全线撤退。第5支队受到军区通令嘉奖，涞源县城召开了军民联欢祝捷大会。

晋察冀军区八路军战士在浮图峪长城留影

5月12日夜，第5支队主动出击，兵分两路分别攻打昌平和阳坊。第2营第6连从昌平西城一个坍塌处偷偷爬上城墙，直奔西城门楼，突然猛烈开火，伪警察还没来得及抵抗就被缴械。不到3小时，队伍就占领了县城。此役，俘伪警察百余名、公务人员数十名、日韩军民30多人，放出百余名犯人。缴获步枪300余支，轻机枪10余挺。第1营袭击阳坊，也取得了胜利。5月16日，聂荣臻向八路军总部报告了第5支队战绩：

> 13日一时，我五支队攻克昌平城，计缴枪50余支，子弹10余箱，战马40匹，开释囚犯百余。另一部攻占阳坊镇，缴枪20余支，有宪兵20余人反正。②

①　《中国人民解放军高级将领传》编审委员会编：《中国人民解放军高级将领传（第16卷）》，解放军出版社2013年版，第408页。

②　中共北京市委党史研究室编：《北京地区抗日运动史料汇编》（第六辑），北京燕山出版社2001年版，第9页。

平郊抗日根据地

为纪念全民族抗战一周年，打击日军嚣张气焰，第5支队先后袭击了卢沟桥、宛平、石景山、香山等敌据点。7月6日晚，第5支队派出数支小部队袭击南口、阳坊、温泉、门头沟等敌据点，以起牵制作用。7月7日夜，第3营袭击石景山发电厂。指战员经过45公里强行军，突袭发电厂，迅速消灭了负隅顽抗的日、伪军，俘敌数十名，炸毁了发电用的两个锅炉，使北平全城连日停电。曾目睹侵华日军暴行并多次到抗日前线采访的记者爱泼斯坦，在《人民之战》一书中这样记述：

> 1938年7月7日，中日战争爆发一周年之际，他派1000人再到北平城下，把卢沟桥夺回了一天。还突袭北平发电厂，使全城一片黑暗。北平街上筑起了沙袋路障。像一年前一样，炮架了起来，一队队日军在城中巡逻，实行戒严。但这一次防守的是侵略者。完成任务后，他们主动撤离。对北平的突然袭击具有政治意义。这是边区政府做出的决定："对敌人进行勇猛打击以纪念抗战一周年！"它向日本人、向北平人民、向外国使馆、向全世界表明："华北仍是中国的！"日本人气急败坏。战争到什么时候停呢？北平人民有了新的思索。外国大使馆的无线电声音一直响着。[①]

曾任第5支队总队主任的史进前写下的这首诗，很好地概括了第5支队叱咤平西的战斗历程：

> 卢沟晓月明，西山红叶浓。居庸峰叠翠，长城飞巨龙。
> 日寇占东北，古城燃燧烽。民族危亡日，学子献赤衷。
> 一二九运动，民先打先锋。宛平事变发，敌寇气汹汹。
> 民间同御侮，红旗飘妙峰。创建游击队，扎根民众中。
> 出没平郊野，叱咤雷电风。智取敌监狱，同胞出牢笼。
> 望儿山鏖战，刺刀血染红。溃敌炮兵队，逃遁若寒虫。

---

① ［波兰］爱泼斯坦：《人民之战》，上海科学技术文献出版社2015年版，第51页。

枪打敌机落，铁枭倒栽葱。炸毁发电厂，敌首瞎又聋。

战斗在敌后，游击显神通。刀光寒敌胆，霹雳震魔宫。[1]

就在第5支队连战连捷时，赵同却带着十来个亲信跑了，后来到了重庆，投奔蒋介石。1938年7月28日，聂荣臻致电朱德、彭德怀、毛泽东、王稼祥，"请朱、彭电武汉，申明今后赵之行动与我军无关。至五支队本身无大问题，拟整理一下，将来与杨成武部合编之为妥"[2]。

在重庆，赵同因其特殊身份而成为炙手可热的座上宾。蒋介石委任他为晋察冀游击第1总队少将司令。赵同在给第5支队领导人的信中，毫不遮掩地说有消灭支队领导的计划，只是碍于交情才作罢。赵同及其后来所带队伍不抗日，只搞反共活动，于1940年初被八路军第120师所属部队消灭。

赵同脱逃后，第5支队要求晋察冀军区派人加强领导。不久，第1军分区司令员杨成武率第2团去平西，经军区批准将第5支队与第1分区涞源支队合并，编为第3团。纪亭榭任第3团团长，袁升平任政委，王建中任政治处主任。第3团后离开平西地区，执行新的战斗任务。

三、八路军青白口擎战旗

在中国共产党领导国民抗日军战斗于平西地区的同时，八路军总部、中共河北省委和北平党组织，都曾派干部到青白口等地，在中共门头沟矿区支部的基础上，组织抗日游击队。

早在大革命时期，宛平地区就有共产党人传播进步思想，在这里播下了革命火种。1924年，宛平县田庄青年崔显芳在上海求学期间加入中国共产党，当年夏回到家乡创办学校，积极传播进步思想，秘密发展党员，领

---

① 史长义主编：《平西抗日诗抄》，北京联合出版公司2015年版，第8页。

② 中共北京市委党史研究室编：《北京地区抗日运动史料汇编》（第六辑），北京燕山出版社2001年版，第11页。

导村民开展"抗税"斗争。1931年春,党组织派贾汇川到宛平八区下清水高小开展革命活动。当年8月,他将一些进步学生召集到一起,以桃园结义的名义,让他们加入"反帝大同盟",并开始与土豪劣绅做斗争。在青白口办学期间,崔显芳、贾汇川向学生积极宣传进步思想,引导一些进步学生加入党组织。1932年9月,中共田庄高小党支部成立。1933年春,中共宛平县委正式成立,有党员40余人,建立了田庄支部、青白口支部,不久又建立沿河城支部。

长城抗战爆发后,日本侵略军逼近北平。共产党员魏国元依托家里在青白口村开设的"一元春"药铺,作为中共宛平县委的秘密联络站。崔显芳以坐堂大夫身份继续从事党的秘密工作,魏国元则以购买药材为由往返青白口、北平城之间,实则传递情报。1934年7月,国民党政府当局抓捕了崔显芳、魏国元等人。经组织大力营救,崔显芳于1935年2月保外就医,但出狱仅12天就不幸去世,魏国元于1936年7月提前出狱。重获自由的魏国元,以补办婚礼的名义,在家乡请田庄戏班子唱了3天戏,宴请各村乡邻,以此为掩护,和宛平县党团员接上了关系。魏国元等人积极争取国民党左派,鼓励爱国青年参加军事训练。

七七事变后,国民党军撤退时将大量枪支遗散在宛平地区,魏国元号召群众收集武器,建立自卫武装,保卫家乡。当时,李文彬在门头沟区安家庄很有号召力,曾任村长、学校校长。1937年9月,在家乡组织成立了300余人的抗日队伍,在宛平一带抗击日、伪军,颇有影响力。魏国元动员李文彬率部加入八路军,并派出得力干部,加强了党对这支武装的领导。1938年,李文彬部改编为八路军第6支队平西游击队第一总队,时称李支队,李文彬任总队长。[1] 李文彬部在中共宛平地方党组织的帮助下,不断壮大,多次重创日、伪军。魏国元还利用自身影响,将活动在七区的宫长海、八区的吕玉宝、郭玉田等地方武装争取到抗日武装中来。[2]

1937年10月下旬,国民抗日军来到宛平县青白口、斋堂、清水一带发

---

[1] 北京市门头沟区博物馆编:《平西抗战组歌》,学苑出版社2011年版,第47页。

[2] 中共北京市委党史研究室、北京青年报社编:《永远的丰碑——北平抗战英雄谱》,北京燕山出版社2015年版,第50页。

动群众。时任国民抗日军第3总队第3大队副大队长史进前在斋堂组织建立了党的外围组织——宛平抗日民族解放先锋队，吸收杜存训、史梦兰、宋恩庆等为首批队员。10月底，八路军总部派遣吴伟、赖富、夏青田、王德林等12名老红军，组成平西武装工作组到斋堂，帮助地方党组织开辟抗日根据地。①

说是老红军，当时年纪都不大，但都是名副其实的"老"红军，身经百战，军事政治工作经验丰富，正是创建游击队、开辟根据地急需的优秀人才。以吴伟为例，他出生于1918年11月，不满13岁就追随父亲吴思祯参加中国工农红军，1934年10月加入中国共产党。土地革命战争年代，他先后担任红25军第73师第223团政治部宣传员，徐海东军长警卫员、文书，红25军政治部宣传队队长，红15军团特务营政治委员，八路军总部宣传队队长兼火星社社长。参加过鄂豫皖苏区反"围剿"，七里坪、直罗镇、东征、西征战役和红25军长征，受组织派遣到平西开辟根据地时还不满19岁，足见军政能力之强。赖富作战经验丰富，头脑灵活，英勇顽强。1936年，他随红军东渡黄河参加关上战斗，消灭号称"满天飞"的王牌部队独立第二旅。当时，敌人为了突围，向红10团发起猛攻。第3连在敌人强大火力攻击下，退至团指挥所附近，眼看指挥所和聂荣臻指挥部受到威胁，团长萧桂两次派通信员传达命令，但两位通信员全牺牲在了敌人封锁线上。时任团侦察参谋赖富经请示团首长同意，将羊皮大衣反穿，装成羊的样子，快速穿过了封锁区，顺利传达了命令，并和第3连指战员互相掩护、轮番冲击，坚决堵住敌人。总指挥部发出总攻命令后，他们成功配合兄弟部队歼灭阎锡山"满天飞旅"。

吴伟一行人出发时，朱德向他们讲了敌后开展游击战争及建立抗日根据地的重要意义，以及如何宣传党的主张、如何动员组织群众和武装群众，还勉励大家努力工作，开创局面。大家心中都热乎乎的，决心不辜负八路军总部首长期望。他们在北平地下党组织的配合下，深入群众中，广泛宣传抗日救国的道理，张贴八路军标语口号，联络抗日散兵游勇，收集散落

①　《中国共产党北京市组织史资料（1921—1987）》，人民出版社1992年版，第130页。

民间的武器，建立民先组织，成立平西游击支队。与他们同行的还有中共中央北方局代表胡敬一。吴伟曾在回忆文章中这样写道：

> 我们住在山西五台县南茹村。十一月某日一个早晨，刚吃完早饭后，突然接到通信员传令，黄组织部长（克诚）找我谈话，要我带几个干部同北平市委派来的联络员胡敬一一同到平西去。第一个任务是，参加我们党领导的第五支队，将这支部队带到阜平来。尔后的任务是在平汉、平绥三角地带以宛平七、八区为中心开辟抗日根据地。最后还说，给我们一个连兵力做基础。还明确了一下，归北平市委直接领导。部队扩大多了再派领导干部去……

胡敬一于1933年8月被捕，在国民党北平军事委员会审讯过程中，屡受酷刑，拒不招供。1934年10月，被判5年徒刑，押送到北平草岚子监狱[①]服刑。为解决干部缺乏的问题，1936年5月，中共中央北方局决定，要被关押在北平草岚子监狱的一批共产党员履行敌人规定的手续出狱。[②]胡敬一于1937年4月出狱，被派往北平领导革命斗争。据焦土回忆：

> 1937年9月初，我受中共北平市委委托，护送北方局的胡敬一同志去晋察冀八路军总部和北方局请示和汇报工作。这是我第一次来到宛平山区。当时，我把胡敬一送到妙峰山的苇甸（具体是上苇甸还是下苇甸记不清了）。胡敬一又从苇甸去了青白口魏国元那里……胡敬一去苇甸时，卫立煌的部队还在和日本人交战，飞机还在轰炸。

---

① 草岚子监狱成立于1931年秋，因草岚子胡同而得名。开始是临时看守所，1932年3月更名为"北平军人反省分院"。1931年9月—1936年10月，前后关押各种政治犯400余人。
② 中共中央文献研究室编：《刘少奇年谱（1898—1969）》（上卷），中央文献出版社1996年版，第151页。

1937年10月，中共中央北方局派遣苏梅和八路军第115师副团长陈群、红军干部陈仲山来到青白口。1937年7月底，苏梅曾接到命令去太原找刘少奇、彭真受领新任务。在太原的一个学校里，刘少奇和彭真接见了辗转到来的苏梅。他们从下午2点一直谈到日落，重点就是建立平西革命根据地的重要意义，明确指出了开辟平西根据地是为了进一步开辟和巩固平北、冀东根据地的战略地位。刘少奇安排陈群和陈仲山随他一起去平西。彭真强调，八路军总部派出的吴伟、赖富等12位老红军由苏梅统一指挥。刘少奇同志特别叮嘱他要善于发动群众，并风趣地说："向敌人开几枪，让他睡不着好觉，破坏他的电话线，等等，这不也是胜利吗？我们这一时期的工作就是为主力部队进入平西打下一定的基础。"[①]

当时的平西，有不少民团、联庄会、伙会是由国民党散兵游勇和流氓土匪组成的，打着抗日旗号并不抗日，有的被地主恶霸利用，有的实为伪军，无恶不作，群众称他们是"红眼军"[②]。陈群等人积极向当地民团上层人物开展工作，宣传党的抗日政策，争取他们抗日。当时，民团团丁绝大多数是贫苦群众，到民团里也是混口饭吃。陈群本身是穷苦人出身，早年丧母，随父亲给地主家当过长工、放过牛，经常被地主打骂，深知百姓疾苦，加上他为人随和，很快和团丁们建立起良好关系，很多团丁表示愿意抗日。到1937年冬，共争取了10多个村的民团。邓华支队进驻平西后，这些民团编入了八路军部队。

胡敬一等人返回青白口后，派人和北平中共地下党组织取得联系。11月初，中共河北临时省委派北平市委的刘杰、王恒等到宛平临时县委指导工作，发动群众和组织武装，开展游击战争。刘杰、苏梅、胡敬一、魏国元、陈群、焦土等组建了平西游击支队，成立了抗日自卫会，发展民先队员，积极开展了各种形式的抗日宣传，影响很大。据王恒回忆：

1937年冬初，地下党北平市委决定以张毅之（即刘杰）同志

① 平西抗日斗争史编写组、中法大学校友会编委会合编：《平西儿女革命回忆录》（上集），光明日报出版社1986年版，第13页。

② 红眼军，指见钱眼红、见女子眼红的反动武装。

为首，由宛平七、八两区地下组织负责人魏国元同志和我组织平西地委，张毅之任书记。我们接受任务后第二天，便启程去宛平七区青白口魏国元同志家。同行的还有李光汉、王子展……我们到达老魏同志家里时，便与吴伟同志等12名战士组成的八路军先遣队相会合，直等北方局的老胡同志（名字记不得了）从晋察冀边区回青白口。老胡同志指示，取消北平市委组织的平西地委，并指示将所有外来的同志，加上宛平七、八区地下党的同志组成八路军独立第一支队，支队总部设在青白口。胡某某，张毅之、魏国元同志常在总部。①

老胡同志、胡某某，就是胡敬一。这里所说的八路军独立第一支队，也就是平西游击支队。按照中共中央北方局的指示，汇集在青白口的各方面干部统一编入平西游击支队。总部设在青白口。支队长吴伟，支队党代表胡敬一，参谋长赖富，总支书记钟奇。这支队伍是平西地区第一支完全由中国共产党直接领导的抗日队伍。

从北平来的地下党员葛琛、杨春甫等15人组成了宣传队，5名女学生单独组织了一个妇女小组。支队成立后，所有干部分别到宛平县七区、八区宣传中国共产党的主张，动员群众，组织村抗日救国会，成立村武装委员会和武装游击小组，发展民族解放先锋队组织，有条件地发展党组织。11月底，分散到各村工作的同志回来集中汇报工作情况，支队扩大了数十人。在阜平接受短期整训后，平西游击支队于1938年2月随邓华率领的第3团重返平西，平西游击支队改编为总队，编入第3团第2营。②

1937年12月，国民抗日军奉命开赴阜平进行整训。随后，宛平党组织和平西游击支队也离开青白口、斋堂一带，前往阜平。留下的党员和中共北平地下党组织取得联系后，以教师等各种身份与民先队员一起继续坚持工作。在此前后，从北平撤出的一部分学生到青白口、斋堂后，大都参加

---

① 《中国档案报》，2017年6月30日。
② 星火燎原编辑部编：《星火燎原》（丛书之十），解放军出版社1989年版，第31—32页。

了国民抗日军和平西游击队。

在阜平，平西游击支队领导向聂荣臻汇报了平西情况，聂荣臻问现在主力部队开到平西去，能不能站住脚？苏梅和魏国元互相看了看，点了点头，都说能站住脚，因为群众发动起来了，地主武装被争取了、中立了，国民党势力控制不住平西的局势了。

聂荣臻说："好，就派主力部队开到平西去。"不久后，邓华支队、宋时轮支队相继进驻平西，平西抗日根据地的开辟进入了新阶段。

四、抗日民主政权初创

1938年2月10日，朱德、彭德怀、任弼时致电聂荣臻，要求"立即准备派1500人左右的精干游击队，由杨成武或邓华（择一人）为指挥员，另择得力政治委员，并配足其他干部及交通器材，准备在20日之前向承德、北平、山海关之间出动，创造根据地，并扩大本身。选派部队必须有深入的政治动员及对统一战线政策深入的了解"[1]。晋察冀军区根据指示，组建了邓华支队，准备挺进冀东。邓华支队由晋察冀军区第1军分区第3团扩编而成，辖第32、第33大队，共2000余人。邓华任支队司令员兼政治委员，李钟奇任参谋长，林铁任政治部主任，苏梅任副主任。

邓华，1910年4月出生于湖南郴县永宁乡一个书香世家。他15岁时便在作文中写下"青年人当舍身报国，挽救国家危亡，解放亿万生灵涂炭"的豪言壮语。1928年1月，朱德、陈毅和中共湘南特委领导的湘南起义爆发，邓华加入工农革命军第7师。1930年10月，20岁的邓华任红12军第36师政治委员。作为一线指挥员先后参加了井冈山斗争、中央苏区反"围剿"作战和长征，参加了直罗镇战役、东征战役、西征战役和山城堡战役，以及平型关战役，以敢打硬拼、能文能武、军政俱优而著称。他的军事指挥才能得到毛泽东的欣赏。在井冈山斗争时期，毛泽东称他是"军中秀才"。

---

① 中共中央文献研究室：《朱德年谱》（新编本），中央文献出版社2006年版，第742页。

平郊抗日根据地

邓华与平西抗日根据地是有渊源的。1937年11月下旬，时任晋察冀军区第1军分区政治委员的邓华，便和杨成武、蔚县县长张苏一道，组织和主持了欢迎国民抗日军大会。邓华在致辞中特别谈到了平西地区的战略地位：

> 不仅是晋察冀边区的北部屏障……它既是控制敌人交通命脉的要冲，又是我军日后向冀东、热河、察哈尔、辽宁挺进的前进阵地。你们国民抗日军从平西来，今天我们汇成一支强大的武装，我们一定要打到平西，一定要在平西建立巩固的抗日根据地，在那里一定会再有作为的。

当时，邓华还与国民抗日军中的共产党党员焦土、王远音、汪之力、史进前、高鹏、纪亭榭等深入交谈，了解平西地区的革命斗争形势。[①]

中共中央本来是准备让第1军分区司令员杨成武带部队开辟冀东的，后又电令杨成武不离开太岳地区。于是杨成武抽调机关和部分直属分队，为邓华所率部队组建了一个领导机关，有司令部、政治部、供给部、卫生部，以老3团为主体，加上一些地方部队，成立了邓华支队。[②]

1938年2月，邓华支队出紫荆关，沿长城东北前行，向平西地区挺进。行军途中，邓华拿出政工干部的看家本领，带头教战士们唱抗日歌曲："好男儿，志气高，八路军逞英豪，人手一把鬼头刀，砍得鬼子没处逃，嘿，没处逃！"他激昂的情绪感染了广大指战员，大家情绪高涨，行军速度也明显加快。

邓华支队一路所见，群众抗日情绪高昂，纷纷募捐慰劳部队，有的地方连商会、税务局也捐款送物资。但也有些反动武装拒绝抗日、鱼肉乡里。在途经涿鹿县南部60多公里的蟒石口时，地主组织的民团开枪阻击部队前进。邓华了解到该民团是出了名的"本地害"，整天欺压百姓。国民党中央军溃散的零星部队途经此地时全被他们消灭了，所以他们的装备很好。邓华指挥部队迅速制服了这股反动武装。[③]据八路军老战士刘永芳回忆：此次

[①] 罗印文：《邓华将军传》，中共中央党校出版社1995年版，第99页。
[②] 隈合甫主编：《平西烽火》，国防大学出版社2000年版，第279页。
[③] 星火燎原编辑部编：《星火燎原》(丛书之十)，解放军出版社1989年版，第33页。

战斗，歼敌30余人，缴获机枪2挺、步枪45支。另据宣传科科长蔡委心回忆，整个战斗过程不超过20分钟，指战员们连一枚手榴弹都没消耗。①

邓华在蟒石口留下一个工作组，由抗日军政大学毕业的包森牵头，负责在涞水县马水村建立房（山）涞（水）涿（县）联合县政府，并派1个营保护工作组。

次日，部队到达谢家堡，邓华部署了建立宣（化）涿（鹿）怀（来）联合县的工作。他将干部分成若干工作组，派到各方向。经调查，矾山堡一带建立了伪政权，有势力强大的"伙会"，其人数众多，武器精良，直接攻打困难较大。找到合适的社会关系，积极争取"伙会"，是比较稳妥的方法。当地一个杂货铺老板认识"伙会"的一个小头目，他承诺能让部队顺利进入矾山堡。邓华派宣传科科长蔡委心带一个工作组进入矾山堡，并让副团长萧思明带领第1营保护工作组。蔡委心在日记中记述：

> 邓司令说："现在我们已经到达工作的地区，我们就要在这里铺开摊子开始工作了，决定你们四个同志到矾山堡做那一带的工作。军事上由萧思明同志负责，政治上由老蔡负责。到了那里首先是做广泛的深入的宣传工作，发动群众、动员群众和组织群众。把一切力量都动员和组织起来，把一切力量都组织到抗日民族统一战线上来。"

1938年3月20日，在涞水县马水村建立了中共房涞涿工委，成立房涞涿联合县抗日民主政府，组建了房涞涿抗日游击支队。杨春甫任县工委书记兼游击支队政委，刘慎之任县长，包森任游击支队支队长。包森在发动群众的同时，积极做房山自卫团的工作，耐心说服团总解景波等人，在房山班各庄召开自卫团改编大会，宣布将五区自卫团改编为抗日游击队的决定。包森还成功做通了房山四区自卫团的工作。房涞涿抗日游击支队很快发展到400余人，下设3个大队，他们清汉奸、捉特务、打土匪，受到人民

---

① 隗合甫主编：《平西抗日斗争史料选编》，国防大学出版社1999年版，第56页。

群众的拥护。很快就成立了南窑区抗日救国会和区公所，在此基础上，周边50余村均成为抗日根据地。[①]

在此前后，在谢家堡村召开群众大会，宣布成立宣涿怀联合县政府，由担任过中共蓟县抗日民主政府县长的朝鲜人王巍（朴一禹）任县长。同时，建立中共宣涿怀联合县工作委员会和抗日救国会，工委书记杨春甫，抗日救国会主任郭永明。

到了斋堂川，邓华将司令部设在西斋堂村的聂家大院。抗日救亡各项工作很快在宛平开展起来。3月25日，在东斋堂"万源裕"商号大院，成立了宛平县抗日民主政府，魏国元任县长，师广博任秘书，贾全壁任总务科科长，石明辉任财政科科长，傅万秋任宣传科科长，谭天印任教育科科长，石明金任军用代办所所长。同年5月建立司法科，郭玉田任科长，完善了县政府机构。县政府下辖2个区，八区区长高明允，七区区长李少舟。抗日救国会筹委会主任是杜存训，后来谭惠民任主任。不久又建立了人民武装总队，队长傅万睦、指导员史梦兰。[②]

平西宛平县在东斋堂村成立的抗日民主县政府旧照

---

① 中共北京市委党史研究室、房山区党史区志办公室编：《平西抗日根据地历史》，北京出版社2015年版，第60页。

② 袁树森：《宛平县民主政府的建立》，载《京西时报》2019年10月10日。

邓华、苏梅、魏国元等人分头登门拜访社会上的知名人士，讲道理，委重任。县政府成立没几天，魏国元向曾一起在河北省区长训练班培训过的谭体仁发出邀请，想争取这个拥有一个保卫团的国民政府宛平县县长共同抗日。然而，这个老同学的工作很难做。早在1937年10月，焦土就代表国民抗日军到宛平八区开展统一战线工作。当他和熟悉当地情况的彭城来到八区区公所时，谭体仁的团丁如临大敌，荷枪实弹地站成两排，想给二人来个下马威。谭体仁的代表贾全壁对国民抗日军进入八区既不表示欢迎，也没明确拒绝。焦土随后向桑峪教堂的神父了解情况，得知谭体仁总的倾向是反对国民抗日军进入八区。邓华支队进驻斋堂后，苏梅、邓华也找谭体仁谈过，但他始终拒绝合作，处处设置障碍。

在县政府，魏国元耐心给谭体仁讲共产党的抗日政策，请他做抗日工作，或担任参议等职务。谭体仁不相信共产党领导的抗日武装能顶得住日本侵略军，拒绝后便偷偷联系地主武装，准备叛乱。当他们集合准备发起行动时，被八路军和游击队包围并缴枪，谭体仁当夜被押至阜平接受处理。

大村的民团团总平兆斌利用自己在当地的势力，煽动、裹胁大村一带不明真相的群众反对共产党和八路军，他得知八路军在沿河城存有300余支枪，便联合附近的反动分子抢走了枪支，还公然打出"反对共产党，打倒八路军，推翻抗日县政府"的口号，妄图摧毁刚刚诞生的抗日民主政权。八路军和游击队即刻兵分两路对其发起夹击，南路由塔岭直达青白口、傅家台，北路向沿河城进击。平兆斌拼凑的反动武装不堪一击，迅速瓦解。这一仗平息了"大村事变"，保卫和巩固了新生的民主政权。

4月3日，邓华支队进至陈家台，由第3连选了几个班排干部化装进入门头沟侦察。当晚，第3连第1排每人带手枪1支、手榴弹数枚，迅速绕到日、伪军据点西北侧，爬上房顶将手榴弹砸下，敌死伤严重，战斗很快结束。此战共缴获步枪19支、掷弹筒1具、轻机枪1挺。邓华支队又向南口、高崖口之敌发起攻击，在高崖口争取了一个中队的伪警察反正。[1]

---

[1] 中共北京市委党史研究室、中共门头沟区委党史办公室编:《门头沟革命史》，北京出版社1994年版，第55页。

邓华支队战斗力强，一度收复昌平、涿县、涞水、良乡等县城，并将北平至门头沟铁路及平绥铁路下花园至昌平段破坏，解放了平西10余万人口的地区，建立了昌宛、房涞涿、宣怀3个联合县的抗日民主政府，组织了1500余人的抗日自卫队。

1938年4月，毛泽东、刘少奇致电彭真、聂荣臻："可出一部兵力随邓华部队向冀东、热边发展。"接着，八路军总部致电第120师师长贺龙等：

> 宋时轮准备1500人、步枪600以上（左右）为冀察热支队……然后由张家口以北转至龙关、赤城地域与邓华支队接近，创造热察冀边区根据地，以至必要时与邓支队会合。①

朱德找宋时轮谈话时说："派你们支队去冀东是落实中央军委关于'雾龙山为中心之区域，有广大发展前途，但是独立作战区域，派去部队须精干，且不宜过少，军政党领导人员须有独立应付新环境之能力，出发前须作充分准备'的指示，创建抗日游击根据地。"

宋时轮，1926年初进入黄埔军校学习，1927年1月转为中国共产党党员。蒋介石发动四一二反革命政变后，他被捕入狱。两年的铁窗生活中，他同敌人进行了坚决斗争，曾带头发起绝食斗争，争取到读书、看报、改善伙食。1929年出狱后，他辗转香港、上海寻找党组织未果，遂于同年在湖南浏阳、醴陵和江西萍乡边界地区组织了一支30余人的游击队。他找到党组织后，便率领游击队加入了中国工农红军第6军，先后担任中央红军第35军参谋长、第21军参谋长兼第61师师长等职，参加了中央苏区第二至第五次反"围剿"作战和中央红军长征。到达陕北后，他先后出任红军第30军和第28军军长，参加了红一方面军的东征作战、西征作战以及山城堡战役等。红军改编为八路军时，他任八路军第120师第358旅第716团团长。②

---

① 中国人民解放军历史资料丛书编审委员会编：《八路军·文献》，解放军出版社1994年版，第163页。

② 军事科学院宋时轮纪念文集编辑组编：《武功文事彪炳青史——缅怀宋时轮将军》，军事科学出版社1997年版，第3—4页。

1937年9月，第716团第2营在山西扩编为雁北支队（宋时轮支队）。宋时轮支队挺进雁北地区时，国民党军骑兵第2军军长何柱国的部队，正像流水一样从前线垮泻下来，他们惊诧地对逆行而上的八路军战士说："我们骑马还逃不及，你们这点儿步兵，往前开又顶什么事？"何柱国对此不解，约见了宋时轮，说："你炮弹落在他坦克上根本不起作用。若不是卫兵得力，我自己也几乎送命了。大口径火炮还不行，手榴弹顶什么用？"宋时轮掷地有声地答道："我们是共产党领导的部队，我军的宗旨是解除人民的疾苦，现在雁北父老姐妹正在遭受日军屠杀、蹂躏，难道我们能置若罔闻吗？"①

令何柱国想不到的是，宋时轮率领雁北支队进入雁北后，于10月1日收复了平鲁城，2日又在平鲁县的井坪附近，一举消灭了日军200余人和一个卫生队，还击毁、缴获日军数辆坦克、装甲车和汽车，再次有力驳斥了"日军不可战胜"的错误论调。往敌后纵深地区挺进时，他们严格执行纪律，除了继续打击日军，还消灭了几十股土匪，并积极发动群众，在各村组织抗日救国会和群众抗日团体。1937年10月—1938年5月，雁北支队同日军进行了100余次战斗，歼灭日军2000余人，击毁日军汽车390余辆，缴获各种武器1000余支（挺），在朔县、平鲁、左云、右玉、大同、岱岳等地区建立了抗日根据地。②雁北支队也从几百人发展到2000余人。

5月14日，八路军总部致电第120师和晋察冀军区：宋时轮支队与邓华支队会合后，组成一个纵队，以宋时轮为司令员，邓华为政治委员，李钟奇为参谋长。该纵队受聂荣臻指挥，任务是挺进冀东、热南、察东北，以雾灵山区为中心，开辟并创建抗日根据地。③

5月25日，宋时轮支队到达宛平县以西的斋堂、杜家庄，与邓华支队合编为八路军第4纵队，下辖第11支队（第31、第32、第33大队），邓华兼任支队司令员；第12支队（第34、第36大队和骑兵大队、独立营），宋时轮兼任支队司令员。邓华为纵队党委书记，宋时轮为副书记，李钟奇、伍

　　① 罗立斌：《八路军挺进军抗战纪事——八年烽火战芦沟》，广西人民出版社1989年版，第45页。

　　② 宋崇实：《虎将宋时轮》，知识产权出版社2013年版，第68页。

　　③ 军事科学院军队建设研究部：《宋时轮传》，军事科学出版社2007年版，第86页。

晋南、王再兴等为委员。

为落实中共中央、中央军委指示精神，1938年6月初，第4纵队从平西出发，分两路向冀东挺进。平西由晋察冀军区第5支队接防。

八路军第四纵队向冀东挺进

第5支队进驻平西接防后，抽调了一批干部充实地方政权和武装。第5支队第2总队政治处主任杜伯华等人负责到房山五区政府所在地南窖开展筹备建立房（山）良（乡）联合县工作。杜伯华等人到任后，积极宣传抗日救国的道理，广泛团结各界人士，号召全体动员起来，有人出人，有钱出钱，有枪出枪，为保卫房山、良乡，早日打败日本侵略者出力，很快组织成立了房良联合县抗日救国会。1938年5月8日，房良联合县政府成立，郭方任工委书记，杜伯华任县长，赵然任组织部部长，傅伯英任宣传部部长，松伟（原名崔素贞）任妇救会主任。自此，房良境内的第一个县级抗日民主政权建立。所辖地区扩大到房山旧四区（河北村一带）、旧九区（霞云岭一带）。全县设3个区，其中旧五区（南窖）是巩固区，旧四区、旧九区是联防区，共有50多个村，形成抗日根据地，其中巩固村29个。

在此前后，平西又连续发生了几起叛乱，日军也于秋季发起大"扫荡"，大部分地区被日军或土匪控制，根据地面临严重考验。

先是矾桑事变。原"联庄会"头目董九吉被任命为宣涿怀联合县桑园区抗日救国会武装部部长后，始终不是真心抗日，还于5月15日带"联庄会"摧毁桑园救国会，当夜还摧毁了矾山救国会。董九吉当了汉奸，将抓走的12名抗日干部送进了日军监狱。接着，平西抗日游击队第3支队第2大队大队长董凤海勾结反动势力，于6月5日发动"紫石口事变"，年仅23岁的县工委书记兼游击队政委那恕被杀。此后，还发生了"王家台惨案"和"罗古台事件"。当年9月，日军围攻晋察冀边区，平西部队奉命西撤保卫边区，大部分地方党政负责同志也相应撤出，抗日政权工作一度中断。

五、根据地的恢复与巩固

1938年7月下旬，晋察冀第1军分区司令员杨成武接到聂荣臻急电，令他率部进至斋堂，协助整编第5支队。他星夜兼程，到达后便和第5支队领导商量如何整顿部队。他们还公开宣布，走留自愿，结果1000余人的队伍仅五六人要求离队，部队为他们开了欢送会，发了路费，表示如果想回来随时都可以再回来。随后，第5支队与第1军分区新3团合编为晋察冀军区第1军分区第3团，与第1团活动于妙峰山、潭柘寺一带，继续巩固和扩大平西抗日根据地。

9月中旬，日军集中第110、第26、第109师团和独立混成第2、第4旅团共5万余人，以五台、阜平为主要目标，对晋察冀根据地进行大规模围攻。[1]杨成武奉命率第1、第3团回援阜平。9月23日，敌3000余人从矾山堡、桃花堡等地兵分4路进攻斋堂，党的组织、行政系统和民众团体遭到破坏。日军在平西实施了更为野蛮残暴的奸淫烧杀政策，仅斋堂一地被烧毁的房屋就达400余间，房山、良乡等地，烧杀的情况更惨重。[2]敌在斋堂建立了维持会，一些联庄会、伙会又投靠了日军。

10月26日，挺进冀东的邓华支队回撤斋堂。邓华致电聂荣臻并转毛泽

---

①　军事科学院军事历史研究部编著：《中国人民解放军战史第二卷·抗日战争时期》，军事科学出版社1987年版，第99页。

②　《抗敌报》，1939年1月1日。

东、朱德、彭德怀：

> 斋堂这个区域已完全坍了，很为可惜，三坡背山、大安旨、王平口、谢家堡、石门口、水关都有汉奸武装到处破坏，矾山活动尤更积极，连斋堂都有伪组织。

邓华支队立即对维持会和反动武装发起沉重打击，接连收复了东斋堂、西斋堂、马栏、军响、上清水、下清水、杜家庄、青白口等重要村镇，留下的党员也被迅速组织起来，平西党政工作逐渐恢复。

1938年11月25日，毛泽东、王稼祥、刘少奇等致电朱德、彭德怀、聂荣臻等，对冀热察区的工作提出指导意见：

> 估计冀热察区的军事、政治环境，认为那地区有许多有利条件是可能坚持游击战争，创造游击根据地，但是也有许多困难，要在长期艰苦奋斗中才能达到。因此，决定成立第八路军冀热察挺进军，派萧克同志前往工作，并成立军政委员会，统一领导军队及地方党政权工作，军政会须有地方党及地方军队的领导者参加，名单待萧克、彭真到晋察冀后由北方分局提出交中央审批。

1939年1月，萧克抵达平西，便立即与宋时轮、邓华、马辉之等商量着手组织挺进军的工作。为了壮大声势，萧克写下了一首150句的六字韵文布告，其中写道：

> 朱彭总副司令，下了一个命令。
> 成立一路精兵，军名叫作挺进。
> 旗号青天白日，宗旨救国救民。
> ……
> 可恨日本鬼子，对我久有野心。
> 逞强打我中华，烧杀掠抢奸淫。

……

还有汉奸卖国，枉为黄帝子孙。

穿戴中国衣服，屈膝侍奉日本。

……

忘了中国龙脉，卖国卖祖卖宗。

满腹狗肺狼心，不义不孝不忠。

……

本军出师华北，转战冀热察晋。

忠愤耿耿在心，杀敌决不后人。[①]

2月7日，挺进军在三坡正式成立，萧克任司令员兼军政委员会书记，程世才任参谋长，伍晋南任政治部主任。还成立了由萧克、马辉之、伍晋南、宋时轮（后为程世才）、邓华组成的军政委员会，成立了由马辉之任书记的中共冀热察区委。3月，军政委员会和区委召开全区党员代表会议，提出"以巩固平西抗日根据地，开展冀热察游击战争"口号。5月，上级明确了采取巩固发展的方针，主力不再东进。

此后，八路军挺进军司令部、中共冀热察区委、平西专员公署、挺进军随营学校、挺进报社、兵工厂、被服厂、医院等先后设立在三坡地区。这个曾经最落后的地区，最"野"的地方，因八路军的到来和抗日民主政权的建立，很快就发生了革命性变化，百姓的精神风貌焕然一新。青壮年参加八路军，小孩子们上识字班，妇女们加入担架队。

平西其他地方的气象也焕然一新。1939年5月，从抗大学成归来的松伟来到平西房良联合县工作，任妇女救国会主任。当时的房山、良乡绝大部分地区已被日、伪军占领，只有山区不常来。她从一家一家的工作做起，与妇女们打成一片，鼓励她们首先解放自己，从剪发、放足做起，而后再给她们讲抗战的意义。就这样各村的妇救会组织起来了，妇女们参加抗日活动的积极性高涨，她们哼唱起支前的小调：

---

① 萧克:《萧克回忆录》，解放军出版社1997年版，第268页。

不小的灯儿暗幽幽，丈夫打仗把我丢。

不悲不伤我也不愁，给他缝件衣裳温柔柔。

一针一线快快缝，缝呀缝好送到前线上。①

巩固平西，首要的是对平西的部队进行统一指挥。当时平西有八路军第4纵队、第5支队、冀东抗日联军、东北流亡学生领导的抗日先锋队、蓟县游击队、遵化游击队等。经过加强党组织领导和政治宣传工作，所有部队在"巩固平西"口号下团结起来，边战斗，边整训，在4个月的突击扩军计划中，扩大了主力3000人，成立了平西各县游击大队和房涞涿游击支队，边沿区成立了游击小组。

1939年11月，各抗日武装进行了整编，撤销第4纵队的第11、第12支队番号，将第11支队的第31、第32、第33大队和房涞涿游击队改编为第6、第7团，将第12支队及平西游击队一部改编为第9团，原已合编的抗日先锋队、冀东抗日联军和平西游击队一部改编为第10团，冀东过来的800余人编为第12团，留在冀东的包森支队改编为第13团。部队进行军政整训的同时，群众中掀起"参加子弟兵"热潮，平西地区总兵力达12000余人。地方武装也发展很快，各县、区、村都有了民兵武装。②

根据地武装力量不断壮大，令日本侵略者如芒在背。1939年2月初，日、伪军2000余人兵分5路，以东西斋堂、上下清水为重点，对根据地发起合击。2月1—7日，挺进军和地方武装苦战一周，击毙日军原田大尉以下200余人，俘日军士兵9人，缴获步枪10余支，马5匹，其他军用品甚多。这次胜利，给了平西人民很大信心。2月13日，阳坊日、伪军400余人分3路进攻挺进军大村驻军，被击溃。2月15日，斋堂日军经清水河向矾山堡开进，受到清水河军民伏击，经4小时激战，日军50余人被毙伤，马数匹被缴获。3月2日，日军300余人由涞水下庄偷袭祖各庄挺进军，该部与敌激战2小时，击毙敌50余名。3月7日，日、伪军700余人分别占领雁翅、向阳口等

① 《我们的父亲和母亲——记老红军刘显宜和松伟》，黄河出版社2011年版，第130页。

② 中共河北省委党史研究室编：《冀热察抗日根据地》，中共党史出版社1996年版，第518页。

地,8日下午进入斋堂。挺进军设伏于军响附近,9日晨,向进入伏击点的日、伪军发起冲击,毙伤敌七八十人,缴获电台1部,步枪20余支。

4月24日,日军2000余人来犯,第一路由宛平县雁翅进攻青白口,曾一度占领斋堂,在斋堂焚烧民房40余间。由于民众实行坚壁清野,游击队、自卫队英勇配合主力部队作战,不断袭击敌军,使其不敢驻足而撤出。第二路敌人由房山县城出发,经南窑、下石堡、上石堡进攻霞云岭一带。挺进军与敌激战数日,在庄房台地区设伏,敌伤亡惨重。还调游击队在南窑与石堡间的大安山设伏,毙伤敌20余名,缴获甚多。敌溃退时沿途烧毁15个村庄,奸淫妇女无数。第三路敌人由宣涿怀联合县大庙进犯河北村,直扑大龙门和三坡。经过两昼夜激战,挺进军击毙敌4名军官、30余名士兵。为庆祝反"扫荡"胜利,召开了五一慰问会,千余名代表齐聚一堂,慰问品很丰富,有猪12头、面粉700余斤、大洋120元、鸡蛋100余个、鸡鸭3只、香烟91盒、山芋70余斤,以及很多盐、手巾、袜子、牛肉、豆腐等。[①]

5月4日,挺进军探知驻南窑之敌均为日军,约200余人,配备迫击炮1门、小炮1门,机枪10余挺,其警戒较前放松,遂决定出其不意发起攻击。当日夜12时,派出精干力量,先将日军哨兵捕杀,而后猛投手榴弹,冲入敌阵,毙伤日军30余人,缴获步枪2支。5月19日,日军原尾中队150余人、伪军200余人向青白口前进,挺进军迅速占据青白口之南山,抗击来敌。日军发射炮弹数百发,也未攻下我军阵地。21日,我军发起反攻,敌以死20余人、伤40余人的结果原路逃脱,其进攻斋堂的企图再次失败。

6月19日,日、伪军2500余人分5路"扫荡"根据地。东路敌百余人由河北村进占大安山;东北两路共800余人,从傅家台、沿河城两路会攻斋堂;北路约1300人,从石门子、矾山堡两路合击占领谢家堡,向大龙门进攻,后又增兵300余人于谢家堡,企图进占三坡地区。战斗持续至6月底。根据地的八路军和游击队内外配合,以伤亡150人的代价,毙伤敌350余人。[②]敌撤退时,挺进军以一部兵力乘胜出击,给以重创,并收复了一些

---

① 《抗敌报》,1939年6月2日。

② 中共河北省委党史研究室编:《冀热察抗日根据地》,中共党史出版社1996年版,第52页。

失地。

日军除频繁派兵"扫荡"平西，其飞机也不消停。据当时在《挺进报》工作的尹之（尹让敏）回忆：

> 和其他地方相比，平西根据地有两个特点：一个是这里几乎每天都有敌机的轰炸。因为离被日本人占领的南苑机场很近，敌人的飞机经常会来平西扔炸弹、搞试发，把这里当作他们的实验场。由于经常被轰炸，平西的房子大都缺砖少瓦。也是由于经常遇到轰炸的原因，我们积攒了不少经验，一听到飞机声，就赶紧跑到屋外或蹲在墙根底下，或就地趴下。飞机有时候是排着队形来，有时候单独来，总之几乎每天都会来，这样我们就经常在院子里拿个木板抄电报、改稿子，边躲飞机边工作。[①]

9月13日，日军200余名、伪警备队数百名分两路直奔平西东南山区，到处焚烧房屋，许多群众都被日军当成"活靶子"。有位双目失明的妇女田枝被烧死后，还被残暴的日军割下一条腿挂在树上，以恫吓群众。当月，敌2500余人还向宣涿怀根据地进犯。10月，门头沟、阳坊等地的日、伪军企图袭击斋堂。华北人民抗日联军副司令员白乙化率两个大队转入外线作战，伏击下马岭，攻打赵家台，袭击门头沟、王平村、雁翅等，另一个大队在青白口一线阻击进犯之敌。华北抗日联军战士徐存洋用步枪击落敌机一架，并立即将敌机上的双管机枪锯下，一分为二，这两挺机枪在日后的战斗中发挥了很大作用。12月，新整编的挺进军第9团发动了对房山县南、北窖敌据点的战斗，一举攻克北窖、红煤厂和坨里据点，炸毁敌水电站，予敌重大杀伤。当月20日夜，冀中第10军分区朱占魁率2000余人越过永定河，进至窑上地区。21日上午战斗打响，激战至深夜，在平西人民的支持下，仅窑上村就歼敌280余人。

---

① 中共北京市委党史研究室编：《烽火中的青春：抗日战争时期北平女学生口述》，中共党史出版社2015年版，第132页。

在平西抗日根据地巩固区，各村建立了村公所，群众组织有农救会、妇救会、青救会等；在游击区和新开辟地区，争取乡长、保长、甲长为抗日工作，变敌伪政权为"两面政权"[①]，待时机成熟时脱离日军，变为抗日政权。这一时期，平西全部兵力达1.2万多人，八路军和游击队普遍建立了党组织，有些以老部队为基础的新单位，党员比例在30%以上。

1940年春，日本华北方面军开始执行1940年度"肃正建设计划"，对晋察冀抗日根据地进行"扫荡"，重点指向平西、冀中、冀东平原地区。"扫荡"前，日军派遣数百名汉奸进入平西刺探情报。

1940年1月，挺进军出击宛平、房山地区的王平口、佛子庄、长沟峪、周口店一线，袭击南窖等敌重要据点，破坏了从这里至北平的高线铁道，毙伤俘敌200余人。不久又在永定河畔、门头沟地区、北平近郊多次出击，连获胜利。[②]2月7日，挺进军第10团动员上千名群众，与总队一起夜袭门头沟、王平口、马皮营、万佛堂等据点，一举冲进门头沟镇街内，夺回大量粮食。

3月9日，日军调集独立混成第2、第15旅团共6000余人，伪军3000余人，强征民夫2000余人，拉1000余头牲口，派遣数百名汉奸探子，携50余门大炮，出动10余架飞机，使用国际公法禁止的毒气，对平西抗日根据地发动大"扫荡"。日军从涿鹿东南之矾山堡、蔚县东北之桃花堡和平西门头沟等地出动，分10路合击斋堂。挺进军以第9、第10团各1个营，分别于斋堂东北和斋堂以西地区袭扰敌人；以第10、第9团主力分别于青白口和张家庄、齐家庄设伏。同时，令第7团速由涞水进至大龙门附近协同第9团作战。15日，日军1500余人，由雁翅等地进犯斋堂，在青白口遭第10团伏击，被歼100余人。而后，第10团主力向西转移，支援第9团作战。15日黄昏，由小龙门地区进犯斋堂之敌遭第9团伏击，被歼200余人。15日夜，第7团袭击谢家堡据点，使其不能增援斋堂方向。17日，日军阪田中队68人、骡马160余匹由老婆岭向张家庄运送给养，被第9团全歼于杜家庄西山。22

① 两面政权，是一种特殊的基层政权，其组织形式表面上是日军建立的伪组织，听命于日军，但实际上属中国共产党领导或掌握的抗日组织。
② 萧克：《萧克回忆录》，解放军出版社1997年版，第275页。

日夜，挺进军第7团袭击双塘涧，歼灭日军百余人。23日，日、伪军撤退。[①]挺进军连续作战14天，大小战斗30余次，歼敌800余人，俘日军7人、伪军及民夫百余人，缴获步枪百余支，轻重机枪8挺，掷弹筒5个，子弹3万余发，骡马170余头，无线电台3部，望远镜4个，钢盔和防毒面具各百余具，粮食给养数万斤，地图、文件、大衣等大量军用品甚多，并击落敌机1架。平西根据地反"扫荡"后，挺进军主力一部活动于永定河北岸地区，不断袭击阳坊、瓦窑等地之敌，有力配合了平北抗日游击战争的开展。[②]

1940年夏秋，德、意法西斯在欧洲的胜利和英美在东方的妥协政策，极大地刺激了日本帝国主义者的野心。他们一方面加紧对国民党的政治诱降，一方面不断增兵华北，加紧推行"以铁路为柱，公路为链，碉堡为锁"的"囚笼政策"。8月20日夜，八路军总部开始组织以破袭正太铁路为重点的大规模进攻战役——百团大战。挺进军第9团参加了涞（源）灵（丘）战役。9月17日，聂荣臻等下达"涞灵战役的攻击部署"命令，其中，"挺进军第9团由杜家庄、谢家堡至桃花堡、矾山堡之间石门子地区，袭击桃花堡，相机攻克某些据点，以开展该地区工作，并随时准备打击向蔚涞增援之敌"[③]。9月22日，第9团在攻克敌部分据点后，于上、下河村及上、下洗马村阻击日军援敌，以伤亡200余名指战员的代价，全歼日军一个加强中队182人，缴获重机枪3挺、轻机枪5挺、掷弹筒5个、步枪百余支，保证了涞灵战役的顺利进行。10月13日起，日军驻蒙军、第110师团、独立混成第15旅团、临时混成第101旅团各一部，以及伪军一部共万余人，对平西根据地发动报复性大"扫荡"。平西地区军民以内外线相结合的广泛游击战，歼敌190余人，至27日，敌人撤退。

日军在发动大"扫荡"的同时，还加紧对平西根据地内部的诱降，短短

---

① 《八路军军政杂志》，1940年第2卷第7期。

② 军事科学院军事历史研究部编著：《中国人民解放军战史第二卷·抗日战争时期》，军事科学出版社1987年版，第184—185页。

③ 《百团大战历史文献资料选编》编审组编：《百团大战历史文献资料选编》，解放军出版社1991年版，第80页。

1939年八路军解放斋堂、清白口等战略要地后，
抗日军民将门斋铁路铁轨拆运至根据地兵工厂

两个月就相继出现3起反动叛乱。挺进军及时平息了叛乱，巩固了根据地。

　　到1940年秋，平西根据地已发展成为包括宛平、房山、涞水大部，涿县、良乡、宣化、涿鹿、怀来、昌平各一部，拥有1100个大小村庄、30多万人口、1.2万多兵力的大片根据地。平西军民经过3年多的艰苦奋斗，终于成为巩固的敌后抗日根据地。

第三章　挺进平北开辟抗日根据地

幽燕古塞动欢声，

万里长城汉将营。

锦绣神州如此土，

安容日虏任纵横。

——刘力生[①]

平北地区，是指北平以北、平（北平）承（承德）铁路以西、平（北平）张（张家口）铁路以北、长城内外的一片地区，处于伪满洲国、伪华北和伪蒙疆3个伪政权的接合部，包括当时伪华北自治政府的昌平、怀柔、密云、顺义，伪满洲国的丰宁、滦平，伪蒙疆联合自治政府的崇礼、宣化、龙关、赤城、怀来、延庆、康保、宝源、张北等地区。西北至东南约200公里，东北至西南约125公里，面积约2.5万平方公里，包括16个县。平北是"拱卫京畿，屏蔽中原，连通三北"的重要门户，是平西抗日根据地向冀东、热河开拓的前进阵地，是平西与冀东的交通支点。在此建立根据地，相当于在3个伪政权心腹插入一把尖刀，因此是开展冀热察边区游击战争所必须开辟的地区。这里的部分地区在全民族抗战前就已经沦陷，敌人早已建立了一套殖民地的统治秩序。为开辟平北，八路军几进几出，历尽艰难。截至1940年底，平北地区的主力部队拥有2500余名指战员，地方武装发展至千余人，经过一年多的艰苦斗争，平北游击根据地初步形成，党政军领导

---

① 1940年12月初，八路军在平北大海坨东山庙歼灭日、伪军100余人，第2营教导员刘力生赋诗《东山庙围攻战》以作纪念。

机关终于屹立于海坨山区。

一、四纵东进播火种

平北地处平西与冀东两块根据地之间。发展平北，是"巩固平西，坚持冀东，发展平北"三位一体任务中最为艰苦的。平北与平西、冀东的最大不同在于，这里原来没有党的组织，主要依靠外地派干部去工作。有人将在平北开辟根据地形象地比喻为虎口拔牙、狼嘴夺肉。

平北的开辟，是由八路军第4纵队东进开始的。1938年6月初，第4纵队5000余人，由平西斋堂出发，分南北两路经平北向冀东挺进。北路，由邓华率第11支队，自八达岭至康庄间过平绥路，经延庆向东；南路，由宋时轮率第12支队，自居庸关、南口间过平绥路，经昌平向东。八路军沿途一度攻克昌平县城，打下了大庄科据点，30名伪警察将3个日本兵打死后投诚了八路军。第11支队下辖第31、第33大队和教导队，共3000余人。为掩护主力越过平绥路，第31大队第1营攻击驻延庆县城之敌，击毙日军10余人，接着东进攻克永宁。邓华率部攻下永宁后，永宁税务局立刻把存款1000元送来慰问。主力部队途经康庄时，消灭驻守之敌，并袭击了发电厂。

四海镇驻有日军坂垣师团部分兵力和伪军。由于准备充分，第4纵队用了不到2小时，就将四海之敌全部歼灭。附近群众自动发起募捐，杀猪宰羊慰劳部队。密云石匣一个商会一次就送来了400双鞋。有人还创作歌曲欢呼第4纵队的胜利进军。当时广为流传的一首歌这样唱道：

小日本，心不正，一心要把中国征，恶人有恶报，民众上征程；陕北红军到，鬼子要吹灯！

好男儿，志气高，八路军逞英豪，人手一把鬼头刀，砍得鬼子没处逃，嘿，没处逃！

邓华听到慰问的学生们唱这首歌时非常激动，立刻让苏梅、伍晋南在部队组织教唱。有一次行军休息时，他带头教战士们唱起了这首歌。

第4纵队指战员没有被胜利冲昏头脑，邓华组织召开团以上干部会议，指出顺义、怀柔之敌可能前来增援。他对指战员们说："不管敌人来不来，我们仍以31大队为前卫，加强侦察警戒，掩护主力向目的地前进。"当夜，侦察连派人前出侦察，拂晓带回消息：坂垣师团一个中队共100余名日军，由怀柔出发去增援四海之敌，其先头部队已进至沙峪镇以东20余里渤海所地区。有些同志一听是坂垣师团的人马，不屑地说道："这是平型关被打垮了的手下败将。"①

纵队参谋长李钟奇立即向司令员宋时轮、政治委员邓华做了汇报。宋时轮和邓华要求指战员们不能轻敌，必须有把握歼灭这股敌人，使敌人尝到苦头。

第4纵队剑指冀东，按说沿途应该尽可能少与敌人正面交锋，以节省时间尽快东进。然而，若不消灭这股迎头而来的日军，部队难以顺利通过怀柔地区。纵队领导认为，可利用沙峪的有利地形设伏，打敌人一个措手不及。沙峪是个狭长的凹地，两边山崖陡峭，乱石遍布，走出一里多长的狭长地带后，前面便是开阔地带，地里的庄稼已经齐腰高了，正是个打伏击的好地方。李钟奇周密部署了兵力，只待日军钻入口袋，便可收口扎紧袋子，给他们来个有去无回。上午11时许，远处河边的小路上尘土飞扬，日军疾速而来。等日军完全进入口袋阵时，指挥员一声令下，八路军战士火力全开，敌人很快就倒下了一片。随后，反应过来的日军开始组织反击，利用地形地物做掩护，凭借优势火力负隅顽抗。邓华等人发现顽固之敌多是有经验的三四十岁的"胡子兵"，于是命令把枪法好的战士们集中起来，专打"胡子兵"。战至午后3时多，残敌仍不投降。第31大队队长季光顺组织一支突击队，利用青纱帐掩护，绕至敌背后，用手榴弹解决了敌人的重机枪。4时多，战斗结束。此战歼灭日军坂垣师团染谷中队长以下120余人，缴获轻机枪3挺、步枪80余支、掷弹筒3个。不过，第4纵队伤亡也较大，

---

① 星火燎原编辑部编：《星火燎原》（丛书之十），解放军出版社1989年版，第84页。渤海所，村庄名，今属北京市怀柔区渤海镇。

大队党总支书记郑良武等70余名指战员牺牲，纵队参谋长李钟奇负重伤，生命垂危。据李钟奇回忆：

> 到了下午两点多钟，枪声稀少了。为了迅速消灭敌人，我带参谋和通信员到团指挥所观察。团的领导同志说："前边约有敌人两个班，据守着一条小河沟和坟头，在拼死顽抗。我们准备以火力掩护，以两个班用手榴弹把敌人消灭掉。"这时，我跪起来看敌人的情况，刚把身子探出庄稼棵子，被趴在坑里一个负了伤的日军打了一枪。这一枪先打中了我身后的总支书记，子弹从他的头部贯穿，又打中了我的后脊背。当时，就像砖头在脊背上猛击一下，我晃了晃身子往前栽倒了……
>
> 我清醒过来之后，发现已经躺在老乡家的门板上。屋子里站着支队首长和卫生部的刘部长。我迷迷糊糊地听到不知谁说了句："伤势过重，该准备棺材了……"我才知道我负伤了。我要张嘴询问战斗怎样了，但是好像使了挺大的劲，就是说不出话来。我心里明白，伤得不轻，不然同志们为啥要准备棺材呢？同志们像是看透我的心事，忙凑到我的跟前安慰我说："你的伤不要紧，战斗已经结束了，我们全歼了顽敌。现在部队决定继续前进，用担架把你抬走。"我听了这话，十分痛快，要说的话还是说不出来，一挣扎，伤口就是一阵疼痛，猛一动身，像几把刀子插在脊背上一样。我又昏厥过去了……[1]

部队从沙峪村找来群众杨广瑞、孙保代，加上几个战士，将李钟奇抬到村西简单包扎，连夜送到四海的野战医院救治。杨广瑞和孙保代提着煤油灯，走了几个小时的山路，凌晨两三点钟才到达野战医院。沙峪战斗结束后，第4纵队继续东进，并派人在怀柔杨树底下村找到了李钟奇，辗转将他送至开滦煤矿医院治疗。一个多月后他归队，大家都称他是"打不死的

---

[1]　星火燎原编辑部编：《星火燎原》（丛书之十），解放军出版社1989年版，第86页。

参谋长"。抗战胜利20年后，时任北京卫戍区副司令员的李钟奇，回到沙峪村悼念在这里牺牲的战友，并立下了一块纪念碑。他还找到了当年的救命恩人杨广瑞，之后每年都接杨广瑞到北京住上几天。这份情谊在村民中传为"军民深深鱼水情，将军不忘救命恩"的佳话。李钟奇还为沙峪战斗50周年写过一首《水调歌头·四纵援冀东》：

> 国破山河在，北国起烽烟。
>
> 工农抗日暴动，四纵援冀东。
>
> 沙峪残垣断崖，敌我狭路相逢，唯有勇者胜。
>
> 双肩担道义，国耻记心间。
>
> 枪如林，弹似雨，殊死争。
>
> 将士同仇敌忾，刺刀敢见红。
>
> 气吞骄虏如虎，日寇中队覆灭，烈士笑慰眠。
>
> 千古英灵在，雄碑齐峰巅。[1]

沙峪战斗结束后，第4纵队又先后攻下了八道河、琉璃庙、汤河口等日伪据点。6月17日，第11支队第33大队猛攻雾灵山兴隆县城，与日、伪军300余人及反动民团彻夜激战，占领县城大部。[2]

为了控制平西与冀东的联系地带，第4纵队命令大队长邓典龙、教导员钟辉琨率领的挺进大队留下，活动于昌平后七村和延庆南山一带，开展游击活动。他们很快便建立了昌（平）滦（平）密（云）联合县。经过月余，昌滦密的工作地区已达密云西部的白道峪、牛盆峪、对大峪、大水峪、河防口、石片、交界河以及昌平、滦平部分地区，有的村庄也建立了抗日救国会和自卫军。9月上旬，伪满洲军6个团围攻昌滦密，第36大队和骑兵大队给敌人造成一定杀伤后突围，主力渡过潮河进入雾灵山区，留下2个连仍在昌滦密坚持斗争。10月初，敌又以2个团围攻昌滦密，党政军机关冲出包

---

① 王宵鹏主编：《中国当代将军风采》，中共党史出版社1994年版，第93页。

② 中国中共党史人物研究会：《中共党史人物传：精选本·军事卷》，中共党史出版社2010年版，第97页。

围圈，东渡潮河，与主力会合。昌滦密联合县随之撤销。

1938年6月12日，聂荣臻致电中共中央报告：第4纵队过冀东时，留下第36大队、骑兵大队及挺进大队，在四海的杨树底下、八庙地、黄土梁北沟一带活动。第36大队和骑兵大队、挺进大队，统一由第4纵队政治部主任伍晋南领导指挥。

6月，第4纵队民运科科长刘国梁秘密进入延庆大庄科，在后七村一带筹建抗日联合政府。刘国梁给群众讲抗日道理，讲全国的抗日形势，讲党的性质和宗旨。加上八路军纪律严明，秋毫无犯，还帮助老百姓干活，老百姓渐渐明白了，共产党是为老百姓服务的，是领导人民打鬼子的，八路军是党领导下的军队，是老百姓自己的军队，军民是一家。从此，老百姓对八路军就更加信任和亲热了。据延庆老战士郭存凯回忆，他小时候亲眼看到过八路军路过延庆靳家堡乡小鲁庄的情形：

> 那天天刚亮，村民就听到过队伍的动静。久经兵匪祸害的老百姓吓得赶紧关门闭户，大气儿也不敢出。一会儿，就听我家门口有轻轻的叫门声，是南方口音。我爹开门一看，街上都是灰色军装，笑容满面。一位30多岁的军人和气地告诉我们："我们是工农红军，老百姓自己的队伍，现在叫八路军，是来打日本鬼子的。"我那时才十几岁，也不知害怕，就跑到街上看热闹。只见战士们把大街和各家的院子打扫得干干净净，把各家水缸挑得满满当当。"大爷大娘不离嘴，搁下锄头就挑水。"这是人民子弟兵留给延庆老百姓的一个深刻印象。村里的赵爷爷拉着战士的手说："长这么大，头一回见到这么好的军队。"村里的长辈见状，赶紧招呼乡亲们给战士们做饭，还杀了一头大肥猪。部队出发，乡亲们把每个战士的米袋子都灌得鼓鼓囊囊。[①]

6月中旬，第4纵队第36大队、骑兵大队在花盆村与伪满洲军第35团第

---

① 《北京日报》，2019年8月15日。

2营遭遇。花盆村位于延庆县东北部千家店镇，距延庆县城东北70公里，峰峦叠翠，大部分是坡地和沙石地，碧水依山，四季景色变幻如画。1933年，伪满洲国在花盆、千家店地区建立了保甲制，并在千家店村设了伪警察分所。当第36大队和骑兵大队进至千家店时，伪警察闻风而逃。情报显示，花盆村有伪满洲军四五十人，他们鱼肉乡里、无恶不作。伍晋南当机立断：歼灭这股敌人。教导员王季龙和特派员詹大南率骑兵第1、第3连在前，政治部主任伍晋南、营长唐家礼率骑兵第2、第4连和机枪连在后。他们从花盆村南沿着孤山的半山腰穿插到花盆村东，对敌实施包围。在穿插过程中，发现孤山上有动静，三班班长王家胜侦察发现山顶上有伪军岗哨。第3连乘着夜幕爬上了山，俘8人，打死3人，跑了五六人。从俘虏口中得知，他们是从怀柔县汤河口来的伪满洲军第35团第2营，副营长为日本人，其余全是伪军。该营辖3个步兵连，1个机枪连，共400余人。有重机枪2挺、小炮2门，轻机枪若干。他们听说千家店来了八路军，所以到山顶监视八路军行动，大部队在花盆村内休整。①

战斗持续了一个多小时，伪满洲军根本招架不住，遂统一脱去军装上衣，露出白衬衣，将枪架好，主动投降。此战生俘敌300余人，缴获重、轻机枪数挺，长短枪200余支，子弹数万发，军用物资甚多。战斗结束后，伍晋南写下了这首诗：

> 步骑兵马向东行，遭遇伪满军一营。
>
> 敌据村庄凭要地，妄图困守待援兵。
>
> 我军夺得制高点，转守为攻破敌人。
>
> 战至黄昏敌胆丧，全营缴械尽投诚。②

6月下旬，第4纵队主力在密云县镇罗营建立密（云）平（谷）蓟（县）联合县政府，下设财粮、教育等科，王树梅为县长。县政府积极宣传抗日，

① 孟广臣、高德强主编：《海坨风云（2）：平北抗日战争纪念馆》，奥林匹克出版社2001年版，第299页。

② 广东省档案馆编：《父辈的抗战往事》，花城出版社2015年版，第87页。

为部队筹款筹粮，将镇罗营、大华山一带的民团改编为抗日游击队。这支游击队活动于密云、平谷、顺义一带，维持地方治安，开展游击活动，打击日军和汉奸。第4纵队还在密云县大城子、镇罗营一带建立抗日村政权，成立村抗日救国会。同时，主力部队在密平蓟地区粉碎了伪满洲军几个团的"扫荡"。6月23日，第34大队击溃进至兴隆九神庙之敌，歼敌90余人。接着，第4纵队一部击退进至兴隆六道河之敌，歼敌200余人。为摆脱敌人，主力部队向雾灵山转移，29日到达北庄一带。第34大队奔袭了吉家营、新城子，同时攻克曹家路伪警分所，另一部破坏了古北口、承德和兴隆的道路，独立营袭扰了石匣、古北口。

7月下旬，在伍晋南统一指挥下，第36大队、骑兵大队和挺进大队，以秋场、头道梁、大地为中心开展游击活动，积极组织发动群众，广泛宣传抗日政策，建立抗日民主政权。当月，在怀柔头道梁村建立了滦（平）昌（平）怀（柔）联合县政府和滦昌怀县工委，县长张书砚，工委书记刘国梁。这是怀柔地区第一个县级抗日政权，为后续开辟平北抗日根据地创造了条件。

随后，抽出4个连的兵力，组成工作队，分散到周边各地开辟新的根据地。其中，滦昌怀联合县工委书记刘国梁带领第1营第1连到黄花镇、九渡河、黑山寨、大庄科一带，第36大队政委王季龙带领第1营第2连到四海一带，第1营第4连到延庆、千家店附近，挺进大队教导员钟辉琨带领第2营第5连到怀柔、密云地区，第36大队总支书记詹大南带领全大队指导员10余人在大水峪、河防口周围。

在滦昌怀联合县领导下，周边地区相继建立抗日组织。伍晋南、张书砚首先以头道梁为中心，组织了区抗日救国会，成立了头道梁村救国会。伍晋南等在长园、甘涧峪一带建立长园抗日救国会，主任李养山；挺进大队政委李布德在辛营、慕田峪等地建立区救国会，主任赫顺德；刘国梁在黄花镇建立救国会，主任吕志良。救国会分设宣传、组织、除奸、武装、财政等组织。

滦昌怀县工委、县政府及其领导下的区、村救国会成立后，积极发展会员，放手发动群众，进一步开展统一战线工作，开展抗日救国宣传。救国会以日军在中国的侵略暴行、东北沦陷区和平北敌占区人民的悲惨遭遇以及八路军在敌后战场上的胜利消息为内容，向人民群众进行宣传教育。还向群众重点宣传了《抗日救国十大纲领》。主要宣传方式有串亲访友、赶集上店、街谈巷议、农闲聊天等。广大群众在救国会的旗帜下逐步觉悟起来，团结起来，组织起来，纷纷表示坚决抗战到底，誓死不当亡国奴。一大批抗日积极分子涌现出来，迫切要求参加救国会。救国会组织不断扩大，会员不断增多。

滦昌怀联合县建立之后，在县长张书砚领导下，组织了怀柔地区首支县级地方武装——滦昌怀游击队，仅有10余人、9支杂牌枪、子弹少许。他们转战于怀柔、密云、十三陵、永宁等地，配合八路军作战，保卫人民政权。有一次去攻打豆各庄的岗楼，敌人正在打牌，5名游击队员摸了进去，缴获手枪4支，步枪20余支，子弹甚多。游击队名声越来越响，很快发展至70余人。

滦昌怀联合县受到敌人"重点关照"，他们从怀柔、昌平、延庆等地调集大批日、伪军，对滦昌怀联合县政府和根据地进行了多次大"扫荡"。

伍晋南等率部连续转战高山险川，经受了艰苦的考验。6、7月间，燕山山脉阴雨连绵，指战员们整天穿着湿淋淋的衣服行军，加上多次过河，很多战士的腿脚都泡烂了，但他们坚持一手持枪，一手拄着棍子行军。当时吃饭更为困难，环境不允许支锅做饭，饿了就吃一把炒米，渴了就喝坑洼里的雨水。在这种情况下，第4纵队指战员仍然坚持做好群众工作，宣传抗日主张，以秋毫无犯的模范行动影响群众。他们所到之处，待人和气，买卖公平，吃饭付钱，并且主动帮助老百姓干活。老百姓头一次见到这样的军队，感动得落了泪，他们拉着战士的手说："哪有你们这样爱民的好军队呀！"有不少群众为八路军烧水、做饭，掩护和照顾伤病员，传送情报，很多青壮年找到部队要求参军。

1938年7月20日，伪蒙军第34团，进犯八亩地、河北、孙胡沟一带地区，伍晋南、刘国梁、邓典龙率部与敌展开激战；26日驻怀柔县城日军向三渡河、辛营一带地区"扫荡"，伍晋南指挥3个大队在辛营、苇店一带给敌人以沉重打击；之后，伪满洲军第35团进犯黄坎、团泉、花木地区，刘国梁指挥在黄花城一带改编的联庄会，在团泉、吉寺阻击。

9月8日，伪满洲军调集6个团，对滦昌怀联合县政府及第36大队所在地发起"扫荡"。面对严重形势，八路军第4纵队主力及张书砚等县级工作人员全部由伍晋南率领，突破包围圈，撤向冀东。詹大南、王季龙暂且留下，寻找第1、第5连。他们很快在怀柔县城附近找到钟辉琨一个连，在平义分、上下王家峪一带找到刘国梁带的一个连，随后集中在延庆松树岭，休整半个月。不料敌人闻讯扑来，他们带队迅速转移，使黄花城伪满洲军2个团扑空。在敌人围追堵截的严重情况下，八路军2个连指战员日夜兼程，转战三岔、八道河、南天门等地，发现这几个地区都被敌人占领，又直插长园一带，最后从长园西北的高山上突围出去。

10月上旬，随着八路军第4纵队和冀东抗日联军总队西撤，滦昌怀县工委也撤到了平西。这个在怀柔地区最早创建的县级人民政权坚持了3个月的斗争，虽然存在时间短，但它在平北地区传播了抗日救国思想，培养和训练了一批抗日骨干力量。正是这些革命火种，为大规模的群众抗日运动准备了条件，奠定了基础。

1938年10月，支援冀东暴动的第4纵队返回平西，留下了1个排的兵力，与刘国梁、张书砚等干部，在沙塘沟一带坚持斗争，组织救国会、自卫军，发展党员。他们以沙塘沟为中心，发动群众，宣传共产党的抗日主张，组织救国会、自卫军，在平北播下了抗日的火种。12月12日，张福和张朴成为平北地区发展起来的第一批党员，在刘国梁和工作队成员陶元庆的引导下，张福和张朴两人成长为出色的党员。不久，张福和张朴两人又介绍村里的张瑞、张银、张殿、胡殿鳌入党。据曾任沙塘沟村主任的胡永旺介绍，他的爷爷胡殿鳌曾告诉他：

> 当时发展党员，都是秘密的，不敢公开，更不敢开口询问，说你想不想入党，没有这样的过程，就是悄悄捅一下胳肢窝，把人引到僻静处，才敢小声说是什么事情。没有仪式，没有宣告，一切都是静悄悄地完成，别说仪式了，就是家里人都不知道，上不告诉父母，下不告诉妻儿。①

---

① 《新京报》，2021年4月29日。

他们在一个隐蔽的山沟里成立了平北地区第一个农村党支部。有了党支部，大家的干劲更足了。白天，站岗、放哨、筹粮、打击小股敌人；晚上，练兵、开会、造地雷，研究作战计划。在党支部的领导下，经过紧张筹备，救国会和自卫军成立了。过去村民搞伙会购买的19支枪和子弹，全都捐献了出来。到年底，还联合附近村民建立起一支100余人的游击队。

1939年2月23日，两辆敌军车由永宁开出，向大庄科运送武器。刘国梁率游击队60余人，在东道河北梁设伏，击毙10余名押车伪军，缴获机枪2挺，步枪50余支，手榴弹100余枚，子弹2箱。24日，伪满洲军数十人，分乘3辆汽车进至大庄科。二铺自卫团在公路边，把杨树树帽锯掉，树干锯开多半，拴好绳子，一拉就倒。汽车到时，拉倒树干，正砸在汽车上，一阵手榴弹打过去，炸毁汽车一辆，打死敌人20余人。[1]两次伏击连胜，鼓舞了民心，也为游击队进一步壮大打下了基础。

二、挺进军再进平北

平北与平西抗日根据地毗连，仅隔一条平绥铁道，一天工夫就能到达，因此平北抗日根据地能够得到平西根据地的直接支援。当时，平北地方党组织力量及党领导的武装不足，萧克认为，必须由其他地区增派部队和党政干部进去，形成统一的单位（地方工作以地委为中心，军事工作以分区为中心），但开始去发展，则由平北工作委员会统一领导。[2]

1939年7月初，冀热察区党委和挺进军派第34大队和一支游击队到延庆南山一带活动，负责第二次开辟平北抗日根据地。第34大队大队长刘开锡，政治委员吴迪，都是身经百战的老红军。

与挺进军第34大队一同负责第二次开辟平北抗日根据地的游击队，即延（庆）怀（柔）游击支队。孙元洪为司令员、刘国梁为政治委员、蔡平为

---

① 中共北京市委党史研究室、中共延庆县委党史办公室编：《延庆革命史》，北京出版社1991年版，第149—150页。

② 萧克：《萧克回忆录》，解放军出版社1997年版，第274页。

政治处主任。孙元洪起初是一名火车司机，他不愿给日本人开车，便开着火车头从南口开往北平，日军飞机一路追赶轰炸，但孙元洪和火车头均幸运避开炸弹。1938年初，他与单成元、王老五自发在延庆川组织了40余名长工，分头到大纸坊屯、小纸坊屯等村及延庆南山一带活动，组织抗日自卫军。后来，他与其他自卫军进行了合并，共400余人，下辖6个连，孙元洪任第4连连长。因为他们骑的大部分是黑马，所以人称"黑马队"。1939年初，他把队伍拉了出来，活动于延庆川和怀来县交界地区，打击日、伪军和伪警察，群众称他有"绿林豪杰的义气"。"黑马队"毕竟没有接受过正规军事训练，在日、伪军的围攻下损失很大。这时，晋察冀军区派驻斋堂村的蔡平与孙元洪联系，孙元洪遂于1939年4月率部加入八路军，整编为晋察冀边区第一分区延怀游击支队。

蔡平也是个传奇人物。1938—1945年，他一直在平西、平北地区工作，历任游击支队政治处主任、县长兼县大队长、地委敌工部部长、军分区武装部部长等职。1940年6月奉命率工作团30余人，到大海坨山西侧开展工作，成立中共龙延怀工委和县政府。他率部英勇抗日，多次粉碎敌人"扫荡"，屡建奇功，令敌胆寒。敌人曾编了一个顺口溜："王家楼边有二平，一个叫蔡平，一个叫王平。二平一到心就跳，二平一到心就惊。"[1]

此次挺进军第34大队进入平北，由于孙元洪是当地人，便充当了向导，部队一同开往平北去找大海坨伙会头目姬有铭建立根据地。此前孙元洪加入八路军时，昔日共同起事的单成元不同意，他认为单干自由，但一直没有说出来，还把挺进军进入龙赤的消息泄露给了在康庄铁路日本宪兵队当特务的妻弟，此人遂与日本宪兵队策划了一个在小纸坊村刺杀孙元洪的阴谋。延怀游击支队从三坡区的山南村出发，经宛平斋堂、镇边城，到马创泉时被敌包围，游击支队受到重创。到达小纸坊村时，特务假扮村民，说游击支队派出的侦察员在庙里向百姓要钱。孙洪元一听有人违反群众纪律，便只身同特务赶往庙里，结果被隐藏的特务开枪击中。敌人把他的头割了

---

① 中共陕西省委党史研究室编：《陕西抗战人物纪事》，陕西人民出版社2015年版，第159页。

下来挂在康庄大街示众，恫吓群众。①

第34大队进至平北时，敌人已加强了对平北地区的统治，集中全力摧毁革命力量，多次对八路军和游击队进行围攻。由于敌我力量过于悬殊，难以立足，坚持了不到2个月，便又全部撤回平西。这两次开辟，虽然没能长期坚持下去，但产生了深远的政治影响，传播了革命种子，为后续开辟根据地创造了有利条件。

萧克（左）研究开辟抗日根据地和作战方针

这两次行动使萧克等挺进军领导层认识到，抗战进入相持阶段后，敌人加强了对敌后的统治，要开辟平北，必须正确地执行党的各项政策，采取机动灵活的战术。他们认为，平北紧靠伪华北统治中心北平及日本侵略者的重要战略基地张家口、承德，这对开展平北工作非常不利，但由于平北是3个伪政权统治区的接合部，使开辟工作有隙可乘。敌人多年残酷的奴役，早已激起了各族人民的抗日情绪。另外，还有平西和冀东抗日根据地的响应和支援，这都是开辟平北的有利条件。于是，挺进军吸取了土地革命战争初期在江西开展游击战争的经验，采取波浪式发展方式，先发展若

① 中共延庆县委党史办公室、延庆县民政局编：《延庆英烈传（第一辑）》，第7—11页。

干小点，由点到面，党政军民一起上。①

1939年8月，冀热察区党委在平西地区组建了中共龙（关）赤（城）工作委员会，王伍任书记，史克宁、刘国梁为委员，试图开辟龙赤地区，建立抗日根据地。②

1939年9月，冀热察区委员会和挺进军军政委员会提出"三位一体"的战略部署，即"巩固平西，坚持冀东，开辟平北"，再次将开辟平北提上重要议事日程，并提出了新方针：采取先以小部队渗透、后大部队跟进的方式，发动和依靠群众，逐次开展，先开辟几个小根据地，随着根据地力量的发展、巩固和壮大，逐步形成大块根据地。11月，挺进军司令员萧克在冀热察区党委和挺进军军政委员会联席会议上，正式提出巩固平西抗日根据地、坚持冀东游击战争、开辟平北新的游击根据地的"三位一体"战略思路，并报中共中央和八路军总部。

"三位一体"战略，明确了平北在冀热察的战略地位，将开辟平北作为实现"三位一体"的重要一环。萧克在《挺进军的三位一体任务》中说到了平北开展游击战争的利弊条件：

> 平北地区，当然没有冀东那样好的条件，也没有平西的某些条件，开展工作确实比较困难。但是平北有广大的山地，便于游击队的活动，那里的人民同其他地区一样，全都是不愿在日寇铁蹄下过奴隶生活的人民。虽然是比较落后一点，可是，只要去组织、宣传，落后的人民是可以进步的。最近敌人虽然几次向那里残酷进攻，那里的群众并没有因为敌人进攻而消沉，而旁观，这不是很明显吗？③

深知开辟平北抗日根据地的艰难，聂荣臻在给萧克的电报中明确提出，

---

① 萧克：《萧克回忆录》，解放军出版社1997年版，第283页。
② 林遥主编：《烽火海陀》，中国文史出版社2021年版，第17页。
③ 中共北京市委党史研究室编：《北京地区抗日运动史料汇编》（第六辑），北京燕山出版社2001年版，第32页。

平郊抗日根据地

平北的开辟不会一蹴而就，而是一个长期艰苦的过程：

> 开展平北冀热边区游击战争，创立各边区的游击根据地，必须认识是一个长期艰苦的过程。因为敌人已经有痛苦的教训，不会让我们的武装及一切抗日力量在其后轻易生长起来。但同时因敌兵力不足为敌人不能解除之弱点（经常表现敌展开广大地区固守据点增加兵力时，亦从各据点抽调），亦随时给予我可以乘此机会及必须警觉。当我们在赶到开展时，不要过于估计以为马上就可以成为根据地。

1940年1月，冀热察区党委成立平北工作委员会，王伍任书记，史克宁任组织部部长，第三次挺进平北。[①]

此次冀热察军区下了很大决心，把开辟平北与巩固平西和坚持冀东相提并论。进军平北以军事斗争为主，党政军民一起上，以后七村（铁炉子、沙塘沟、慈母川、董家沟、霹破石、景儿沟、里长沟）为基地，由点到面，由小块合成大块，稳固向前发展。开展地方工作与军事斗争同等重要，通过上层发动下层，公开号召与隐蔽发展相结合。实践证明，这次进军的战术方式十分有效。在不长的时间内，逐步开辟了平北抗日根据地。

挺进军抽出第9团第8连，改编为平北第1支队第1连，还有一支本地的游击队30余人，由钟辉琨和刘汉才率领，担任第三次挺进平北的先锋，掩护平北工作委员会、昌延县政府的20余名党政干部，于1940年1月5日进至昌平、延庆之间的山区后七村一带，同原有的一支小游击队会合，采取小股、分散、隐蔽的活动方式，宣传党的抗日政策，建立抗日组织，开展统一战线工作。[②]冀东部队第12团团长陈群带领的1个营，配合钟辉琨的挺进大队，打掉了十三陵地区的土匪。第12团没有停留，便奔向冀东了。

---

① 中共河北省委党史研究室编：《冀热察抗日根据地》，中共党史出版社1996年版，第14页。

② 中国人民解放军历史资料丛书编审委员会编：《八路军回忆史料（3）》，解放军出版社1991年版，第175页。

挺进大队在后七村建立了根据地，1—5月连续战斗，在零伤亡情况下缴获100余支枪。据时任挺进大队大队长的钟辉琨回忆：

> 当时，组成了平北工作委员会，王伍为主任，史克宁为组织部长，有地方县区干部20多人（其中有两名县长），并从挺进军第9团抽出第8连，还有1个游击队（30多人）共100多人，组成游击大队（大队长钟辉琨，政委刘汉才），共同接受了开辟平北根据地的任务。这次是吸取了前两次的经验，不出动大兵团，免得引起敌人过多的注意，而是以精干的小部队活动。
>
> 我们最先到昌平的后七村。长期处在敌人黑暗统治下的人民群众，见到我们归来，就如重见天日，非常兴奋，渴望领导他们抗击日本侵略者。我们以后七村为中心，很快活动开了。东到汉家川，南到十三陵，北到延庆川，西到铁路边。不久就成立了昌延联县，下分四个区。[①]

平北第1支队第1连是一个战斗力极强的分队，连长、指导员均为营级干部，全连15%以上是共产党员，连长张世成、指导员崔岐山都是陕北红军干部。当时采取的政策是，"利用上层统一战线，发动群众建立根据地"，提出"有力的出力，有钱的出钱，有枪的出枪"，在党的统一领导下团结抗日。在群众大力支持下，部队到4月已扩充至5个连约600人。[②]他们积极活动，伏击日、伪军，改编土匪武装，联合伙会排除敌据点，扩大抗日武装，不到3个月就打开了局面，由南山（延庆川南边、昌平十三陵北面的山地）越过延庆川进入北山龙赤地区活动。当地群众抗日情绪高涨，地方工作也迅速开展起来。

1940年1月5日，昌延联合县政府在霹破石村宣告成立，胡瑛任县长，

---

① 钟辉琨：《平北根据地的开辟发展概述》，转引自平北抗日斗争史调研组编著：《巍巍海坨山——平北人民抗日斗争纪实（一）》，第76页。

② 河北省晋察冀根据地遗址修复与历史研究促进会、中共河北省委党史研究室、河北省社会科学院编：《河北抗战"三亲"实录（上）》，河北少年儿童出版社2005年版，第225页。

徐智甫为工委书记。胡瑛参加过中央苏区第四次、第五次反"围剿"斗争，历任红军排长、连长、营长，是作战经验丰富的老红军。冀东大暴动时，徐智甫曾与李子光等人在蓟县二区领导了武装起义，成立了冀东抗日联军第16总队（李子光任政治部主任，徐智甫任政治部副主任）。

徐智甫和胡瑛等人进至平北时，正处于青黄不接的月份，粮食奇缺，能吃的东西差不多都吃光了。连驮运机枪的骡子也被杀了，分给伤病员吃。医药更缺，伤员的伤情也得不到很好医治。参加过长征的贺礼宝同志曾经感叹："长征虽苦，可是，现在平北比长征还艰苦。"[1]

徐智甫和胡瑛一到后七村，就向群众宣传党的抗日政策，向群众说明八路军是人民的军队，严格执行"三大纪律八项注意"。工作人员每3人组成一个小组，分别到下面去发动群众，筹建区、村政权。第一组负责后七村中心区，第二组负责台自沟、东三岔一带，第三组负责十三陵及北山一带，第四组负责马场川一带。不到一个月，各村都建立了抗日救国会和抗日自卫军。

1940年5月开始，敌人集中5000余名兵力，对昌延地区进行大"扫荡"，企图扼杀这个新生的根据地。此刻，昌延县的工作非常艰难，从平西来的几名干部，2人牺牲，2人被捕。十三陵第三区组长常嗣先和苏建国不幸先后牺牲，平北工委宣传部部长李熔旭秋后在太平庄与敌遭遇，壮烈牺牲。挺进大队迂回寻机消灭敌人，采用的战术灵活机动，着眼点是宣传抗日，组织和发动群众。部队行动尽量避免引起敌人过多注意，以打小仗为主，先集中力量打击对开辟平北工作破坏性最大的土匪，以求站住脚。他们将缴获的100余支枪抽出一部分，发给了昌延县保卫队，还组织了2支小游击队。由于将4月份接任平北工委书记的苏梅带来的挺进军司令部警卫连加强给了挺进大队，加上收编的土匪，挺进大队拥有5个中队。他们声东击西，神出鬼没，打得敌人晕头转向。有的小据点，经不住打，比如滦平境内周四沟的大观头据点，挺进大队一枪没放，就把他们的枪全缴了。

---

[1] 平北抗日斗争史调研组编著：《巍巍海坨山——平北人民抗日斗争纪实（二）》，1989年版，第639页。

　　8月28日，伪满洲军"扫荡"黄土梁一带，县委书记徐智甫、县长胡瑛、通信员程永忠壮烈牺牲，日军残忍地将徐智甫和胡瑛的头割下示众。追悼会后，史克宁传达了地委指示："昌延成立县委会，由徐亮、王毅和我三人为常委，徐亮为组织部部长，王毅为宣传部部长，我为书记。以后的工作集体领导，分头负责，老王负责二、三区和大羊山区，延庆川由徐亮负责，县委每月一次碰头会，各区工作仍如以前继续前行。"史克宁感慨徐智甫和胡瑛是"树叶充饥、草窝为炕、冰雪止渴、树底为房。在艰苦的环境中始终与中心区的人民一同转山头，抱着共存亡的精神与敌人作残酷的斗争，表现了共产党员大无畏的精神"[①]。

　　9月16日，第7团供给处主任郝沛霖转至昌延县接任县长，与史克宁搭班子。在大家的共同努力下，昌延县的工作在一年之内就初见成效，计划的第一、第二、第三、第四、第五区都立住了脚。至1941年初，又扩建了第六、第七、第八、第九、第十区，各区都建立了组织，成立了游击队。《挺进报》主编金肇野在《战斗中的平北》一文中写道：

　　　　我来到这里，正当敌人向这儿（昌延中心区）大举进攻，以三四千的兵力，实行残酷的"扫荡"，把这地区给予重重包围，建立无数的大小据点，进一步搜山。在我们到达此地时，已经战斗快半月了，并且继续在战斗着。当我们经过的村庄，敌寇残暴遗迹仍在眼前，山坡上零落草房草铺被焚烧的火焰尚未熄灭，我们过铁道的当日，虽然是异常疲劳了，亦即参加平北反"扫荡"的战斗。第二日第三日均予敌以猛烈的打击。在沙塘沟自晨至夕，十几里的战线，战斗特别激烈，我军以手榴弹冲锋，指挥员与战斗员的英勇决敢和灵活机动，虽然敌寇恃以猛烈炮火，并以飞机掩护、侦察、扫射及施放毒气，但均不能动摇我军的杀敌决心，终以英勇无比的姿态，冲锋向前，将敌军战线切成了3段，并冲

---

　　① 平北抗日斗争史调研组编：《巍巍海坨山——平北人民抗日斗争纪实（二）》，1989年版，第648页。

破3道阵地，敌寇弃尸遍野，狼狈溃窜，到处烧杀奸掠，是更形猖狂了。在沙塘沟附近的一个山沟里，四五十名老百姓被他们以刺刀挑杀而死，其中有两个年已花甲的老头儿，其余的则都是无辜的妇孺，尤其十一二岁的小姑娘都被举世无双的兽军给祸害死了，一个个赤条条地横卧在血泊中，情景异常凄惨。[1]

昌延联合县政府成立后，继续向怀柔、延庆川、赤城、龙关之间的广大地区发展。部队所到之处，坚决执行抗日民族统一战线政策，宣传、发动和武装群众，瓦解敌人，打击铁杆汉奸，争取一般伪组织人员和上层分子。由于政策得当，受到群众热烈拥护，又接连打了一些胜仗，抗日军民的情绪高涨，地方工作也迅速开展起来。平北工委不断派出干部到各地开展工作，发展了一批党员，在乡村建立了一批基层党组织，一些乡村伪政权的上层人物被瓦解、控制，一些地主武装和杂色武装经过争取教育也愿意接受八路军的改编或领导。

至1940年7月，中共平北工委在武装斗争的支持下，还建立了耿伟任县长、张廷森任工委书记的龙（关）赤（城）联合县政府，王森任县长、马力任工委副书记的丰（宁）滦（平）密（云）联合县政府，蔡平任县长、高平任工委书记的龙（关）延（庆）怀（来）联合县政府，还成立了中共平北地委和专员公署，苏梅任代理书记，张致祥任专员。至此，经过几个月的努力，基本站稳了脚跟。

总的来说，昌延县距离敌人统治中心北平特别近，长期以来缺少八路军主力部队直接配合，只能采取隐蔽发展的方针，通过上层统一战线和伪军工作关系，秘密建立组织，发动群众，成立"两面政权"，各项工作没有落后，有的工作甚至还走在了前面。如1941年平北抗日根据地党员共1800余名，仅昌延县就占了一多半。[2]至1942年，全县共发展了13个行政区，有

---

① 《抗敌周报》，1940年第2卷。
② 郝沛霖：《在平北抗日根据地的日日夜夜》，载《中共党史资料》2006年第3期，第59页。

抗日工作的行政村329个，人口6万余。[①]

三、十团叱咤丰滦密

1940年4月，苏梅接任平北工委书记，率挺进军警卫连进入平北，攻克了千家店、杨木栅子2个据点。为适应平北斗争需要，平北游击大队扩充为平北游击第1支队，刘开锡任支队长，钟辉琨任政委，这是开辟平北西部地区的主力[②]。

随后，挺进军司令部派第10团作为主力部队梯次挺进平北。4月底，挺进军第10团参谋长才山、政治处主任吴涛、第3营副营长赵立业等，率第10团第3营及部分机关人员，自宛平县珠窝地区出发，过八达岭，越平绥路，在敌人据点的空隙间夜行晓宿，经延庆、丰宁、滦平等县境，辗转来到密云北部的右塘路至白马关一线，选水川作为中心区。他们此行的任务，除了保护冀热察挺进军第13支队司令员李运昌等带领的干部安全返回冀东，最主要的任务则是开辟平北抗日根据地。

当时，第10团被人们称为"知识分子团"，因为这个团的绝大多数领导都是大、中学生，大都参加过一二·九和一二·一六运动。其前身为成立于1939年2月的华北人民抗日联军，由冀东暴动中诞生的冀东人民抗日联军和绥西垦区暴动中诞生的抗日先锋总队合并而来。第10团成立时，营教导员刘力生写下了一首豪迈的诗来纪念：

> 冀东健儿，绥西志士，两路战旗，一支劲旅。
>
> 永定河边，金戈铁马，百花山下，虎跃鹰扬。

[①]　大庄科乡人民政府编：《为有牺牲壮志酬——平北昌延联合县抗日斗争记事》，线装书局2018年版，第27页。

[②]　中国人民解放军历史资料丛书编审委员会：《八路军回忆史料（3）》，解放军出版社1991年版，第175页。

这两支队伍的主要领导者、指挥员是冀东大暴动领导人之一的王仲华（董毓华）和中华民族抗日先锋总队领导人白乙化。白乙化和王仲华曾是北平中国大学①政治经济系同学，当时前者是北平学联主席，后者是中国大学学生会主席。

白乙化，1911年出生，字野鹤，辽宁辽阳县石场峪村人，满族，1930年在中国大学读书时加入中国共产党。九一八事变爆发后，他毅然回家乡抗日。1932年5月，他在家乡组建东北青年抗日义勇军，并出任司令，打出"平东洋"的旗号。接连打了几次胜仗后，"平东洋"的名气越来越大，队伍一度扩充至3000余人。因为白乙化姓白，乳名小龙，加上白乙化喜穿白衣，他的指挥作战又灵活多变，打得日军经常摸不着头脑，于是人送外号"小白龙"。日军对这支队伍展开了疯狂的大"扫荡"，白乙化眼看队伍弹尽粮绝、孤立无援，只好退到关内，向国民党第32军求援。然而，第32军却对其进行了缴械遣散。于是，他不得已返回中国大学继续读书。1935年，毕业后留校任职的白乙化继续在校园内从事抗日工作。当年，参加一二·九爱国学生运动，他带领学生们与反动军警搏斗，被同学们誉为"虎将"。1936年2月，他被国民党反动派抓捕入狱，在狱中带领同时被抓的学生与国民党展开了针锋相对的斗争。出狱后，为"西山夏令营"的学生讲授游击战。当年夏季，前往绥西垦区建立了中华民族抗日先锋总队。1937年，绥西垦区暴动，白乙化组织的抗日先锋总队100余人中，光大学生就有72人。后来，他率这支队伍离开垦区，进至晋西北河曲杰楼子营整训，总队也扩至400余人。1938年6月，又扩至近千人。同年7月，他率部辗转1个多月，来到了王震率领的八路军第359旅。在这里，他们接受了第359旅的传帮带，补给了枪弹和物资，军政素质得到大幅提升。

王仲华，1907年出生，1925年由董必武介绍入党。1933年秋，考入中国大学，成为该校党组织主要领导人之一。后任北平学生抗日救国联合会负责人，是一二·九爱国运动领导人之一。

① 北平中国大学，民国时期北平的一所私立大学，由孙中山创办于1912年，初名国民大学，1917年更名为中国大学。1949年3月因经费匮乏停办，部分院系合并至华北大学和北京师范大学。

冀东大暴动后，王仲华率冀东抗日联军一部撤至平西抗日根据地。1939年1月，白乙化率抗日先锋总队进至平西抗日根据地。当年2月，两支队伍合编为华北人民抗日联军，王仲华任司令员，白乙化任副司令员。[1]1940年1月，抗日联军改编为晋察冀军区，白乙化任第10团团长。

1939年6月，年仅32岁的王仲华因长期奋战劳累而病故。萧克送他的挽联上写道：

一见倾城，推心置腹，共谋国家大计；

三军仰止，怀德颂功，同悼民族先锋。

1940年2月，1万余名日军对平西根据地发起"十路围攻"，第10团奉命在青白口一带阻击敌人。日军出动飞机低空盘旋，投下炸弹，并用机枪扫射，给第10团造成很大伤亡。白乙化一面命令战士对空射击，一面从警卫员手中拿过一支步枪，瞄准飞机连开数枪，日机摇摇晃晃撞在山上。

第10团参谋长才山等人从平西向平北进发时，途经龙泉寺，为避免暴露，召开了一次会议，明确了分工，由第3营副营长赵立业率第9连连夜通过青龙桥和康庄之间的铁路，他率余部次日晚通过。赵立业率第9连通过铁路，进至马厂时，康庄的敌人前来围攻，他指挥部队与敌人打了一仗，毙伤敌二三十余人。赵立业率部继续东进，沿途经过几次战斗，到达平谷县，见到了游击队。完成与冀东游击队员的交接后，赵立业带领连队住了一天，晚上返回潮白河，通过铁路后到了牛道峪，与才山见了面，两人商定由赵立业率第9连返回后七村，迎接团长白乙化和他率领的第二梯队。

才山等人进至水川地区后，以实际行动关心群众疾苦，爱护群众一草一木，群众视他们为亲人，热烈欢迎和拥护。他们很快站稳了脚，而且在物资上做好了迎接第10团主力到来的准备工作。

1940年5月间，敌人纠集3000余人，对后七村一带进行了两个多月的"扫荡"。为坚持根据地，工作委员会要求地方干部不离村、不离区，和群

---

[1]　星火燎原编辑部编：《星火燎原》（丛书之十），解放军出版社1989年版，第148页。

众一起坚持斗争，同时留下八九十人的部队吸引敌人，主力转移至外线，挺进至延庆北山，攻克了后城、石头堡、元通寺、雕鄂等敌据点。

5月27日，白乙化率第二梯队从永定河北的百宝岭出发，到平北开辟丰滦密地区。他们经南口与沙河中间地带越过平绥路，突破敌层层封锁，进至沙塘沟与第9连会合。出发前，他向萧克保证："完不成开辟平北的任务，生不回平西，死不离平北。"挺进剧社的陈靖等同志前来告别，当问白乙化准备从哪里突破敌人封锁线时，他笑着用《淮南子》中的一句话做了答复："天下有九塞，居庸其一焉。"这种乐观的态度，给其他指战员带来了信心。

部队越过平绥铁路时，很多山区的战士没有见过铁路，便在过铁路时趴在铁轨上，抚摸着铁轨，既好奇又兴奋。部队一夜急行了150余里路，在德胜口与小股敌人交火，很快便结束了战斗。29日，第10团进至沙塘沟。第二天，10余里外的东南山传来急促的枪声。白乙化向身旁的苏梅说："可能是赵立业的9连和敌人接触了。"指战员们都憋了一口气，想狠狠教训一下敌人。因为从平西一路过来，敌人就像狗皮膏药一样，一直咬在后边不放。到达沙塘沟时，敌人便从十三陵、黄花城、大庄科、永宁调集重兵3000余人，直扑沙塘沟。当晚，白乙化命令赵立业率第9连、钟辉琨率游击大队截击敌军，自己率主力对付伪满洲军第35团急调永宁的第2营和部分日军。

苏梅向白乙化介绍说，伪满洲军第35团装备好，弹药充足，受过日本人的特殊训练，战斗力比较强，其团长阎冲骄傲自负，自诩为平北各县伪政权的太上皇。他曾对后七村进行过多次"扫荡"，把延庆划为自己的管辖范围。挺进军通过关系对他做过工作，但收效甚微。挺进军眼前的沙塘沟到处是烧焦的瓦砾和歪歪扭扭的焦黑房梁立柱。原来敌人刚在这一带进行过"扫荡"，杀害了四五十人，多数是妇女儿童。

29日夜，敌人发起了试探性攻击。第10团指战员已事先进入了阵地。白乙化对身旁的作战参谋师军说："立即传达下去，没有命令不准还击。敌人正在用火力侦察我们的主力方向。要沉着，不要暴露。"指战员们在白乙化带领下，凭借有利地形地物，打退敌人7次进攻。敌人盼望着援军早点到来，殊不知早已被第9连和游击队挡在了山外。此战，第10团第1营击毙敌营长以下数十人、伤敌40余人。其他地方也传来了捷报。这给平北人民带来了信心，也让日、伪军见识了八路军的强大战斗力。当时，参加了战斗的《挺进报》主编金肇野在5月30日的日记中写道：

> 天明醒来，草棚里已经没人，自卫军都走了。看看村边，北面茅舍静穆无人，伤兵都转移了。张子丰蹲在墙角和村干部忙着征集军粮，对几个老乡讲解这次战斗的胜利结果。他说从大庄科侦察来的情况，敌人伤亡近200人，满洲军第2营被我军全部消灭了。慈母川、霹破石、铁炉子等几个村被敌人抢劫一空。烧毁房屋数千间，抢去牛、羊、猪、鸡几卡车，拉到大科庄、永宁、泰陵几个据点去了。说到这儿，从下坡走来一部分战斗部队，经过门前，进西沟，爬上山岭，隐蔽在稠密翠绿的桦树林里。①

随后，第10团在向密云县挺进时，于四海以东的南天门全歼伪满洲军1个排，缴获机枪1挺、步枪13支、手枪1支、子弹数百发。而后，第10团第1营在营长王亢率领下，乘胜追击，仅用了10来分钟便一举攻克琉璃庙据点，以零伤亡的代价，毙俘伪警50余人。6月3日，第10团两个梯队在水川地区胜利会合。刘力生用诗记下了第10团叱咤平北的荣光：

> 战罢沙塘沟，东进不稍息。
> 途经南天门，脱手打遭遇。
> 攻取琉璃庙，顺路不费力。
> 兵扼宝峪岭，敌叹撼山易。
> 夜袭大草坪，大小战皆利。
> 马蹄踏虏尘，横扫丰滦密。
> 红旗白马关，谈笑生霹雳。
> 鬼子缩龟壳，汉奸远逃避。

---

① 金肇野：《血沃长城》，当代世界出版社1995年版，第51—52页。

　　　大旱望云霓，父老军前泣。

　　　白河涛有声，燕山凌空立。

　　　长城万里迎，塞上新天地。

　　白乙化率部在水川地区与政治处主任吴涛会合，后又转战白河两岸，在宣传和发动群众的基础上，抽调干部组成工作队，通过外线开展游击斗争掩护内线开辟等方式，着手建设地方政权。6月下旬，丰滦密联合县政府成立。第10团在丰滦密地区站住了脚。为了巩固新生的民主政权，他们专门举办了地方干部训练班，有近百名同志参加了学习，白乙化经常为训练班上课。他还在结业证书上题写了"勇敢工作，艰苦学习，领导广大群众，为民族解放事业奋斗到底"，以勉励学员。接着，白乙化率第10团驰骋于长城内外，进一步开展丰滦密地区的抗日工作。

　　第10团刚到平北时，有些人还对这些学生军能否成功开辟丰滦密地区表示过怀疑：我们军队素以工农武装著称，而这支队伍的绝大部分是知识分子，他们念书、写文章可以，冲锋陷阵打日本鬼子，能行不？但第10团刚到一个多月，便有4个区政府相继诞生，影响范围已达方圆100余公里，很快丰滦密联合县政府也宣告成立。这让很多人对这支部队刮目相看，也开始对第10团开辟平北抗日根据地充满了信心。

　　除了丰滦密，其他地区的工作也取得了进展。1940年4月，中共平北工委派张廷森、耿伟等10余人到海坨山东部，深入农村发动群众，建立抗日武装。5月，成立了龙（关）赤（城）联合县政府；6月，中共平北工委为尽快开辟平北抗日根据地，派出高平、蔡平带领工作团，深入海坨西麓的龙关、延庆、怀来三县交界地带，建立了龙（关）延（庆）怀（来）联合县。至此，4个联合县政权的抗日游击根据地已初步形成。

　　1940年6月初，平北军分区政治部奉命成立，从中央马列学院毕业的段苏权任政治部主任。当月23日，挺进军第7团第2营由平西根据地挺进平北。27日晨，于延庆佛峪口与日军打了一场遭遇战，歼灭日军木和田中队一部。然而，第7团政治处主任张根元等38位指战员英勇牺牲。第2营到达丰宁、滦平地区，就在喇叭沟门、转山子、老米沟、五道营子一带做群众工作，开辟根据地。不久就成立了丰滦办事处，筹措粮食，准备迎接第7团第1、第3营的到来。由于积极宣传抗日主张，打鬼子，除汉奸，严格执行"三大纪律八项注意"，受到群众的好评。大家都说："八路军真是中国的好军队，有这样的好军队，我们不会当亡国奴了。"

7月，平北军分区司令部成立，挺进军参谋长程世才任司令员。程世才率第7团第1、第3营，于滦平县同第2营会合，在丰宁、赤城、崇礼等地进行了多次战斗。当时正值青黄不接，又恰逢阴雨连绵，粮食和盐是个大难题，生活非常艰难。由于频繁战斗，部队缺吃少穿，伤病员增加，有的连着好几天都没东西吃。时任第7团供给主任郝沛霖，在回忆文章中提及了第7团挺进平北的情况：

> 我们七团2000多人为第三梯队，1940年粉碎了敌人对平西的春季"大扫荡"之后，也分两批掩护着平北军分区及专署等领导机关，于六七月间浩浩荡荡地开到平北。我当时任七团供给主任，是第二批出发的。部队先在龙赤地区稍事休整，随即向东北方向挺进到平北伪满丰宁大阁一带开辟工作，以营为单位分散活动，相机打击敌人。七团的挺进，引起敌人注意，随后敌人跟踪追击。
>
> 为了部队行动方便，团部决定把后勤人员和部分伤病员集中起来派一个排的兵力掩护着，指定一个范围，由一个姓彭的营教导员指挥，独自在山沟里打游击。我也随同这支队伍行动。一天，队伍遭数倍于我的敌人突袭。由于措手不及，同志们边打边撤，战斗极其惨烈，人员损失过半，彭教导员和一个排长也牺牲了。最后只有我和支部书记带领少数人突出重围。由于我们既无战斗经验，又缺乏战斗实力，加之在人地两生的敌后打游击，警惕性又不高吃了大亏。这个教训是我永生难忘的。[①]

---

①　曲青山、高永中主编:《抗日战争回忆录（2）》，中共党史出版社2015年版，第225页。

平郊抗日根据地

由于平北地区原先缺乏工作基础，敌人的据点又非常多，频繁对八路军展开"扫荡"，使第7团很难立足。部队活动了两个月，减员过半，不得已于秋后返回平西。但第7团发挥的作用还是很大的。正是因为第7团的存在与积极活动，才在北部伪满地区牵制了大量敌人，从而减轻了在南部地区活动的游击第1大队和第10团的压力，为他们积极开辟抗日根据地创造了条件。部队撤出了丰滦地区，但却没有忘记当地群众。当年初冬时节，段苏权派政治部警卫连连长王景照带1名排长、1名侦察员，背着缴获的伪满洲币，越过长城封锁线，行程200余里，到丰滦地区的喇叭沟门西北沟和转山子一带，给群众送当时部队吃青玉米的钱。他们夜晚敲开群众的门，说明来意，把钱留下。群众感动得热泪盈眶，纷纷称赞八路军是人民的军队。①

8月，程世才调回晋察冀军区，第10团和游击第1支队继续坚持在平北战斗，由段苏权指挥。段苏权曾说过："开辟平北从一开始就遭到了难以想象的艰巨困难，尽管有两次进入平北的经验，但生存环境的险恶、斗争的残酷，仍然是始料不及。"

第10团负责昌延和丰滦密地区，第1支队负责龙赤和赤源以北直到草原区。第1支队已有10余个连，1000余人。各县都有70余人的县大队，区也有10余人的区小队。

至1940年夏，平北抗日根据地以及游击区的人口已将近50万，基本打开了局面。先后在6小块地区建立根据地，分别是：以后七村为中心的昌延地区，以红旗店为中心的白河西岸地区，以青龙口为中心的延庆北部地区，黑河以西、白河以东地区，四海、永宁以北地区，赤城以北地区。建立了昌延、龙赤、丰滦密、龙延怀4个联合县政府，还成立了一个丰滦办事处。几块根据地连成一片，群众组织也建立了起来，平北抗日根据地初步开辟。1940年7月，中共平北地委和专员公署分别成立，苏梅任地委书记，张致祥任专员。

平北地委和军分区的领导核心也移到了大海坨东麓的南北碾沟，军事和地方干部力量都得到了加强。

---

① 星火燎原编辑部编：《星火燎原》（丛书之十），解放军出版社1989年版，第241页。

四、战旗漫卷大海坨

八路军开辟平北抗日根据地的初期斗争，让日本侵略者惊呼"延安触角伸向满洲"，随即调集重兵对平北抗日根据地展开大"扫荡"。八路军在地方党组织和人民群众紧密配合下，坚持反"扫荡"斗争。

1940年9月11日起，日、伪军调集4000余人兵力，对丰滦密、昌延两块根据地进行了为时78天的大"扫荡"。仅过了一个多月，伪蒙疆政府又纠集了1000余人，兵分3路大举"扫荡"龙延怀和龙赤根据地。一时间，黑云压境，形势严峻。小股部队坚持内线斗争，第10团主力转到外线，经37次战斗，毙伤俘敌600余人，同时新开辟了长城外一大片地区。

1940年12月4日，日、伪军从宣化、怀来、龙关等地纠集兵力1500余人，分4路向赤城县阎家坪、石头堡子一带围攻，经过一天半的战斗，八路军在东山庙歼灭日、伪军100余人。

没过多久，第10团第1营收到情报，驻白马关、下营的日军铃木大队哲田中队及一批日军军官将于近日沿白马关河川向密云撤退。白乙化命令第1营营长王亢抓住战机将这股敌人消灭。14日，获悉日军正在抓牲口，遂判定日军将要动身出发。王亢立即率第1营第1、第3、第4连250余人，连夜设伏于冯家峪南湾子山口，布下了一个三面夹击的"口袋阵"，就等着日军往里钻。刺骨的寒风吹透了指战员单薄的衣服，但这让他们更加清醒，都发誓要打掉不可一世的哲田中队。12月15日清晨，日军从下营出发，前面是派出的尖兵，后面是大队人马。他们进入冯家峪村稍事休息后又按序列出村，径直向"口袋"钻来。9时许，待敌人全部进入埋伏圈，王亢对准骑马的军官就是一枪，哲田应声栽下马来。一时间，手榴弹、轻重机枪、步枪全部开火，敌人立即人仰马翻，倒下一大片，缓过神后，立即分散顽抗。战斗进行到下午4时多，仅剩下20余名敌人负隅顽抗。此时，石匣、董各庄等据点大批日军赶来增援，第1营主动撤出战斗。此战，击毙日军哲田中队长以下90余人，缴获轻机枪1挺、步枪40余支及部分辎重。

这次胜利，鼓舞了部队士气，坚定了平北人民打败日本侵略者的信念，根据地进一步得到巩固和发展，丰滦密联合县由初建时的4个区迅速发展到8个区，第10团也由1300人发展到1700人。12月21日，晋察冀军区发电：

> 今年9月13日起，敌人集中了四千以上的兵力，向我平北密云以西，白河两岸我根据地"扫荡"。经我在冯家峪伏击，将敌一个中队大部消灭，仅敌二十余逃走，以及在水家堡子、梨树沟、二道沟、石门子、董各庄、白道峪（均在密云以西）等地战斗三十七次，终将敌粉碎。于11月28日敌即分途向丰宁、滦平、密云等处退去。①

此战中，第1连连长鲁志华、指导员冯汝霖，第3连连长刘岩海等67名指战员壮烈牺牲。王亢进行了认真总结，向白乙化提交了3条伏击战经验：第一，伏击敌人时，战斗命令以暗号为好。如以枪声为命令，等于先向敌人报警，敌人会过快地占据有利地形；第二，伏击阵地尽可能靠近敌人，各分队要分段包干射击目标；第三，予敌以严重杀伤后，再收缴武器，避免无谓牺牲。②打胜仗后不骄傲，善于发现问题，勤于总结教训，正是第10团能够在平北地区站住脚并不断打胜仗的重要原因之一。

为了纪念这次战斗，1944年5月，丰滦密联合县和冀东第五地区队在冯家峪立下"还我河山"纪念碑。碑文写道：

> 冯家峪战斗是民国二十九年秋③的战绩，此次战斗是王团长④亲手指挥的。歼灭敌寇一个中队——奥村中队⑤计九十余人。我

---

① 《抗敌报》，1940年12月24日。
② 中共北京市委党史研究室、北京青年报社编：《永远的丰碑——北平抗战英雄谱》，北京燕山出版社2015年版，第54页。
③ 据当年参加战斗的第十团王亢等同志回忆，冯家峪战斗的时间为1940年12月15日。
④ 王团长，即王亢。冯家峪战斗时，王亢任第10团第1营营长，1941年2月，白乙化牺牲后，王亢接任第十团团长。
⑤ 据考证，冯家峪战斗歼灭的是日军哲田中队，碑文有误。

们也付了最大血的代价，鲁连长、冯政指、张副政指、曹支书等均壮烈牺牲。冯家峪战斗，敌寇惊魂丧胆，奠定了人民胜利信心，这是开丰滦密划阶段的一个伟大辉煌战绩。

第10团屡战屡胜，根据地迅速发展，丰滦密的群众十分信赖和拥戴白乙化。"小白龙"和第10团的传奇故事在平北地区广泛传开。

至1940年底，平北所辖联合县由30个区扩展为42个区。主力部队已达2500余人，地方武装也发展至近1000人。平北各村中的自卫军、儿童团、救国会等如雨后春笋般出现。据晋察冀军区公布的平北1940年度战绩：战斗98次，毙伤日、伪军40102名，俘日军190名、伪军3400，伪军反正308名，攻克敌人据点143个，破坏铁路329里。

1941年1月间，中共冀东平密兴联合县县委书记李子光等人由平西返回冀东，饭后散步走进密云赶河厂村西的龙泉庵，龙泉庵已有数百年历史，林木茂密，环境清幽，清澈的白河水在庵前山脚下潺潺东流。众人取来笔砚，诚邀白乙化在寺院影壁上题诗留念，白乙化沉吟片刻，慷慨写下五言律诗一首：

> 古刹映清流，松涛动凤愁。原无极乐国，今古为诛仇。
> 闲话兴亡事，安得世外游。燕山狂胡虏，壮士志增羞！ [①]

这首诗，就是白乙化抗日决心和意志的真实流露。

1941年2月4日，日伪滦平县警务科长关直雄指挥道田"讨伐队"170余人"扫荡"丰滦密白河川一带，拂晓前偷袭县基干游击大队有所收获，于是气焰十分嚣张，兵分两路，追赶包抄县基干游击大队直到马营以北鹿皮关。为尽快歼灭来犯之敌，白乙化命令第3营抢占鹿皮关西南的高山，居高临下堵住敌人。他亲自带领第1营直扑鹿皮关东山梁，指挥第1营攻夺已被

---

① 中共辽宁省委党史研究室、辽宁省党史人物研究会编：《辽宁党史人物传》，辽宁人民出版社1997年版，第290页。

敌人占领的西南山梁，而后将敌迫于白河两岸至鹿皮关一线，下定决心聚而歼之。战斗打得很顺利，从上午10时开始一直打到下午4时，毙、俘敌117人。残敌利用长城的断壁残垣和烽火台，用机枪继续顽抗。白乙化在降蓬山上手持指挥旗，命令第1营向守敌发起冲锋。战斗即将胜利结束时，白乙化被敌人的冷枪击中头部，年仅29岁的他不幸壮烈牺牲。

噩耗传开，抗日军民肝肠寸断，悲痛欲绝，从四面八方赶来参加他的追悼会，大家含泪齐唱《悼白乙化同志歌》。八路军冀热察挺进军政治部发布了《告全军同志书》：

> 我们挺进军有名的英勇善战的白乙化同志，不幸在2月4日平北马营战斗中光荣地壮烈地牺牲了。这不但是八路军挺进军的损失，而且是中国共产党和中华民族的一个损失！因为失去了一个有丰富军事经验的优秀指挥员，损失了一个有着长期斗争历史的坚强干部，损失了一个曾为民族独立不屈不挠、艰苦奋斗的民族英雄，损失了一个曾为阶级解放而再接再厉、英勇牺牲的无产阶级的先锋战士，我们是十二分悲痛的！追悼白乙化同志，我们应该学习他的说干就干，要干就干到底，别人怕干的自己先干，别人不敢干的自己去干，不畏惧，不迟缓，为人模范的工作作风。学习他冲锋在前，退却在后，自己和战士同样吃苦，在危险的地方，在最紧急的关头，沉着坚定，勇敢战斗的精神。追悼白乙化同志，我们应该踏着他的血迹，继承他的遗志，加倍努力工作，积极战斗，彻底完成挺进军"三位一体"的任务。克服内战投降危机，坚持团结，抗战到最后胜利。

第10团编印了《纪念白乙化同志》专刊。大家挥泪作诗：

> 名将星沉冀北踪，降蓬山下夕阳红。
>
> 兵挥白马身先死，旗指黄龙志未终。
>
> 血泪家乡十年隔，风云事业一生匆。

长河若解英雄恨，滚滚奔涛怒向东！

1944年5月，丰滦密联合县和冀东第五地区队为白乙化竖立了纪念碑。1984年，北京市密云县人民政府重建了白乙化烈士纪念碑，萧克将军手书碑文：血沃幽燕，名垂千古。

1944年，白乙化的战友们在他的墓前致哀

白乙化牺牲后，平北抗日根据地的广大军民化悲愤为力量，与敌展开顽强斗争，不断取得新的胜利。

1941年3月，平北游击第1支队2个中队，夜袭三道川敌据点，毙俘日本指挥官山田及伪军30余人。这时，日、伪军从张家口等地纠集3000余人，分六路向龙延怀、龙赤地区的大海坨、纪宁堡和五里坡进行"扫荡"，平北游击第1支队第1大队的两个中队奋起战斗，于阎家坪歼灭日军一个炮兵小队。日军指挥官逃到长安岭剖腹自杀。

4月中旬，平北游击支队第1支队第6中队在延庆黑峪口歼灭日军一个加强班，毁汽车4辆。5月初，日、伪军又纠集1500余人，向石头堡一带进行报复"扫荡"。游击支队阻击后，主动转移外线，进入伪满洲国黑河川地区，进袭了独石口伪据点；5月18日，攻克崇礼县的狮子沟伪蒙疆警察据点，击毙敌渡边指导官，俘伪警察署长以下30余人。游击支队利用缴获的战马和武器，创建了骑兵部队。5月20日，平北游击第1支队4个中队，与从雕鄂出来"扫荡"的日军1个中队激战于赤城南之张四沟东山，毙伤敌数十人。同日，平北游击支队政委钟辉琨率第2大队袭击赤城县城敌人，完成任务返回途中，在浩门岭与日军遭遇，广大指战员浴血奋战，以伤亡20余人的代价，击毙日军50余人。

八路军第10团也取得了不少战果。3月，第10团第7连奔袭木林敌人据点，俘伪军80余人。4月中旬，接任白乙化任第10团团长的王亢，率部在冯家峪的东、西白莲峪沟口打了一场伏击战，全歼日军20余人，击毙伪军20余人，俘3人，缴获机枪2挺、步枪30余支、短枪2支。

5月11日，第10团一部在东白莲峪沟门设伏，仅用了10分钟，便将掩护修建白马关至密云县城公路的23名日军全歼，迫使敌人中断了修路。5月25日，第10团一部在康各庄附近遭遇200余名伪军，毙伪军大队长以下50余人。第10团还两次袭击怀柔车站，烧毁敌军火一批。

随着八路军的不断取胜，丰滦密根据地迅速向外扩展，至6月底，已扩至潮河以西、四海以东、丰宁大阁以南、顺义年丰村以北，东西南北各长200余里的广大地区，由8个区扩大为16个区。6月底，成立了滦（平）昌（平）怀（柔）办事处和中共滦昌怀工作委员会。

此时，平北抗日根据地也有了新的发展，龙（关）崇（礼）赤（城）联合县成立，王晨光任县长，王子玉任县委书记。龙关的北沟、金家庄、北栅子、砖楼等地都开展了抗日工作。敌人受到一次次打击后，便展开更为疯狂的报复，烧杀抢掠，无恶不作。白塔、跳石河、野猪窑、五里坡、杨村河、南碾沟、纪宁堡、北碾沟、大庙子、西坡、平地、朱家沟、石头堡、元通寺、三间房、大海坨、施家村、姜庄子、阎家坪等村庄，甚至黑龙潭和三官庙都被烧毁。但是敌人的烧杀抢掠，并没有征服抗日的军民，反而更坚定了大家的抗日决心。

1940年1月—1941年6月，昌延、龙赤、龙延怀、丰滦密、龙崇赤5个县级游击大队相继建立，合计有1000余人。在区级，普遍建立了二三十人的游击小队。在比较巩固的村庄，青壮年在不脱离生产的原则下，组成了既生产又战斗的自卫队。在开展武装斗争的同时，还加强了党组织的建设和培养地

方干部的工作。到1941年，平北地方党员总数达到1800余人。由于党的建设
和发展，使各项斗争和工作有了带头人，群众工作也随之发展起来了。为遏
制平北根据地快速发展，日军遂发动了疯狂报复。据时任平北游击第1支队
政治委员钟辉琨回忆：

> 1941年，平北地方性的基干兵团为挺进军十团和平北第一支
> 队。十团有1300人，党员占45%；一支队1200人，党员占30%强。
> 地盘比1940年扩大了，工作也扎实了，干部也多了。敌人见八路军
> 人数越来越多，地盘占得越来越大，他们认为延安触角伸到伪满洲
> 国，扰乱了"日满社会"秩序不得了。据说，伪满洲国专门派一个
> "大臣"到承德来，研究对付平北的八路军。他们谋划出"满、蒙、
> 华联防"，搞"治安强化"，在西南国境搞"集家并村"，推行"三
> 光"政策，实施频繁的"扫荡"，据点增多了，钉子也硬了。[①]

1941年7月6日，日军发动第二次"治安强化运动"，密云伪政权成立
"治安强化支部"，伪满洲国政府则进一步推行"固边政策"。7月初，由锦
州、通化等地调集6个"讨伐"大队共1500余人，进驻密云、滦平交界的长
城内外，强抓民夫修补公路，并"扫荡"丰滦密中心区。第10团第3营于
滦平县柏嵯子设伏，以零伤亡的代价，将伪满唐马"讨伐"大队的一个加
强中队100余人全部歼灭。7月25日，驻董各庄伪满通化省"讨伐"大队第
二中队小队长那文生等，慑于八路军声威，率部80余人，携械投降。第10
团和县政府在赶河厂隆重召开大会，庆祝丰滦密根据地一年来取得的重大
胜利，对伪军弃暗投明表示欢迎。8月5日，由遵化开至平北东部的伪纠察
大队被第10团打掉3个中队后，经多方争取，80余名伪军在其第2中队长何
贵有带领下反正，他们还带来了轻机枪7挺、步枪58支、手枪20余支，被
改编为第10团2个大队。8月29日，随日军到赶河厂一带"讨伐"的密云伪
警备队张博中队70余人也反正，加入抗日队伍。

---

① 星火燎原编辑部编：《星火燎原》（丛书之十），解放军出版社1989年版，第195页。

9月中旬，日本华北方面军、伪满、伪蒙疆政府联合行动，调集万余人，对平北抗日根据地进行大"扫荡"。敌从西至南口、东至古北口山地，挖了一条深4米、宽6米的封锁沟，并划定"无住禁作地带"，实行"集家并村"，把群众驱赶至修建的"部落"里居住，不准外出耕种，断柴断粮，企图割断八路军与群众间的联系，饿死困死抗日军民。为粉碎日、伪军"扫荡"，平北军分区政委兼政治部主任段苏权与军分区司令员覃国翰指挥部队，采取内外线结合的战法，以主力一部配合地方武装在内线开展游击战，主力大部转入外线，积极向张家口附近及北部草原地带出击，袭击敌仓库和铁路，使日、伪军首尾不能相顾。在平北军民打击下，日、伪军"扫荡"部队大部分于11月中旬撤退。①

1941年秋，日军调集第2混成旅的4个中队、伪满洲军2个旅，以及部分伪治安军、伪蒙疆军，由旅团长真野指挥，以12倍于平北军分区的兵力"扫荡"平北。敌人一改以往的单一军事进攻手段，强调实施"总力战"。一是加强伪满固边政策，增加据点兵力，3个伪组织联合行动，出动兵力多，"扫荡"持续时间长；二是加强特务活动，大搞"清乡"活动，大肆搜捕，侦察跟踪军政人员和抗日群众；三是软硬兼施，加大对根据地民众进行诱降、劝降和逼降的力度；四是大造反动舆论，打击民众的抗日情绪，离间八路军和民众间的感情。针对敌"扫荡"的新特点，八路军和抗日民主政府采取了主力部队、游击队和民兵三结合的办法，到处摆开战场，既破坏交通，又打击小股活动之敌，不分昼夜地袭扰敌人，同时适时组织兵力穿插敌后打击敌人，教育群众进而开辟新区。

9月23日，日军朱狩中队从西坨古出发"扫荡"，当进至坨古梁时，第10团在此设伏。坨古梁位于西坨古村南，因为这座山梁寸草不生，仅梁北制高点上长着一丛荆棘，像一撮毛发，又称"一撮毛"。当敌人行至"一撮毛"时，埋伏在头甸子的特务连先向敌开火，王亢随即指挥第1、第2、第3连，急速从东、西、南三面包围日军。战斗进行得相当激烈，第10团指战

---

① 《中国人民解放军高级将领传》编撰委员会编：《中国人民解放军高级将领传·第31卷》，解放军出版社2013年版，第215页。

员与日军反复冲杀，战至中午取得完全胜利，击毙日军朱狩中队长以下56人，俘1人，仅1人逃脱，缴获轻重机枪4挺、步枪53支。第10团参谋李瑞征等15人牺牲，37人受伤。

10月4日起，日军调集万余兵力，对丰滦密发动两个月的"纵横扫荡"。"扫荡"后期又开始制造"无人区"，集家并村建立"部落"，实行杀光、烧光、抢光的"三光"政策。抗日斗争形势进入最艰苦、最困难的时期。为了保存实力，待机歼敌，王亢令第1、第3营分别化整为零，越过长城，转入龙关、赤城地区寻机打击敌人，将后勤、卫生机关分散隐蔽在山区。在敌情严重、环境十分残酷的情况下，自己率第2营留在丰滦密，和群众一起坚持内线斗争。

1941年，日、伪军先后在平北制造延庆西羊坊惨案、密云孟思郎峪惨案、密云六寡妇村惨案等一系列惨案。但敌人的残暴并没有使平北抗日军民屈服，反而激起人们更强烈的反抗意志和决心。截至1941年底，平北地区共有昌延、龙赤、丰滦密、龙延怀、滦昌怀、龙崇赤6个联合县。这些抗日政权深入发动群众，积极进行抗日游击战争，广泛团结进步人士，组建抗日救国团体，成立自卫组织，为巩固和壮大平北抗日根据地做出了积极贡献。

1941年，平北军民与敌人战斗400余次，攻克敌人据点13个，破坏公路37公里、汽车13辆、堡垒12个，毙伤日、伪军2454人，俘日军28人、伪军43人，伪军投诚298人。缴获高射炮、迫击炮8门、轻机枪632挺、步枪812支、短枪58支、炮弹1826发、子弹25081发、战马287匹以及其他物资甚多。[①]平北党政军领导机关，更加稳固地屹立于平北战略要地海坨山区。

1942年1月31日，中共中央北方分局发出《关于平北两年来工作的指示》，指出："平北两年来在艰苦斗争的过程中，已经初步形成了根据地"；并就平北军事工作做出指示：

在军事建设上：

甲、十团与游击支队均为平北八路军主力之一部。过去在剧

---

①　《晋察冀日报》，1942年1月21日。

烈斗争中，使游击支队不断壮大巩固、逐渐形成主力的方针是正确的。在目前平北根据地的人力物力的条件下，十团与游击支队的发展是有一定限度的，目前尚不可能有过大的发展。但必须保证其充实与满员，使之在质与量上不致削弱。

乙、地方武装的中心，目前应置于县游①。每县应有一百二十人左右，不必过于集中，应经常适当分散进行游击活动。加强其政治工作，统一供给制度，改进干部质量。地方武装建设的第二步，是在必要的地区内建区游，采取半脱离生产性质。地方武装的建设，应当有步骤地进行。否则数量虽大，质量不强，并使根据地财政负担过重。

丙、人民武装应着眼于一般自卫队的普遍建立，首先求得数量的普遍，能够进行一般的担架、运输、放哨、侦察勤务。在工作已有基础地区，可开始组织民兵，其重点置于青抗先②，但目前一般还不必普遍地建设民兵。

丁、在军事组织上，地方军与主力关系，分区与地委关系，基本上应与北岳区相同，在军区与党委未成立以前，分区直属军区领导，地委属分局领导。③

该指示对平北根据地的军事工作进行了充分肯定，明确了主力部队、地方武装的建设方针和重点，为根据地的巩固发展打下了基础。

---

① 县游，县游击队的简称。
② 青抗先，青年抗日先锋队的简称。
③ 中共北京市委党史研究室编：《北京地区抗日运动史料汇编》（第四辑），中国文史出版社2000年版，第39—40页。

第四章　东进敌后开辟冀东抗日根据地

一声霹雳十万军，振臂同呼斩妖尘。

红旗漫卷燕山脊，高歌响彻渤海滨。

曾有神威慑敌寇，更传捷报中外闻。

西转秋风花落去，星火燎原又是春。

——李越之[1]

冀东，早期亦称京东，指天津、北平、古北口一线以东的河北省东部地区。1935年11月，日本人扶植的"冀东防共自治政府"成立，顺义、通县、香河、塘沽以东地区的22个县和唐山市，秦皇岛、塘沽两港，均是伪冀东政府的势力范围，总面积约4万平方公里，人口630万人。[2]1936年4月，中共河北省委京东特委成立，冀东党的工作很快得到恢复和发展，各县普遍建立了广

冀东八路军在读报学习

---

① 李越之，1920年出生，1938年2月加入中国共产党。冀东抗日大暴动时，任抗日联军第5总队第6中队指导员。这首诗是李越之为纪念冀东抗日大暴动而写，题为《回忆冀东抗日暴动》。

② 根据伪冀东防共自治政府组织大纲，通县、滦县、临榆、遵化、丰润、昌黎、抚宁、迁安、密云、蓟县、玉田、乐亭、卢龙、宝坻、宁河、昌平、香河、三河、顺义、怀柔、平谷、兴隆22个县为其辖区。

泛的抗日民族统一战线，成立了众多抗日团体。日寇极力将冀东打造为"模范区域"。卢沟桥事变前后，日军进攻中国内地的兵力和物资，几乎都经冀东运送。驻冀东日军和日本浪人横行霸道，汉奸、特务飞扬跋扈，广大人民群众处于极度屈辱和愤懑之中，赶走日本侵略者和推翻日伪统治成为冀东军民最迫切的愿望。

一、"延安触角伸进热河"

冀东抗日活动起步较早，抗日兵源充足，枪支也不稀缺，22个县民众手中的枪支在20万~25万支之间。[①]为了对付冀东抗日活动，日本侵略者在冀东实施了连保制度。他们深知大量枪支散落民间是严重威胁，强制没收未果，便先清查民间武器，由检验枪支和办理枪支证照入手，不办者按私藏军火论罪。

1935年12月6日，冀东人民请愿代表团发出《告全国同胞书》，要求南京国民党政府派兵收复冀东，恢复华北领土主权、收复一切失地。[②]次年冬，驻昌黎伪保安大队200余人起义，攻破县城，守城3天。日军大队长古田提出谈判，伪保安大队大队长张国乾假装同意，率部与古田上了火车。行至唐山东洼车站时，保安大队全歼随车日军，进山打起了游击。

1937年7月27日，日军攻打通县南门外国民党军第132师1个营，负责截击的通县伪保安队第1、第2总队只对空鸣枪。该营安全撤离，并毙、伤日军七八十人。日军不满，轰炸保安队驻地，致10余人伤亡。28日夜，总队长张庆余、张砚田部署起义，决定29日凌晨以枪声为起义信号。起义部队捣毁了伪冀东防共自治政府，活捉了"政务长官"殷汝耕，击毙了特务机关长细木繁、顾问渡边、宪兵队长何田等人。日军守备队300余人加上宪

---

① 冀东民间枪支多，有其历史原因。冀东沦陷前，国民党统治者曾规定，按个人占有土地面积购枪自卫，每50亩地须买一支枪。据此计算，22个县民间拥有枪支23万支。

② 南开大学历史系、唐山市档案馆合编：《冀东日伪政权》，档案出版社1992年版，第34页。

兵、特务等近200人负隅顽抗，除少数逃出外，其余被全歼。

远在延安的毛泽东，在洛川会议上提出："红军可以一部于敌后的冀东，以雾灵山为根据地进行游击战争。"① 刘少奇写信指示中共河北省委：动员干部和共产党员去农村，并尽量去平津周围农村，宣传党的抗日主张，准备发动冀东游击战争，配合八路军建立以燕山山脉为中心的抗日根据地。他还指派熟悉情况的李运昌回冀东工作，安排红军干部李润民、孔庆同等前往。还指示动员平津等大城市共产党员和进步青年到冀东发动群众，举办游击队干部训练班，并要求抽调数十名冀东党员干部去阜平学习游击战。② 河北省委先后派李楚离、王仲华等到冀东广大农村、矿山做群众工作。这些优秀干部的到来，为冀东暴动准备工作打下了坚实基础。

12月，华北人民武装自卫委员会冀东分会成立，李运昌任主任，王平陆（原名高永祥）任军事部部长，杨裕民、洪麟阁、高志远（高翔云）担任分会领导工作。他们个个都是响当当的人物。李运昌，15岁便参加了革命活动，后经李大钊介绍考入黄埔军校第四期学习。毕业后参加广东农民运动讲习所第六期学习，结业后领导了普宁农民暴动。1933年2月，创建京东御侮救亡会。此后，组织了迁西暴动。群众将其比作关云长，在歌谣中唱道："李云长，大忠良，骑红马，挎大枪，打日本，捉豺狼……"日军作战计划和地图上也将其标注为"李云长"。

王平陆是冀东大暴动的揭幕人。1937年12月底，华北抗日联军第3军区第1支队正式成立，王平陆任司令员。清河沿税卡局和警防所是伪满洲国设在交通要道上的重要关卡。1938年1月7日晚，王平陆率队行军30余里到达清河沿村。他身先士卒，用大刀劈开窗户，不幸被敌击中，伤势非常严重。撤回途中，王平陆对背他的队员说："我不行了。我死后，你一定要用石头把我的脑袋砸碎，以免敌人认出我来，抄咱们的家，给革命带来更大的损失。"次日，王平陆壮烈牺牲，时年36岁。此次行动打响卢沟桥事变后冀东敌后抗日的第一枪。

---

① 《聂荣臻回忆录》（中），解放军出版社1984年版，第398页。

② 中共中央文献研究室、刘少奇研究组编著：《刘少奇》（开国领袖画传系列），辽宁人民出版社2016年版，第153页。

平郊抗日根据地

杨裕民，出身于书香门第，1920年赴美留学，获博士学位，成为知名造纸专家，后入河北省立工业学院任教授。1935年底，与洪麟阁组织该学院学生上街游行，声援北平学生反对"华北自治运动"。他毁家纾难，支援抗战，近50岁时投笔从戎，参与领导起义。1939年7月21日，杨裕民随部队转移时与日军遭遇，重病垂危的杨裕民在担架上牺牲。八路军总部为其召开追悼大会，毛泽东送的挽联写道："国家在风雨飘摇之中，对我辈特增担荷；燕赵多慷慨悲歌之士，于先生犹见典型。"①

中共中央和毛泽东始终关注冀东抗日动态。1938年2月，毛泽东电示八路军总部和晋察冀军区，具体做好组织部队挺进冀东的准备。聂荣臻根据指示，从红军骨干较多、战斗力强的晋察冀军区第1军分区抽调部分兵力，由邓华率领挺进冀东。聂荣臻和邓华谈话时说：

> 据河北省委前两天派李楚离同志来介绍，冀东地方党正在积极准备组织冀东群众武装抗日起义，迫切需要主力部队去撑腰。现在冀西、冀中、平西革命的游击战争发展很快，对冀东人民的影响是很大的。

聂荣臻强调关键是要在冀东能够站住脚，不能抓一把就走，那样是"抓不到东西的，同时，那是同我们建立根据地的意图相违背的"②。

2月20日，邓华支队从涞源出发，于下旬进至平西斋堂，逐步开辟了房山、涿县、涞水、延庆、怀柔、昌平、宛平、良乡等地，在一部分地区建立了抗日民主政权，组织了地方武装，扩充了部队，为挺进冀东建立了前进基地。

3月中旬，开滦五矿（唐山、赵各庄、林西、唐家庄、马家沟）的赵各庄矿区实行井下计工制，遭到了矿工的强烈反对。唐山工委书记周文彬要求党员抓紧发展积极分子。16日晚10时，矿工砸了四道巷牌子房，次日晨

---

① 《中华英烈事迹读本》编写组编：《中华英烈事迹读本》（第三卷），新华出版社2020年版，第86页。

② 中共唐山市委党史研究室编：《冀东革命史》，中共党史出版社1993年版，第2页。

砸了井上牌子房。矿警来弹压，矿工齐声高呼："不开工！不开工！"矿警灰溜溜地撤了。21日晚，周文彬组织召开积极分子会议，决定成立罢工委员会和纠察队，23日下午1点正式罢工。3月24日，林西、马家沟矿工人罢工。25日晨，赵各庄矿、林西矿工人赶到唐家庄矿，遭开枪威吓。工人纠察队员在大队长节振国率领下攻开矿门，接应唐家庄矿工，遂宣布罢工。马家沟矿、唐山矿随后也宣布罢工。3.5万余名矿工开展了声势浩大的罢工。英方经理请求日军镇压，日军未敢轻举妄动。英方最终答应工人要求，订立劳资协约16项。坚持50天的开滦五矿同盟罢工于5月4日胜利结束。[①]此次罢工，缴枪数十支，为开滦工人参加冀东大暴动打下了基础。中共冀热边特委号召全区共产党员做好暴动准备工作。许多党员变卖家产，购买枪支，在全区形成一股热潮。[②]

1938年4月1日，八路军总部命令活动于雁北地区的宋时轮支队东进平西，与邓华支队会合，挺进冀东。朱德与宋时轮谈话时说：

> 派你们支队去冀东是落实中央军委关于"雾龙山为中心之区域，有广大发展前途，但是独立作战区域，派去部队须较精干，且不宜过少，军政党领导人员须有独立应付新环境之能力，出发前须作充分准备"的指示，创建抗日游击根据地。[③]

5月25日，宋时轮支队到达斋堂、杜家庄，与邓华支队合编为第4纵队，司令员为宋时轮、政治委员为邓华。纵队党委提出口号：深入敌后，配合正面作战，发动游击战争，建立新的根据地。军区指示，以兴隆为中心，兵分两路挺进冀东，宋时轮支队经密云、平谷、三河到达蓟县，并相机占领这4个县城；邓华支队进兴隆县，成功后向东南地区发展。

---

① 中国中共党史人物研究会编：《中共党史人物传（第21卷）》，中国人民大学出版社2017年版，第118页。

② 《李运昌回忆录》编写组编：《李运昌回忆录》，法律出版社2006年版，第101页。

③ 军事科学院军队建设部《宋时轮传》撰写组：《宋时轮传》，军事科学出版社2007年版，第86页。

平郊抗日根据地

第4纵队在大力开辟平西根据地的同时，为挺进冀东做了精心准备。6月初，纵队领导听取了河北省委派来联络的李楚离等人关于冀东暴动部署的介绍，制订了进军计划，双方约定利用青纱帐时节发起暴动，来个里应外合。8日，第4纵队兵分两路通过平绥路向冀东进发。由于战斗频繁，很难有大块时间开展思想教育，只能像长征时期那样，在行军和战斗间隙进行。指战员们数昼夜连续行军，非常疲劳，少数人对挺进冀东出现模糊认识。宣传队立即创作了《挺进冀东》振奋部队精神：

> 赶——从雁北，到雁南。
> 一气走了三千三，喜峰口上来抗战！
> 看——渤海岸，山海关。
> 万里长城脚下边，拳头指向长白山！
> 干——逼唐山，围开滦。
> 北宁铁路拦腰斩，开展冀东游击战！ ①

纵队指挥员坚持吃苦在前，冲锋在前，始终与战士们在一起吃住、行军、打仗，关心战士疾苦，主动谈心，为他们化解思想问题，使上下拧成一股绳，面对日、伪军时能够捷报频传。据李运昌回忆，第4纵队第34大队攻打平谷县城的一次战斗给他留下了深刻印象：

> 平谷县城戒备森严，护城河夏季水深近6米，形成天然屏障，易守难攻。宋时轮沉着镇静，仔细察看地形，灵活指挥精干小分队，通过下水道隐蔽进入城内，悄悄打开城门。部队入城后，仅用3颗手榴弹便消灭了中心碉堡之敌，解决了战斗，俘日、伪军200余人。"神兵天降"的奇迹至今仍为当地群众所传颂。②

---

① 中共河北省委党史研究室编：《冀热察抗日根据地》，中共党史出版社1996年版，第582页。

② 军事科学院宋时轮纪念文集编辑组编：《武功文事彪炳青史——缅怀宋时轮将军》，军事科学出版社1997年版，第194—196页。

其实，从开始筹划冀东抗日，中共中央就意识到八路军与抗日联军必须高效配合，才能解决立住脚的问题，为此多次发电报给第4纵队或河北省委。6月21日，中共中央电示河北省委书记马辉之：①

> 我军某某及某某游击支队②，已过古北口石匣一带，将继续前进，请速派人到冀东及冀热边动员党与群众及一切地方武装，援助宋邓部队，配合作战。
>
> 一、号召民团保安队，响应八路军打击日寇。
>
> 二、号召地方武装加入八路军及组织游击队。
>
> 三、侦察敌情报告八路军。
>
> 四、破坏电线、公路、桥梁。
>
> 五、帮助八路军筹给养。
>
> 六、省委及冀东两特委立即派人到宋邓部队接头。
>
> 上述各项行动不要发动过早，以免被敌消灭，大体要在八路军接近时发动，这须特别注意。

八路军越来越近，让冀东人民深受鼓舞，抗日武装的暴动准备工作秘密有序地进行着。第4纵队进至兴隆后，在一个名叫杨树底下的村子召开纵队党委会议，决定主动对敌目标发起攻击。6月中旬，第4纵队第33大队得知不少敌人正在六道河子宿营，10个突击小组摸进日军住的房子，很多日军在睡梦中就成了刀下鬼。有的战士将整束手榴弹扔进屋子。此战缴获了大量枪弹、物资。据群众说，第二天敌人出动六七辆汽车，把死伤的日军拉到了承德。10多个据点的敌人前来报复，但第4纵队夜行百里，跳出包围圈。很快，出现在兴隆城下。在攻打兴隆途中，一位老大爷跷起大拇指

---

① 中共北京市委党史研究室编：《北京地区抗日运动史料汇编》（第五辑），中国文史出版社1992年版，第6页。

② 某某及某某游击支队，指宋时轮支队和邓华支队。

激动地说:"好样的! 中国有这样的军队,老百姓有希望!"① 兴隆城内盘踞了数百名日、伪军,构筑了14个碉堡。八路军午夜摸进了城,攻下9个碉堡,歼敌200余人。敌人出动10多架飞机支援作战。为避免伤亡过大,第4纵队撤出战斗。第33大队副大队长陈群负伤,营长赖翰仁牺牲。

第4纵队挺进冀热边境,长城沿线人民受到极大鼓舞。6月19日,第4纵队拔掉了将军关、靠山集的伪警察所,在此短暂休整。他们装备落后,背着大刀,穿着草鞋,但对百姓说话和气,买卖公平,主动帮群众扫地挑水,长期处于敌人统治下的平谷群众看到了前所未有的仁义之师,听到了从未听闻的革命道理,感到抗日救国有了指望,精神无比振奋。② 此时,第4纵队与冀东党组织取得了联系。短短半个多月时间,八路军行军数百里,歼敌千余人,所到之处,群众积极拥护,热烈慰问,很多伪军部队、伪组织、反动民团、土匪纷纷瓦解。

其实,在大部队出发前,第4纵队便以侦察连的100余名侦察员为基础,编了一个先遣队,昼夜兼程通过层层封锁,遇到小股敌人快速打掉,碰上大股敌人巧妙避开,于7月初就赶到了指定地点,并传回消息:7月中旬开滦五矿发起工人暴动,部队必须赶到支援。宋时轮、邓华、李钟奇等研究后,立即组织传达,指战员们群情激昂,纷纷表示坚决冲破敌人封锁,支援开滦五矿暴动。部队加快了行军速度,冀东人民看到八路军纪律严明,称赞八路军是神兵天降,青年人争着要参军。日本侵略者则惊呼:"延安触角伸进热河,热河、冀东行政无法行使!""北宁铁路中断,危及帝国安全!"他们紧急调集5000余人沿长城布防,堵击、围攻第4纵队,同时以日军一部部署于通县、密云、蓟县、平谷、兴隆一带,企图在蓟县以北地区包围消灭第4纵队。第4纵队接连又打了几个胜仗,先后收复了平谷、蓟县、迁安等县城和重要集镇。

第4纵队在进入热河境内时,连日冒雨行军打仗,衣服始终是湿的,不

① 冀热辽人民抗日斗争史研究会编辑室编:《冀热辽人民抗日斗争·文献·回忆录》(第一辑),天津人民出版社1985年版,第82页。

② 中共北京市委党史研究室、中共平谷县委党史办公室编:《平谷革命史》,北京出版社1991年版,第12页。

少人的脚也泡烂了。由于敌人事先虚假宣传，群众最开始不敢接近，部队后勤补给非常困难。在这种情况下，部队严守纪律，渴了喝雨水，饿了吃点自带的炒米，群众看在眼里，记在心里，开始主动欢迎他们，一些青年还参军、当向导、照顾伤员。日军驻承德宪兵队长感慨：

> 共产军侵入后，在各部落分配宿营，部落民众供应共产军粮秣需要，该部全支付其代价。由于他们对居民不加任何危害，所以，民众"宁可欢迎共产军的侵入"。"当共产军袭来时，无丝毫逃避的样子，遇到满军讨伐队时，几乎全都避难去了。"
>
> 使用驻屯地居民侦探敌情之事是困难的，想利用他们做侦探者，都被共产军所运用。不得已，使士兵穿上便衣去侦探敌情，这也由于当地居民的密告，有被绑架之虞。可见他们主义宣传的巧妙。①

6月下旬，第4纵队在镇罗营建立密（云）平（谷）蓟（县）联合县，并建立聂家峪中心村等抗日村政权。6月20日，日军对住在靠山集、上营的八路军发起突袭，部队突围撤至将军关以北山区。日军撤退后，八路军先后攻下黄松峪、丫髻口、峪口等伪警所，接收了辛庄子汉奸张子久为日军存放军用物资的仓库。7月13日，第4纵队在将军关召开会议，决定抽调干部到地方开展工作，发动群众，宣传抗日，继续东进。同时，为攻打平谷县城做准备。群众积极支前，组织了四五百人配合部队行动。7月19日夜，大雨不停，护城河水漫涨至近8米深。向导对第34大队大队长易耀彩说："城墙下泄水沟直通城里。"战士潜入泄水沟，游至北城门内，解决了敌哨兵和守敌，打开城门，大部队迅速入城。日军见状，由西门落荒而逃，伪县长、伪警察局长和日本顾问杏田从南城水沟洞钻出而逃。拂晓前，战斗

---

① 军事科学院宋时轮纪念文集编辑组编：《武功文亊彪炳青史——缅怀宋时轮将军》，军事科学出版社1997年版，第196页。

结束。共俘伪军500余人，缴获武器弹药甚多。①第二天，成立平谷县抗日民主政府和抗日救国总会。为了争取民团力量，易耀彩到鱼子山找到一个乡绅，通过其向伙会、民团、地方、商人们宣传八路军抗日主张，揭露日伪政权阴谋，解除他们的戒心，后来不少人都加入了抗日队伍。第34大队经常活动的5个县都成立了县政府和游击队，村里也成立了群众武装组织。②

第4纵队的及时到来，加速了冀东人民抗日大暴动进程，促使暴动规模在开始前便已迅猛扩大。一场席卷整个冀东的起义风暴即将到来。

二、大暴动

在各级党组织的积极筹划和领导下，冀东起义条件已经逐渐成熟。1937年12月，在滦县多余屯召开了冀东10县抗日人民代表会议，决定加强抗日宣传和组织工作，成立游击队，开展游击战争，并提出先由共产党在山地发动小型游击战。会上正式成立华北人民自卫会冀东分会，李运昌任主任，王平陆任军事部长，曾任西北军政治部副主任的黎巨峰任总务部长。1938年5月，为了加强冀东大暴动的组织领导工作，京东特委、唐山工委并入冀热边特委，由原京东特委书记胡锡奎任特委书记，李运昌任军事部部长，负责军事工作，重点抓抗日大暴动准备工作。

6月下旬，在共产党邀请下，冀东抗日首领齐聚丰润县田家湾子，商讨大暴动相关事宜。会议通过了抗日联军行动纲领，决定7月16日举行大暴动。华北人民武装自卫冀东分会委员高志远任联军司令，李运昌和天津各界民众抗日救国会负责人之一洪麟阁任副司令。计划组成6个总队，各总队约2000人。洪麟阁兼任第1路司令，政治部主任杨裕民，辖第1、第2总队；李运昌兼任第2路司令，政治部主任胡锡奎，辖第3、第4、第5总队；高志远辖第6总队。为加强对部队领导，河北省委派李楚离、王仲华作为人民武

---

① 中共北京市委党史研究室、中共平谷县委党史办公室编：《平谷革命史》，北京出版社1991年版，第13页。

② 中共唐山市委党史办公室编：《纪念冀东人民抗日暴动》，1988年3月，第198页。

装自卫委员会代表分别到洪麟阁、高志远部指导工作。[①]

　　不久，中共中央北方局批准起义计划。刘少奇做出指示，冀东孤悬敌后，发动起义不但要有充分的准备，还要有八路军的策应和其他根据地的配合，"否则，即使发动起来，也难以巩固和坚持"。

　　第4纵队的到来，加速了冀东大暴动的准备工作。6月20日，在蓟县县城附近的马伸桥与敌人战斗中，民团队长夏德远、赵合打死警察分局局长，率300余人哗变，加入八路军。26日，地下党员徐志、王维新、田心于丰润县四户村发动起义。这时，在伪政府"冀东道"任警务科科长的朱欣陶送来紧急情报：八路军第4纵队进入冀东，已打到长城边；日军为防止暴动，就要收缴民间枪支。暴动不得已提前举行。

转战在喜峰口外的晋察冀八路军

　　7月6日夜，红军干部李润民和中共滦县县委负责军事工作和青年工作的高培之等，在北宁铁路以南的港北村发起暴动，带领骨干300余人，成立抗日联军第5总队，李润民任总队长，高培之任政治主任，下设3个大队。次日，攻打张各庄伪警所和盐警局，收缴枪支，分发粮食。7月7日，冀热

---

　　① 星火燎原编辑部编:《星火燎原》(丛书之十)，解放军出版社1989年版，第98—99页。

边特委和抗日联军第2路司令部组织岩口起义，周边抗日联军战士和农民冒着大雨直奔岩口。白塔寺民团和伪警察也加入队伍，400余人拉起冀东抗日联军第4总队大旗，孔庆同任总队长，阎锡九任副总队长，丁振军任政治主任，下辖3个大队。孔庆同的警卫员白云生在回忆文章中写道：

> 孔庆同——昔日的红军营长，今天的抗联总队长，一改初来岩口西庄时卖篦子小贩的模样，还了戎马多年身经百战的军人本相。他头戴灰色军帽，身穿灰布军装，裹腿打得绷紧，盒子枪大背身上，皮带扎腰，眉宇间透着人们尚未见过的军人气质。他大声喊着讲话："同志们，我们暴动了！从今以后，我们就是共产党领导的抗日队伍！日本侵略者烧了我们的房子，占了我们的家园，还杀了我们的兄弟姐妹、妻子儿女，我们一定要讨还这笔血债，非把这伙强盗赶出去不可！"他的话音刚落，人群中又爆发出惊天动地的口号声："打倒日本帝国主义！""决不当亡国奴！"这口号声经久不息，在岩口山谷上空回荡。

第4总队获悉驻遵化伪保安队进犯铁厂镇，于是趁大雾攻下铁厂镇外玉皇庙伪巡警局，20余名伪警接受改编。接着，与遵化伪保安队激战2小时，俘敌80余人，缴枪80余支、战马13匹。此时，传来第4纵队挺进冀东连克数县的消息，上下无不为之振奋。三五天内，第4总队扩至1000余人，最多时达4000余人，且装备齐全。迁安、遵化、丰润等地相继成立抗日队伍，后编为第11、第12、第14总队。

7月15日，滦县之敌300余人向暴动队伍驻地糯米庄、杨家院进发。第5总队设伏于杨家院东，经过激战，全歼敌人，并俘敌伪大队长刘韬以下200余人，缴获轻机枪2挺、步枪200余支。此战掀起了参军热潮，第5总队很快扩至3000余人。与在曾家湾起义的高小安部1000余人会合后，成立第13总队。抗日联军队伍越来越多，人数呈几何级数增长。

冀东抗日风暴，激起了开滦煤矿工人的斗志。7月16日夜，李运昌率1.3万余人进驻滦县榛子镇，攻入古冶及洼里车站，烧毁了全部站房，将唐山至昌黎之间150公里的北宁线铁路截为数段，半月不能通车。7月18日夜，周文彬等发起暴动，成立工人暴动队伍，一度达7000余人，编成4个总队和1个特务大队。在敌围攻下，周文彬、节振国等带领工人武装转入农村后，编成抗日联军工人特务大队，出没于矿区打击敌人。

冀东西部也于7月14日掀起起义风暴。19名救国会成员在民团副总王建国带领下攻克邦均镇伪警察局，俘30余人，缴获步枪30余支，成立了冀东抗日联军3区队。15日，蓟县党组织以第1、第6区救国会成员为基础成立了第5总队，辽西义勇军老战士商香阁任总队长，县委书记王崇实任政治主任；以第2区救国会成员为基础成立第16总队，刘卓群任总队长，李子光任政治主任。还相继成立第6、第18、第17总队。7月底，王崇实率部配合八路军第4纵队和其他抗联队伍攻克蓟县县城。8月16日，率部配合洪麟阁部攻克玉田县城。8月25日王崇实率部支援被日军左川部队围困的抗联队伍，翌日晨与日军展开激战，不幸中弹牺牲，年仅23岁。至此，冀热边特委领导的第2路抗日联军队伍发展至5.5万余人，组成了28个总队、12个独立大队和区队。

高志远和联庄会头目陈宇寰组织的武装暴动在滦县南部、乐亭一带蓬勃发展，先后成立第6、第7、第8、第12、第15、第16、第20、第23、第37、第38总队和独立总队、李绍文总队、乐亭警备司令部等13个总队，共1.6万余人，高志远兼任司令，陈宇寰任副司令。由高志远委任的还有在昌黎南部起义的华北抗日联军昌黎支队，丁有万任司令，下辖5个总队，共3000余人。这离不开华北人民武装自卫会领导成员王仲华的作用。他奉命到高志远、陈宇寰部指导工作，帮助整饬军纪，稳定军心，使该部很多人靠拢共产党。

洪麟阁、杨裕民在李楚离的帮助下，在遵化县地北头村一带举行起义。洪麟阁，名字与抗日名将佟麟阁只差一字，一生也非常传奇。洪麟阁为寻找救国出路，投笔从戎，参加了察哈尔抗战。抗日同盟军解散后，他解甲归田，受好友杨裕民邀请到河北工学院任职。冀东暴动后，洪麟阁等人为抗联部队设计了蓝底白字"雪耻"臂章。7月初，因汉奸告密，洪麟阁被抄家。他义无反顾，于7月8日组织100余人的骨干队伍，成功攻下流沙河据点，之后又和蓟县暴动队伍一起攻下玉田县城，队伍迅速扩大至4000余人，成立了冀东抗日联军第1、第2、第11总队。

1938年6月，卢龙简易师范校长高敬之遇到在滦县准备暴动的共产党员阮务德，受到极大鼓舞。他让本村一个名叫王殿的人以他的名义拉队伍，很快拉到400余人。高敬之率部连克马各庄联庄会、石崖村土匪，队伍很快扩至两三千人。8月8日，他率70余人组成的敢死队攻打卢龙县城，他发起攻心战，大骂伪县长牛犊子①，从东门骂到北门，迫使伪军警打开城门。起义队伍编为冀东抗日联军第23总队，高敬之任总队长，李润民将阮务德派过来当政治主任。他们配合兄弟部队打下乐亭后，分到不少布匹，做成了军装，部队面貌焕然一新。

抗日救亡，不论出身。7月中旬，绿林英雄杨二（杨振荣）率400余人在遵化花椒园起义，成立民众抗日救国军。他获悉汤泉据点有30余名日军，抓劳工开采金矿，于是率300余人突袭，打死10余日军，缴获部分黄金。9月10日，杨二率部与其他抗日队伍在平安城歼灭伪军200余人，缴枪300余支、子弹13箱、战马24匹。10月13日，杨二率部转至兴隆县双关铺老君台，弹尽粮绝后宁死不屈，自绝生命。

冀东暴动深得人心，普通人振臂一挥，都可能迅速拉起上百人的抗日

参加冀东抗日武装起义的部分战士

① 牛犊子，伪县长牛会卿的绰号。

队伍。伪满奉天医科大学学生茹振泰（茹古香）暑假回家，联系台头营乡伪大乡长许维纯和茹克勤等人在七家寨起义。许维纯以打土匪为名借枪30余支。7月15日晚，147人在七家寨后山的大庙内宣誓，成立"临（榆）抚（宁）抗日游击大队"，许维纯任大队长，茹振泰任副大队长。当晚10时许，攻打台头营城据点，俘伪军150多人，缴获枪支150余支。后改编为八路军第4纵队第31大队第2营第6连。

国民党"蓝衣社"天津站副站长朱铁军（陈恭澍）组织了中央直辖忠义救国军第7、第9路军，号称各万余人，队伍中既有贫苦农民，也有打着抗日旗号扰民的人。共产党员、黄埔5期学员李光汉曾在第7路军任政治主任，又在第9路军组织训练队伍，他负责组织训练的第2旅因纪律好，人称"七点九路军"，意即接近八路军。作为友军，这两支部队多次与日、伪军作战，取得一定战绩，如攻占过宝坻县城，打死宝坻伪新民会的日本人河野新。曾任国民党蓟县党部负责人的李维周建立了500余人的蓟北抗日救国军。

冀东武装起义风暴，如山崩海啸般迅速蔓延至冀东各县，参加起义群众达20余万人。原计划成立6个总队，结果发展到39个总队，仅抗日联军系统即达7万余人，加上其他杂色武装近3万人，共10万多人。

抗日联军破坏了北宁铁路，摧毁了铁路沿线的所有敌伪政权，配合八路军第4纵队连续攻克平谷、迁安、蓟县、玉田、兴隆、昌平、卢龙、乐亭、宝坻等9个县的县城和几乎所有重要集镇，先后建立了9个抗日县政权，使日本侵略者经营6年的伪组织、地方反动武装分崩离析。部队所到之处，百姓热烈欢迎并慰问部队，军民联欢热闹非凡。时任抗日联军第16总队情报主任的刘力生写下组诗《风暴》，以纪念和讴歌冀东人民抗日大暴动：

一

冀东大地动干戈，叱咤风云壮士多。

抗日联军十余万，今朝收取我山河。

二

月黑风雪第一刀，锋芒初试马伸桥。

旗开各路纷纷报，杀虏攻城士气豪。

三

怒吼庄农与矿工，红旗展处聚英雄。

惊人更报新消息，八路军威下冀东。

四

东亚谁还称病夫，人心愤怒国魂苏。

燕山蓟水风云色，蕞尔倭奴胆落无。

五

早拼肝胆献神州，投笔今朝壮志酬，

大步军门会豪杰，夜营谈笑看吴钩。

在如此短时间内，爆发规模如此之大的抗日武装暴动，取得如此大的成就，在抗战史上罕见。经媒体传播，冀东暴动成为震惊中外的事件。1938年7月17日，上海《文汇报》载文："据美联社所得消息，冀东方面中国游击队之声势日渐浩大，所有香河、三河、宝坻等县之伪县长，现在逃匿无踪，各地'新民分会'工作人员亦纷纷逃难。"8月4日，上海《导报》载文："路透社电：过去数日中，华方游击队已收复冀东22县之9县，日方所委县长均已逃窜……日方现因军队不敷及近日大雨后道路泥泞，致铁甲车及卡车不能应用，故已陷于困难之境云。"该报于26日、27日连续刊发冀东大暴动相关消息，称"北宁路之交通，现甚受冀东游击队之威胁，已经数日，天津与山海关间之每日有拆除者至少一次。冀省华军声势浩大，平沈车屡次误点"。

8月中旬，第4纵队与抗日联军在遵化铁厂镇会师，冀东抗日斗争进入鼎盛时期。八路军四五千人，暴动大军10万人，还有20余万群众积极响应，冀东一时成为华北抗日势头最好的地区。8月31日，《抗敌报》发表社论称：八路军的宋邓两支队已经在敌伪统治多年的冀察热宁地区，开辟了一个新的抗日根据地。这个胜利证明"抗战必胜，建国必胜"，国共两党的亲密合作和统一战线的巩固，是战胜敌人唯一可靠的力量。8月22日，冀热边特委致电朱德、彭德怀，请转蒋介石委员长及全国将士、抗战团体，报告了冀东大暴动的伟大胜利，表达了坚持抗战的决心。这份电报客观地肯定了统一战线下国共合作抗日的伟大成就：

> 自八路军宋邓纵队进入冀热边，不断打击敌人，收复兴隆等县后，激起了冀东抗日浪潮，民众成群结队的欢迎国军，青天白日满地红的国旗又在冀东飘扬起来。年年在日伪铁蹄下的民众已忍无可忍，于是在我党的邀请之下，当地的国民党员及无党派的抗日分子，进行了和衷共济的协商，解释了过去一些不应有的误会，在抗日高于一切的原则下，坚决的团结起来，组织抗日联军，并推举无党派的高翔云、国民党员洪麟阁、共产党员李运昌为起义的总副司令。乘宋邓纵队继续向南伸展并与敌人进行残酷战斗之际，于7月9日爆发了昌黎、滦县、乐亭、迁安、遵化、丰润等县抗日大起义。起义后，抗日联军曾以无限的英勇牺牲精神，在民众帮助及伪军反正的配合下，屡次击败日伪军的进攻，收复了大部分的县城。有许多县城是得而复失了……最近各方面的形势都在开展中。各部分的队伍都在发展着。国共两党及无党派之同志的合作是很亲密的。一切作战方针及民众运动取得了一致的见解。……我们庆祝冀东的初步胜利，庆祝冀东国共两党及无党同志亲密合作，我们并以坚持的努力，为创造冀热边抗日根据地，配合全民族抗战，争取最后胜利而斗争。最后谨向蒋委员长及全国将士、各抗日团体致热烈的敬礼！[①]

9月1日，中共中央与北方局致电宋时轮、邓华、冀热边特委，并转抗日联军与第4纵队全体将士及冀热边人民，表示祝贺和慰问：

> 中共中央与中共中央北方局今以十万分的高兴，庆祝抗日联军反日反汉奸起义的胜利及与八路军纵队的会合，并向起义中在前线上死难的烈士及其家属，致以崇高的敬礼！由于冀东国共

[①] 李丹钢：《最大的抗日暴动：冀东抗日大暴动》，未来出版社2018年版，第143—144页。

两党同志及无党派抗日志士的合作，抗日联军与八路纵队的胜利，已给日寇以严重的打击，摧毁了冀东汉奸政权，发动了广大的民众，配合了全国的抗战。我们相信这一支在抗战中生长、壮大起来的生力军，定能在冀东各党派各领袖的合作与正确领导下继续前进，创造冀热边新的抗日根据地，长期坚持抗战，给日寇的野蛮侵略以更严重的打击，收复冀东。望你们继续巩固团结，集中注意力打破敌人对你们的进攻，扩大与巩固部队，武装与组织民众，建立冀东抗日政权，肃清汉奸，扩大与巩固你们的胜利，为驱逐日寇，建立独立、自由、幸福的新中国而奋斗到底。①

三、西撤与东返

冀东大暴动规模之大，不光敌人没预料到，就连第4纵队、抗日联军的指挥层和地方党组织都没预料到。农村、城市，平原、山地，起义部队无处不在，革命群众一呼百应，红旗遍地飘扬。然而，问题也随之而来。起义部队成分复杂，大部分未受过正规化训练，组织纪律不够严明，雨后春笋般的地方民主政府缺乏有经验的军政干部，第4纵队经过一系列战斗出现减员，此时日、伪军纠集重兵合围，起义部队能否坚持下来、根据地能否顺利建立，都是指挥层亟待解决的难题。

8月27日，第4纵队与抗日联军在铁厂召开联合会议，邓华主持，参加会议的有李运昌、胡锡奎、王仲华、李楚离等人。会议分析了冀东暴动后的形势，肯定了暴动的巨大胜利，指出暴动人员多、秩序乱，须统一领导指挥、进行整顿。会议决定，成立冀察热宁军区，宋时轮任司令员，邓华任政委，李运昌、洪麟阁为副司令员，下设5个军分区，李运昌、洪麟阁、高志远、季光顺等分别任军分区司令。会议还决定成立冀热察宁边区行政

---

① 中共唐山市委党史研究室编：《冀东革命史》，中共党史出版社1993年版，第203—204页。

委员会，普遍建立各县抗日政权。

会后，第4纵队主力一部向北行动，准备越过长城，进军青龙以北的都山，建立根据地。另一部主力向西行动，进军兴隆山地，建立以雾灵山为中心的抗日根据地，逐步向平原发展。据宋时轮回忆，当时考虑"每个根据地要有一个基地，就是哪里地方党的力量强，就把哪里作为基点，都山为第11支队的根据地，兴隆山为第12支队的根据地"①。

宋时轮率部向都山进发过程中，先攻下了迁安城，而后在石字坪与日、伪军发生激战。9月12日，李运昌率抗日联军2万余人进至都山桃林口、冷口、界邻口一带，伪满洲军1个营由燕河营回青龙正巧钻入驻地，俘伪满洲军200余人，打死日本顾问，缴获迫击炮2门、机枪4挺。由于遭到日本关东军和伪满洲军的连续阻击，宋时轮部进军都山的计划未能实现，遂退回到滦河以西。很快，传来日军将在冀东发起大规模"扫荡"的消息。八路军和抗日联军各自都面临一些问题。如第4纵队从平西根据地东进以来，连经数月苦战，消耗大，战斗经验丰富的干部和老兵损耗后不是通过招新兵就能弥补的，加上边走边打，缺乏补给，急需休整补充，很难派出更多干部到抗日联军和地方政府工作。冀东暴动亲历者王树林曾回忆：

> 冀东暴动后，我们部队一下子扩充了很多人，我也由一名战士提升为班长。人多了武器装备就不够用了，很多新战士只能使用马刀和红缨枪。为了解决武器装备的问题，各单位各显身手。一天，我们连得到消息，离我们驻地不远的蓟县马伸桥据点驻有一个连的伪军和30余名鬼子，武器装备精良。连队领导当即做出决定，向敌人"借"枪，拿敌人的枪炮武装自己！为了减少伤亡，连队领导决定智取，并让我负责这次行动。
>
> 我们化装成当地群众混进马伸桥后，从地下联络员处得知，伪军让镇里一家酒店的老板晚上送夜宵到炮楼。于是，决定利用

---

① 《宋时轮谈挺进冀东情况》，1961年7月。

这个机会拔掉炮楼。天黑时分，我和几名战士化装成伙计同酒店老板带着酒肉一起向敌人炮楼走去。由于敌人哨兵认识酒店老板，就打开门放我们进去。我们走到哨兵身边时，一把将他摁倒捆了起来。然后，我们按照事先制定好的计划兵分两路，分别解决日军和伪军。

负责解决伪军的战友进行得很顺利。他们悄悄摸到伪军睡觉的屋子里，拉亮电灯，大吼一声：不许动！我们是八路军，缴枪不杀！伪军一个个从睡梦中醒来，哆嗦着举起双手。负责解决日军的战友则遇到了麻烦，他们走到鬼子睡觉的屋外时，被鬼子发现了。他们喊话让鬼子投降，却遭到了鬼子猛烈射击，只好向屋里猛投一阵手榴弹，把鬼子炸得死的死伤的伤。这场战斗我们仅以一人轻伤的代价，缴获了步枪100余支、手枪5支、轻机枪3挺、子弹万余发，大大改善了我们的装备。①

数万人的抗日联军士气很高，但成分复杂，有些不是共产党直接领导或完全掌握的武装力量，缺乏正规化训练和纪律整饬，在与武装到牙齿的日军作战时很容易被击散。这其中还有少数打着抗日旗号不抗日、专门骚扰百姓的武装。即使是共产党直接领导的队伍，也存在军事基础薄弱、缺乏实战磨炼、军政干部少等问题，与中共中央、八路军总部的最初设想有出入。最理想的情况是第4纵队派出大批高素质干部协助抗日联军和地方政府，抗日联军适时地转入八路军，接受正规化训练管理。

从刘少奇接连发出的两份电报，便可知八路军干部对于抗日联军的重要性。他先于1938年8月6日电示中共河北省委书记马辉之，要求"通知东南各游击队直接派人去找宋、邓联络。宋、邓亦派人到东南与各游击队联络。你们所需要军事干部，亦由宋、邓派出"。8月15日，他致电八路军晋察冀军区并转八路军总部聂荣臻、彭真：敌人现已开始向冀东进攻，望速令宋时轮、邓华派一个营以上兵力，并带干部去配合冀东游击队，否则很

---

① 《解放军报》，2005年8月16日。

难坚持下去。①

然而，日、伪军就是要趁着起义队伍立足未稳而除之。青纱帐屏障作用即将消失，敌人将发起大"扫荡"，第4纵队和起义队伍面临严重危机。冀东是敌人心腹地区，是势所必争的地方，在八路军和抗日联军活动区域周围，敌人已开始设置封锁线，积极准备大进攻。

9月中旬，第4纵队召开党委会，重点研究两个问题：一是暴动武装的组织整训问题，二是青纱帐倒了后部队怎么办的问题。占主导地位的意见是回平西，但不是全部西撤。少数同志认为，主力有条件也应在冀东坚持下来，并且也能够在冀东创建巩固的根据地。会议决定，第4纵队留下3个游击支队坚持游击战争，各路抗日联军去平西整训的人数由各路决定。邓华综合党委会议意见，于9月19日请示晋察冀军区，指出：主力转到白河以西，在军区领导之下，进行部队休息、整理、训练，明年再来，较为有利。还提出"按现状坚持下去是很困难。并请速复示，以便遵行"。他还表示只有在总部同意后方可行动。河北省委和冀东地下党的同志认为，对平原地区能否坚持游击战，如何坚持游击战，缺乏信心，也没经验。地下党的同志们不愿意撤，但也讲不出道理，所以最后还是决定撤离。②

9月26日，中共中央在给聂荣臻并转宋时轮、邓华及中共冀东特委的电报中提出，在冀东坚持游击战争有诸多有利条件，创建冀热察边区根据地是有可能的，这其实是对"西撤"意见的否定。同时，就努力克服困难、整顿队伍、加强团结等做出指示。电报指出：

> 甲、在全国坚持抗战有利形势与华北普遍的游击战争，加以八路军远近距离的配合，有广大群众的拥护，有雾灵山、燕山、五龙山③东西千余里之大山脉便于回旋，冀东地方党有相当基础。

---

① 中共中央党史和文献研究院编：《刘少奇年谱》（第一卷），中央文献出版社2018年版，第255页。

② 中共中央党史资料征集委员会、中共中央党史研究室编：《中共党史资料》（第18辑），中共党史出版社1986年版，第93页。

③ 五龙山，疑指"五指山"，位于河北兴隆县东部。

根据以上各种条件，创造冀热察边区根据地，创造相当大的军队，是有可能的。但环境是严重的，工作是困难的，必须以高度的布尔什维克的精神克服斗争中的一切困难，坚持统一战线的原则，建立坚持持久抗战的信心，克服起义的新军中不可免的复杂的严重现象。

乙、利用敌人主力进攻武汉及平汉路、同蒲路间的空间，争取时间用一切努力整顿军队。首先建立政治制度，建立党，严肃纪律，密切军队与人民的关系，但不应放弃必要的军事教育与游击动作的教育。

丙、在部队中居民中开展反汉奸的斗争，揭发一切挑拨离间破坏团结的阴谋，防止奸细打入军队进行破坏工作，并须有计划地有耐心地清洗部队中极坏的分子。

丁、在整顿队伍与创建根据地的工作上，必须要有计划与工作中心。我们认为目前主要的力量在白河以东之密云、平谷、蓟县、兴隆、遵化，以部分力量在白河以西创造根据地。在整顿军队方面，目前应注意培养基干兵团与基干游击队，使之成为战斗的纪律的模范，成为领导斗争的核心。

戊、密切军队与地方党的关系，加强党内团结，并由宋邓统一冀东各军指挥。办各级军事政治短期训练班，轮流训练干部。①

邓华立即和李运昌、胡锡奎等人在迁安县新庄子村开会，决定按照中央指示，坚持冀热边抗战，建设以冀东为中心的冀热边抗日根据地。10月1日，刘少奇电示马辉之："冀东同志应坚持游击战争，并进行创立根据地。目前中心工作是建立基干的部队，提高部队纪律与战斗力，恢复秩序。"②"李运昌等部队，如果可能的话，以改变成八路军为好。""我们正考虑

---

① 《毛泽东军事文集》编写组编：《毛泽东军事文集》（第二卷），军事科学出版社、中央文献出版社1993年版，第365—366页。

② 中共中央党史和文献研究院编：《刘少奇年谱》（第一卷），中央文献出版社2018年版，第264页。

加派部队负责人到冀东，但最快亦须一二个月以后才能实现。请你们无论如何坚持下去。"8日，八路军总部和中共中央北方局来电明确，只有万不得已之时，方可率主力向白河以西转移。[1]10月上旬，八路军第4纵队、河北省委、冀热边特委、抗日联军主要负责同志在九间房召开会议，多数人认为已经到了"万不得已之时"，决定西撤，只留下第4纵队苏梅、陈群、包森、单德贵、赵立业等同志，组成3个支队在冀东坚持游击战争。地方上只留周文彬一个主要干部任地委书记，负责地方工作。

随之，数万大军踏上了西撤之路。队伍拉成了一字长蛇阵，队首进至潮白河后，队尾还在原地。有时一昼夜仅行军10余里，后面的部队连吃都成问题。指战员们又冷又饿，他们大多都是刚刚放下农具的农民，远离家乡，心理出现波动，脱队现象越来越严重。面对敌人截击，伤亡也不断增大。10月10日，抗日联军高志远部副司令陈宇寰在蓟县马伸桥北老山头与敌激战，壮烈牺牲。10月15日，抗日联军副司令兼第一路司令洪麟阁在马伸桥台头村战斗中壮烈牺牲。第14总队政治主任吴少舟（共产党员）、第15总队总队长曾生远等指挥员也先后牺牲。

在第4纵队和高志远部等先头部队突破封锁线后，日、伪军加强了封锁。牺牲和离队人数不断上升，有时一夜跑散6000人。李运昌、李楚离两路大军仅剩6000余人，如继续西进，很可能全军覆没。抗日联军领导人经过一昼夜激烈争论，决定停止西进，由李运昌率部经北路返回丰滦迁地区，李楚离率部走南路返回丰润地区。此时，敌人已加强冀东防务，反动势力死灰复燃，汉奸横行，伙会猖獗，土匪蜂起。原国民党部队、参加过大暴动的忠义救国军第7、第9路军，除溃散的外，全都投降了日本人，被编为伪军、伪警察或成了地主联庄会武装。[2]日军发起了秋后大"扫荡"，返回冀东的李运昌部与日军小林部队5000余人遭遇，双方各有伤亡。为了缩小目标，决定暂时分散部队打击敌人，待机再集中。当部队撤至迁西柳沟峪村时，司令部直属部队仅剩130余人。这些人绝大部分

---

[1]　《李运昌回忆录》编写组编：《李运昌回忆录》，法律出版社2006年版，第121页。

[2]　《李运昌回忆录》编写组编：《李运昌回忆录》，法律出版社2006年版，第126页。

是共产党员。

而到达平西的抗日联军不足2000人，第4纵队也受到不小损失，仅剩4500余人。

西撤教训非常深刻，主要是把敌情估计得过于严重，怕在平原地区被敌"扫荡"损失太重，还暴露出协调不充分、主要领导干部意见不一致等问题。宋时轮、邓华、马辉之等同志为此多次做过深刻自我批评和检查。中央军委和中共中央北方局要求他们认真总结教训，以更好状态投入抗战。

虽然西撤遭受严重失利，但各级并没有就此抹杀第4纵队和抗日联军的巨大功绩。第4纵队挺进冀东，与中共冀热边特委密切配合，在敌人占领已长达5年之久、统治非常严密的情况下，领导武装起义，开创冀东根据地，打击了敌人的反动统治，鼓舞了人民的抗日热情，为冀热辽抗日根据地的创建打下了基础。11月25日，中央军委致电八路军前方总部、晋察冀军区和第4纵队领导，指出：宋、邓支队深入冀东，苦战数月，配合并促成了地方党所领导的冀东起义，建立了冀东游击区，取得了成绩。但是由于没有尽可能地保持和发展这一胜利，以致退出原地区，军队及群众武装受到相当大的损失。为了在冀热察地区坚持抗日游击战争和创造根据地，决定成立八路军冀热察挺进军，派萧克前去工作，并成立军政委员会，统一领导军队及地方党和政权工作。①

1939年11月，八路军副参谋长左权撰写《坚持华北抗战两年中之八路军》一文，肯定了第4纵队的战绩：

> 晋察冀边区则发动向平汉路北段数次大攻击，为纪念"七七"一周年，大举攻袭平西，克复昌平，直捣香山，与敌血战数昼夜，弹雨横飞北平城楼，震恐平津敌伪。同时并派遣宋邓纵队，绕道超越北平，深入冀东广大地区，收复冀东丰润、玉田、遵化等15县，吸收伪保安队纷纷反正，创造冀察热宁抗日根据地，控制长

---

① 中共中央文献研究室编：《毛泽东年谱1893—1949（中卷）》（修订本），中央文献出版社1993年版，第98—99页。

城古北口等各要口，威胁热河省会承德城，引起世界各国的最大注意。①

部队西撤到达平西时，这里已成敌占区，到处都有伪政权，连斋堂都建了"维持会"，日、伪军和土匪活动非常猖獗。部队与敌频繁作战，先后收复宛平县镇边城、青白口、杜家庄、东斋堂、西斋堂等重要村镇，重新打开了局面。自挺进冀东开始，第4纵队连续行军打仗，几个月没休整，遂进行整训，发展地方工作，恢复根据地。

11月25日，毛泽东致电朱德、彭德怀、聂荣臻，再次指示一定要坚持冀东抗日游击战争，指出：冀热察地区"有许多有利条件，可能坚持游击战争，创造游击根据地。但是也有许多困难，要在长期艰苦斗争中才能达到"；并指示，"与冀东须保持联系，冀东干部如不够时，须立即派回一部工作"。②根据中央这一指示，1939年2月初在平西组建冀热察挺进军，由萧克、马辉之、伍晋南、宋时轮、邓华组成冀热察军政委员会。随后，成立由马辉之、姚依林、萧克领导的冀热察区党委。不久又成立冀东军分区和冀热察区党委冀东分委，李运昌任军分区司令员，李楚离任冀东分委书记。在新机构领导下，冀东工作逐步恢复发展，游击战争火焰重燃。据时任挺进军政治部宣传部部长罗立斌回忆，他到一个连队参加班讨论会，战士们发言很热烈：

> 有人说，我们从冀东都山那里回师走得太急了，老百姓都以为我们出发打一仗还要回去，谁知道……其实，说到底，敌人更害怕我们，听说有些地方部队走了几天，汉奸伪军们还不敢进村子呢！
>
> 有人说，冀东老百姓实在好，碗里、锅里、家里、地里，有

---

① 军事科学院《左权军事文选》编辑组编：《左权军事文选》，军事科学出版社2005年版，第353页。

② 中共北京市委党史研究室编：《北京地区抗日运动史料汇编》（第五辑），中国文史出版社1992年版，第21—22页。

什么好吃的都先让着我们……我看,青纱帐一起,大部队还要过去……有个新战士说,平西汉奸、土匪还相当多,老百姓没有很好地发动、组织,有的人还怕地方干部,有的人也不敢讲真话。依我看,部队恐怕一时走不了。平西物质条件虽然艰苦,但是地形好,防御和休整都是好地方。

也有的老战士说,今年可不能再像去年那样,在平西脚跟没站稳就通通走了,害得队伍回来没有地方住,没有粮食吃,连睡觉也不踏实。我看,这回得好好分分工,有人去冀东开展,有人留平西坚持。打倒日本鬼子的时间还长着呢,不能只顾一头……①

战士们的顾虑不无道理,他们讨论的问题,其实早已在萧克等挺进军领导层的考虑之中。冀东大暴动表明,创造新根据地不可能一蹴而就,不能"抓一把就走",而要着眼于在激烈的斗争中站稳脚跟。第4纵队挺进冀东以来,主力未受明显损失。而抗日联军除了带到平西的外,剩下的分散潜伏在冀东各地的乡村之中,只要重新组织、集中,还是可以成军的。当然,经过大暴动,敌人对冀东的抗日力量更加注意,加大了"扫荡"力度和政治攻势,而广大群众因为部队西撤难免会有失败情绪,这给再次发动群众带来了很多困难。如何坚持冀东游击战争,开辟抗日游击根据地,成为摆在冀热察挺进军和区委领导层面前的首要难题。

四、"三把尖刀"

第4纵队西撤时留下3个游击支队,每个支队200人左右,全部分散在冀东地区东部、中部、西部进行游击活动,它们像"三把尖刀",刺向冀东日、伪军的心脏。而率部东返的李运昌在1938年底也重新集合1400余人,

---

① 罗立斌:《八路军挺进军抗战纪事——八年烽火战芦沟》,广西人民出版社1989年版,第109页。

建立了抗日联军总队和几小股游击队，与八路军3个支队配合行动，到处打炮楼、除汉奸、炸军车，并在10余个村庄建立了抗日交通站、联络点、堡垒户。群众高兴地说："八路军还在！抗日联军还在！"冀东抗日军民在斗争中壮大了队伍，锻炼了干部。随着挺进军成立，冀东游击战争又活跃了起来。

1938年10月—1939年6月，日、伪军对冀东游击区连续进行了5次围攻、"扫荡"。敌人疯狂报复，凡是参加过大暴动的，尤其是共产党员与积极分子，发现便枪杀或活埋。敌人还暗杀八路军部队的指挥员。八路军第1支队政治委员苏梅遭3次暗杀，幸亏都被及时发现。

八路军3个支队充分发挥了骨干作用。第1游击支队，支队长陈群、政治委员苏梅，活动于丰润、迁安、遵化一带。1938年冬的遵化茅山战斗中，该支队被千余名日军分割包围，日军出动了飞机狂轰滥炸。指战员们沉着应战，利用有利地形，击毙日军100余名，最后突出重围。1939年7月，第1游击支队和抗日联军主动出击，消灭了不少敌人。8月，攻克滦县下五岭伪军据点，俘敌70余名。与此前后，周文彬、高敬之等率抗日联军第5总队等部，在几小股游击队的配合下，在滦县地区与敌作战多次，并攻克曾家湾据点，击毙伪军37人，不久发展至千余人。

包森率领的八路军第2游击支队，主要活动于长城内外的遵化北部、兴隆南部和迁西县境内。其有200余人，下辖2个大队。通过动员群众入伍，

冀东大暴动基础上发展壮大的冀东子弟兵

收编国民党忠义救国军第9路军一部，吸收失散游击队员，至1939年春发展至800人左右，编为4个总队。从1938年冬至1939年春，包森率部与敌作战数十次，凡进攻性战斗他都亲自指挥，先后攻克澽河桥、堡子店、东新庄等近10个敌据点，歼灭日、伪军数百人，缴枪数百支。

包森三打东新庄，是冀东妇孺皆知的抗日故事。1939年3月，包森仅带17名战士，在内线配合下，轻松使东新庄80余名伪军缴械投降。6个月后的一个夜晚，包森率部发起奇袭，击毙日军17人，俘伪军70余名。1940年初，该据点出动60余名伪军去遵化领给养。包森率部设伏于洪水川一带，将这伙伪军全部生擒，说服他们抗日。当夜，三打东新庄据点，动员部分伪军家属和群众来喊话，终使据点内的伪军反正。李运昌曾评价说："八路军第2支队的富有创造性的游击战术和战斗作风，对开展冀东抗日游击战争，提供了宝贵的经验。"①

包森支队还于4月26日活捉遵化县宪兵司令赤本（一说为日本天皇裕仁表弟，另一说为池本信次郎）。1939年3月初，包森的勤务员王振锡回家休养时被抓。赤本认为，冀东八路军差不多消灭完了，剩下的也成不了大气候，于是想劝降包森。当得知王振锡是包森的勤务员后，便安排人给他治病。王振锡将计就计，让赤本与他一道去做劝降工作。当时一些杂色武装顺风倒，这也让赤本放松了警惕。王振锡说人多容易"打草惊蛇"，赤本和翻译于是就穿上长袍大褂，扮成商人前往。3人走到严家沟附近一个提坝下，正好遇上特务连侦察员孙永胜等人，于是众人一起抓了赤本和翻译，翻译说出了他的军衔和身份。一行人天快黑时到了马蹄峪北面的柳树沟子，赤本不吃东西，还把一名战士踢出老远。王振锡担心敌人很快追上来，找出一把斧子结果了赤本。敌宪兵司令被活捉的消息很快传遍冀东。日本人提出和八路军做交易换人。侦察员带回一大包信，有一个2尺来长的信封上写着："呈包司令官"，信中让包森开条件。包森让转告对方："讲条件嘛，不多！就是两条：一是让日本鬼子滚出中国去，二是叫他们投降！"日本人恼羞成怒，对遵化展开了一个月之久的疯狂"扫荡"，包森则发动群众，大

---

① 《李运昌回忆录》编写组编：《李运昌回忆录》，法律出版社2006年版，第145页。

摆迷魂阵，进行反"扫荡"。他率领27名指战员，巧妙地消灭了敌军一个警备队。①

包森之所以能够带兵连续打胜仗，除了他指挥艺术高超、指战员军政素质过硬外，还与他会做思想工作，与人民群众建立了血肉相连的军民关系密不可分。有一次，他带通信员走到一个村庄，但是外出躲避日军烧杀抢掠的群众都不在家。他和通信员便在一个群众家里生火做饭，吃完后留下了便条和饭钱。还有一次，包森和一个班的战士被日、伪军堵在了一个村子里，包森被一位老大妈藏在了自己家的大缸里。9名战士和全村群众被赶到一个大场地上，敌人让妇女出来领自家的人。不一会儿，9名战士先后被"认领"了。敌人空欢喜一场，只能悻悻而归。包森会打仗，对群众亲如家人，很多年轻人争相报名参军。至当年秋，第2支队发展至千余人。

八路军第3游击支队由单德贵和赵立业分别率领的两支小股游击队合编而成，支队长单德贵，政治委员赵立业。宋时轮向赵立业传达冀东特委命令："赵、单支队合并为第3支队，单德贵任支队长，赵立业任支队政治委员。"赵立业回部队开会传达，会开到第4天时被敌包围，转移中赵立业被敌子弹打穿膝盖。他一面养伤，一面指挥第1大队的2个中队和支队特务连巩固雾灵山根据地。他率部打下鱼子山，当地伙会交出200多支枪。第3支队很快补齐第1、第2、第3大队，并成立第4、第5大队。②4月底进入盘山地区活动，收编了这里的多支小游击队，改编了土匪队伍，先后拔除平谷县将军关、南独乐河和密云县镇罗营等敌军据点。还通过内线工作，同驻丫髻山的伪军大队长、驻平谷城内的伪军大队长和驻蓟县的伪区队长等建立联系，能及时获取情报，还可以让伪军代买一些弹药与物资。第3支队教导员李满盈带领40余名战士在密云清水河川等地打游击，先后攻克新城子、曹家路等伪警察分驻所。

抗日联军集中为1400余人后，重建了总队、大队和小股游击队。在北宁路以北，重建第3总队300余人，活动于丰润县、迁西县一带；第4总队

① 中共陕西省委党史研究室编：《陕西抗战人物纪事》，陕西人民出版社2015年版，第370页。

② 星火燎原编辑部编：《星火燎原》（丛书之十），解放军出版社1989年版，第109页。

近百人，活动于丰润县腰带山、大岭沟一带；第5总队约150人，随抗日联军司令部活动；第23总队500余人，活动于遵化县、昌黎县一带；工人大队节振国部百余人，活动于榛子镇、孟家峪一带。

1939年春，敌人发起第5次"扫荡"，集中2万余人封锁滦河以及从喜峰口至古北口的长城各口，形成大包围线（第1道）；以遵化为枢纽，集中兵力数千人，依据各县县城或者大据点，构成进攻八路军的小包围线（第2道）；在游击区域的周围村镇之间或小据点也大量增兵，形成第3道包围线。而后，分进合击对游击区发起大规模进攻。"清乡队"经常夜间包围村子，将全村人集合到一起，不在户口册里的严刑拷打或处决；或把男人集合起来，再让妇女儿童来认领，没人认领的就地处决。还化装成八路军或游击队，到村子里搜索。抗日武装化整为零，跳到外线作战，使敌"扫荡"经常扑空，伤亡5倍以上于我。[①]

同年3月，冀热察区在平西斋堂召开党代会，决定在青纱帐期间，挺进军进入冀东，发动第二次暴动。4月21日，八路军总部致电中共中央北方局、晋察冀军区和挺进军，指出全国整个战局已进入相持阶段，暂时不宜派部队深入冀东、热河，应在冀热察边区山岳地带的游击根据地建立后，再相机向冀东、热南、沽源三方面发展。6月中旬，中共中央北方局明确，八路军不再大规模挺进冀东，不再发动第二次暴动，确定"冀东的坚持与发展，主要依靠冀东的党，冀东的人民的艰苦斗争，由小股的多股的游击队发展为大的游击队，由多块小的游击根据地发展成为大块游击根据地"。此外，决定将八路军3个支队和抗日联军统编为冀热察挺进军第13支队，司令员李运昌，政治委员李楚离，副司令员包森，参谋长曾克林，政治部主任刘诚光。此外，还将多股武装力量合编为3个团。

7月，中共冀东地方分委改为中共冀热察区委冀东分委，李楚离任书记。8月，分散的抗日联军编为八路军第28团（团长丁振军）、第29团（团长阎达开）、第30团（团长苏林彦），其中第28、第30团与八路军第1、第

---

① 冀热辽人民抗日斗争史研究会编辑室编：《冀热辽人民抗日斗争·文献·回忆录》（第二辑），天津人民出版社1985年版，第28—29页。

3支队一同去平西整训。留在冀东的抗日力量主要是包森支队。9月中旬，整训部队进至平谷县鱼子山，挺进军第13支队参谋长曾克林奉命接应，觉得参加平西整训人数过多，丁振军和刘诚光率百余人回冀东丰滦迁一带坚持游击战，不久重建抗日联军第5、第9总队，又发展400余人。

曾克林与李楚离带领2000余人到达平西。同年12月，陈群、苏梅支队在平西打下门头沟煤矿，消灭伪军1个中队，接着在整训中组成冀东第一支主力部队——第12团，陈群任团长，苏梅任政治委员。①

据不完全统计，1938年11月—1939年6月，八路军3个支队与抗日联军积极与敌斗争，先后作战233次，其中主动出击105次，破坏敌控制的铁路11次，歼灭日、伪军1500余名，扩大了影响，锤炼了军地干部，为冀东抗日根据地建设打下了坚实基础。②冀东抗日军民创造了许多小块游击根据地。游击队经常活动的地区，有10余个县，内有百余万人口，设立了游动的政权机关，能够开展行政工作和司法工作，建立了抗日群众团体，受到了广大群众拥戴。③然而，他们也付出了巨大牺牲。第1支队参谋长苏甦在滦县北部反围攻战斗中牺牲；抗日联军第5总队总队长李润民和政治主任高培芝在敌酷刑下从容就义；第23总队政治主任张德民（阮务德）在滦县东安河村率部突围时中弹牺牲，牺牲前忍着剧痛毁掉随身文件；第5总队政治主任王崇实在别山镇突围时牺牲。

1939年8月，冀东区党分委举行会议，讨论建立抗日政权的问题。北宁铁路以北地区党组织负责人谷云亭在丰润县北部皈依寨进行建立村政权试点，不久在遵化东八堡、小岭瓯一带试建了两个区政权。10月，冀东第一个县级抗日民主政权丰（润）滦（县）迁（安）联合县成立，县委书记周文彬，县长卢启明。

同年秋，青纱帐倒后，日、伪军开始第6次大"扫荡"。他们修筑了密集的公路网，便于机械化部队的机动；构筑了许多新据点，将据点推进至

---

①　曾克林:《曾克林将军自述》，辽宁人民出版社1997年版，第40—41页。

②　《李运昌回忆录》编写组编:《李运昌回忆录》，法律出版社2006年版，第146页。

③　中共北京市委党史研究室编:《北京地区抗日运动史料汇编》(第五辑)，中国文史出版社1992年版，第35页。

八路军活动的中心地带，并连续"清乡"，挤压八路军的活动范围；开始实施"集家并村"，消灭处于山沟小道中的小村庄；实施粮食控制，禁止群众存储余粮，必须卖给"新民会"；收集散落民间的枪支；通过招工以及将部分村子的人迁至关外，减少八路军的潜在兵源。在冀东的敌人有5万左右，据点400余个，平均每个据点有日、伪军80余人，平均每个据点能统治周边37个村庄。敌人还注重从政治方面入手，厉行民"匪"分离工作，加紧对冀东地主阶级的诱降，散布国共摩擦谣言，大肆制造失败气氛，用小恩小惠腐蚀民众。此外，在冀东全境实施了恶毒的保甲制度，十家连保，一家发生问题时，十家连坐，造成群众间的内斗与敌视。[①]为了应对敌政治攻势，冀东党组织、八路军、抗日联军更坚定坚持抗日民族统一战线，坚持依靠群众，坚持联合抗日，更加融入人民中去。

冀东八路军拂晓渡滦河

1940年1月1日，冀东区党分委在遵化县阁老湾村召开第一次扩大会议（又称阁老湾会议），决定建立鲁家峪、盘山、腰带山3大抗日游击根据地。3个地区均靠近浅山区，以其为支撑点，可以通唐公路为轴线四面出击。向北可跨长城进热南，向东可渡滦河达滦东，向南向西可下冀东平原，进逼

---

① 姚依林：《冀东游击战争是怎样坚持的》，转引自《北京地区抗日运动史料汇编》（第五辑），中国文史出版社1992年版，第37—39页。

北宁铁路线，威胁平津唐三市。会议还决定，肃清土匪，巩固原有游击区，开辟新游击区，建立多个小块根据地，并讨论了根据地建设相关的具体问题。此外，将分散的抗日武装统编为9个游击总队，统归挺进军第13支队指挥。

根据分工，包森、李子光等率部开辟盘山根据地，并以盘山为依托，进一步开辟蓟（县）平（谷）密（云）地区。由李运昌等率部开辟以鲁家峪为中心的丰（润）玉（田）遵（化）地区。由周文彬等率部巩固和发展丰（润）滦（县）迁（安）地区。陈群率领的第1支队改编为挺进军第12团，从平西返回冀东，成为冀东大暴动后成立的第一个主力团。各级也陆续派干部来加强冀东，加上从平西整训的部队返回，为冀东开创新局面提供了骨干力量。

包森、李子光奉命开辟盘山后，带着第13团党总支书记娄平和通信班16人，于正月初六晚夜宿黄台，第二天上午10时左右，遭遇数十倍敌人来袭，在群众帮助下，侥幸全身而退。元宵节刚过，包森便将进军盘山的队伍编好，即从第1、第2总队各抽90人，通信班、侦察班约20人，共约200人。部队到达田各庄宿营时，蓟县日军守备队进行了火力侦察，并派飞机侦察轰炸。包森果断率部改变路线，撤出田各庄，过果河，向东南玉田县进军。正月二十晚到达骆驼鞍，与蓟遵兴游击支队会合。娄平赋诗《上盘山》一首：

> 元宵宴罢紧西征，晓宿蓟遵界水东。
> 渔阳郡里惊膏药，验甲宫前战陆空。
> 慕掩神兵河伯渡，夜筛玉兔山王松。
> 翠屏脚下衔枪疾，遥指云遮挂月峰。[①]

包森、李子光会同蓟（县）遵（化）兴（隆）游击支队政委兼盘山八路军办事处主任王少奇，首先整顿了盘山游击队，收编了杂色游击武装，

---

① 陶江主编：《娄平纪念文集》，南开大学出版社2010年版，第240页。

加强了部队纪律性。这一带还盘踞着20余股土匪，包森率部除掉了屡教不改的匪首蒋德翠、白老八，稳定了秩序，随即建立了抗日政权和群众组织，并积极向四周扩展游击区。他们还积极争取伪军，对反动地主武装联庄会进行分化瓦解，进一步发动群众，迅速打开了局面。1940年2月下旬至4月中旬，举办了两期军政干部培训班，并建立了盘山地区八路军政治处和随营学校，为新游击区提供了军政素质优秀的干部。

以盘山游击根据地为依托，游击队频频出击，战果辉煌，在平谷、密云、蓟县、三河等地开辟了大片游击区。1940年4月15日，蓟（县）平（谷）密（云）联合县委和县政府成立。随后在平谷县以鱼子山为中心，开辟了一片游击区，设立西北办事处。6月，成立"蓟（县）玉（田）宝（坻）办事处"，还在宝坻县的宝芝麻窝、宝船窝等运河沿岸的部分村庄开辟出一片隐蔽游击区。7月，日军武岛骑兵中队来袭，这支日军全是老兵，参加过南京大屠杀，到冀中后还剩78人。7月28日，包森、曾克林所部与第12团一部，设伏于白草洼。日军除1人重伤，1人战斗前回去报信外，76人被击毙，给冀东日军造成极大震撼。报信的日本兵叫冢越正南，后来曾于1991年5月到包森墓前跪拜，并题写挽联：惊弓之鸟，漏网之鱼；不死之人，拜谒包森。此战之后，包森兼任第13团团长。

阁老湾会议后，李运昌率部进入鲁家峪。这里是丰润、玉田、遵化3县接壤地带，幅员近30平方公里，中心村有400多户人家，另有东峪、西峪、北峪、自然村和一些分散的小山村，号称"九沟十八峪"，群山绵亘，森林覆盖，沟谷纵横，是开辟根据地的理想之地。李运昌率部打土匪，积极开展统一战线工作，恢复党的组织和村政权，很快出现"家家是哨所，人人是哨兵"的新局面。他们继续向西、向北发展，开辟了两大片游击区。1940年1—2月，相继建立遵化县抗日政府和丰（润）玉（田）遵（化）联合县办事处。3月，办事处升级为县政府，同时建立联合县委。同年2月，建立迁（安）遵（化）兴（隆）联合县政府，下辖4个区。同时建立县抗日游击大队。随后，弹药厂、被服厂、卫生所等均迁于此。

腰带山游击根据地是冀东大暴动的中心区，第4纵队第1支队和抗日联军余部始终坚持在这一带活动，并于1939年10月建立了丰（润）滦（县）

迁（安）联合县委和县政府。阁老湾会议后，周文彬、刘诚光、丁振军率第5、第9总队进入该地区，与挺进军第12团会合，首先解决了胡作非为的高奎武部，随即派出一支游击队深入迁西马蹄峪、团头岗一带，除奸灭匪，袭击据点，处决了破坏抗战的恶霸地主侯老七。在杨店子一带铲除了土匪郭满，为民除了大害。[①]百姓听说后兴高采烈，有的村庄连夜唱起了皮影戏。接着，派出游击队和地方干部向周边发展，开辟出许多块隐蔽的抗日游击区。

八路军和抗日联军在盘山、鲁家峪、丰滦迁一带站住脚后，开始将一些日伪政权变成两面政权，使其暗中为我军办事。就这样，神不知鬼不觉地将革命力量扩至敌占区，将分散的游击根据地连成一片。

1940年12月，冀东区党分委召开盘山会议，总结了两年来开展游击战争的经验教训，就政权建设、部队发展、群众工作等做出了一系列决定，自此，冀东抗日根据地建设步入正轨。姚依林在其撰写的《冀东游击战争是怎样坚持的》一文中，对冀东游击战争做出了中肯评价：

> 在这一年半的艰苦斗争中，冀东的共产党与冀东人民，付出了巨大的牺牲的代价。在敌人六次围攻中，许多优秀的战士和干部牺牲于敌人的打击之下；在秘密工作中，在敌人统治比较巩固的村镇中间，在铁道、公路沿线，许多英勇的志士被逮捕，被屠杀。他们用满腔的热血换来冀东游击战争的坚持与发展。在一年半的斗争中，战斗共计二百余次。在这二百多次战斗中，我们取得胜利的在三分之二以上。这里面，有许多有重大意义的光荣战斗。[②]

1940年底，冀东根据地人口达120万余人，7个县共辖3000余个行政村，主力部队达4000余人，地方武装2000余人，民兵组织发展至4万余人，形成了主力部队、地方武装、民兵三个层次的武装力量体系。

---

① 中国中共党史人物研究会编：《中共党史人物传》（第21卷），中国人民大学出版社2017年版，第119页。

② 《李运昌回忆录》编写组：《李运昌回忆录》，法律出版社2006年版，第34页。

五、痛打伪治安军

1941年1月16日，日军大本营陆军部制订《对华长期作战指导计划》，规定"以维持治安、肃正占领区为主，不要进行大规模进攻作战。必要时可发动速战速决的奇袭战，但以返回原驻地、不扩大占领区为原则"。其对国民党继续实行以政治诱降为主、军事打击为辅的政策，更强调以打击共产党及其领导下的抗日武装为主。中共中央北方局和八路军总部于1941年1月6日、2月26日分别发出指示，要求广泛开展交通破袭战，打破敌军的分割封锁，做好反"扫荡"准备；大力开展政治攻势，争取瓦解日、伪军，削弱敌力量；利用战斗间隙加紧整训，提高战斗力；全面加强根据地建设，大力发展地方武装，以利于坚持华北抗战。[1]

冀东抗日力量的壮大和根据地的发展，引起了日本侵略者的严重不安。其继1940年发起连续大"扫荡"后，于1941年对冀东根据地实行总力战。日本华北方面军推行的"肃正作战"，首先就是从进攻冀东抗日游击根据地开始，而且一直将冀东作为进攻的重点之一。1941年1月，日军第27师团一部和伪军3000余人"扫荡"鲁家峪，将九沟十八峪洗劫一空，烧毁民房共2354间，烧死

冀东八路军在开讨论会

---

[1] 军事科学院军事历史研究部编著:《中国人民解放军战史第二卷·抗日战争时期》，军事科学出版社1987年版，第275页。

群众9人。1月15日，冀东区党分委发布"大破袭"动员令，至2月，全区军民进行了8万余人次的破袭战，使北宁、平承路及其他许多公路交通、通信一度瘫痪。

2月12日上午，日、伪军千余人从南、西两面夹击鲁家峪。第12团1个排坚守大刃山，始终未被攻破防线。第13团第3营与敌在堡子山激战一天。鲁家峪群众在枪林弹雨中将面饼和开水送到战士手中，还参与抢救和转运伤员，极大地鼓舞了士气。两处共毙伤日、伪军200余人。

2月14日，日、伪军千余人"扫荡"鲁家峪大庄，将没来得及转移的村民赶到干河沟里，扒光村民看有无伤疤。很多人被冻僵倒下。日、伪军烧死群众9人，打伤和烧伤、冻伤近40人，烧毁房屋1951间，粮食、衣物和生产工具等除被抢走的外均被烧毁。7月16日，驻遵化县王各庄的日军中队长南木和伪警备队大队长王熙武带数百人包围鲁家峪，将村民30余名赶往大庙，关起门窗后往里施放毒瓦斯，村民刘绪顺被当场毒死，20多人被毒气熏昏。7月19日，日、伪军得知武装班长高万盛脸上有麻子，由中队长佐佐木带领150余人到鲁家峪大庄村抓脸上有麻子的村民。日军用火烧高万盛，逼他带路找八路军，他故意把敌带至一个无人山洞。敌人恼羞成怒，将他和另外7人枪杀。从1941年到1942年，敌人对鲁家峪进行了5次大规模"扫荡"，残杀225人，烧毁房屋3900余间。

敌人对潘家峪根据地也下了毒手。潘家峪位于丰润县城东北60余里的腰带山东麓，冀东第一个简易修械所就在这里建起，曾试制出"土手榴弹""柳木炮"。群众在山沟里挖了200余个隐蔽洞，便于坚壁清野。冀东军分区一些重要机关、兵工厂、印刷厂等都先后建于此。第12团指战员时常在此休整。从1939年起至1941年初，敌人对潘家峪攻击130余次。日军越来越狡猾，从1940年底开始散播谣言，说"鬼子开拔了"，骗群众回家过年，还让住在唐山的大地主潘惠林给他的胞弟写信，说日本人答应不再"扫荡"，叫乡亲们放心过年。群众试探着陆续回家。谁知日军从周围16个据点调集3000余名日军、2000余名伪军，逼近潘家峪。

1941年1月25日凌晨，敌人将村子围了个水泄不通。天亮后，挨家挨户搜查了3次，他们把1300余名群众赶到大坑里，走不动的被直接刺死。

1941年1月，日军在冀东丰润县潘家峪制造大惨案，
这是烧毁的村庄和烧焦的尸体

日军顾问佐佐木二郎大声训话，让村民交出八路军。有青年想往外跑，直接被枪杀。日军将潘家大院布置好后，将人们赶到院子里。400余平方米的院里铺满了柴草松枝，浇了煤油，门口和院墙上架满了机枪。群众看穿了敌人的诡计，向门口拥去，敌疯狂扫射，投下集束手榴弹，点着了火。之后到村里进行第4次搜查，隐藏在南山坡的32个群众被枪杀。很多小孩被日军残忍地摔死、劈死，4个孕妇腹内的胎儿被日军用刺刀挑出。从上午烧杀到黄昏，共有1230人遇难，96人受伤，1300余间房屋被烧。幸存的20多个青年，组织起了"潘家峪复仇团"。5天后，第12团第2营设伏于菜园庄，将一车参加屠杀的日军消灭。①

　　面对日、伪军的疯狂暴行，根据地广大抗日军民群情激愤。3月4日，冀东东部地委召开扩大会议，部署春季反"扫荡"和青纱帐期间的对敌斗争，强调利用青纱帐前期建立好隐蔽区，在青纱帐期间要积极消灭敌人，壮大自己，扩大根据地。同月15日，冀热察区党委发出指示，指出冀东发展不平衡，要更广泛地发动群众性抗日游击战争，巩固根据地。冀东区党

---

　　① 　冀热辽人民抗日斗争史研究会编辑室编：《冀热辽人民抗日斗争·文献·回忆录》（第二辑），天津人民出版社1985年版，第246页。

分委于5月初再次发出"大破袭"动员令，要求广大军民破坏敌交通、通信。军分区主力部队作战200余次，地方武装作战30余次，先后攻克双洞子、快活林、马兰庄、别山等据点，再次破坏了敌人刚修复的公路和电话线。抗日军民的地雷战与破袭战相配合，炸得敌人不敢轻易出动。各根据地的群众还采用灵活多样的斗争方式支持抗日。丰滦迁联合县各村组织了锣鼓队、呼号队，抗日军民实施破袭时，各村锣鼓齐鸣、呼号震天，对敌形成巨大心理震慑。丰玉宁地区组织了火枪队，配合主力部队作战。妇救会、儿童团也积极参加抗日活动，经常到据点周围唱革命歌曲，瓦解伪军斗志。至1941年4月，冀东武装力量已发展至7369人，其中主力部队4169人，县、区游击队3200人，比1940年秋增长近1倍。武装报国队发展至4万余人、拥有步枪1万余支。游击根据地人口发展至180万，比上一年增长了约70万。①

5月1日，第12、第13团各一部，在地方武装配合下，在玉田县渠梁河一线设伏，击毙日军南木铁雄大佐以下150余人、伤200余人，缴获轻机枪4挺、长短枪200余支，给敌人造成沉重打击。同日，日本关东军给其西南部防卫司令官发令："为了呼应日本华北方面军的冀东肃正作战，自5月24日开始，指挥所属部队和满洲国军警，扫灭热河及冀察地区的八路军，以确立恒久的治安。"据此，5月25日前，日军完成了兵力部署，对冀东抗日游击根据地形成合围。之后，日军到处制造兵力不够的假象，让汉奸散播日军要调走的消息，在通县通往唐山的路上用汽车拉着假人来来往往，故意丢下一两个让群众看。还派出汉奸特务混入根据地，实施情报搜集、破坏等任务。

参加此次"扫荡"的有日军第27师团、独立混成第15旅团的主力，关东军独立守备步兵旅第1、第7、第9、第16、第27大队共3万余人，加上伪军3万余人，总兵力有6万人之多，妄图一举摧毁冀东游击根据地和消灭冀东八路军。

当时，八路军第12、第13团正分散在各地活动，后集结于蓟县南部和玉田一带。5月30日，第12团奉命南下破坏北宁路，相机返回迁遵兴地区，

---

① 《李运昌回忆录》编写组编：《李运昌回忆录》，法律出版社2006年版，第178页。

以袭扰敌之后路。然而，敌人凭借优势装备，迅速收缩包围圈，八路军第12团未能越过北宁线。6月1日，第13团第1、第3营先后与敌交火，以20余人伤亡的代价，毙伤敌200余人，炸毁汽车4辆。2日凌晨，军分区直属队和第13团第2、第3营分别与敌展开激战。日军用90余辆汽车运来3000余日军增援，使用燃烧弹、毒气弹，激战至中午，天降暴雨，日军停止进攻。此战毙伤日军300余人，第13团分散突围，其中一部几近弹尽粮绝，不得已"插枪潜伏"，将机枪、步枪全部埋藏，但后来枪支被敌人起获。

日军于6月2日将玉田县孟四庄包围，挺进军第12团团长陈群带领警卫员在隐蔽处用望远镜观察日军动向。突然，日军用掷弹筒射来两发炮弹，陈群腹部受重伤，两名警卫员当场牺牲。第12团火速转移到玉田县黄家铺村，陈群被抬到村民家中抢救，终因伤势过重不幸牺牲。第12团遂以营为单位分散行动。6月6日，团政治处主任曾辉率团直属队、第3营和青英部队（丰玉遵基干队），在丰润县于前庄与2000余名日军激战终日，歼灭日军300余人，第12团牺牲47人，青英部队牺牲139人。第2营和特务连被2000余名日军围困于河夹溜村，以伤亡60余人的代价击毙日军百余人。第1营于7月3日夜晚遭4000余名日军包围于韩家庄，敌人光汽车就来了二三百辆，最终以牺牲营长以下200余人的代价毙伤日军200余人。在一个多月的反"扫荡"中，冀东八路军英勇作战，给敌人造成重大伤亡。但是，冀东抗日武装损失也很大，八路军先后减员千余人，其中牺牲400余人，损失步枪千余支、机枪13挺。

敌人在《华北治安战》中吹嘘："方面军根据年度计划，由5月末至6月中旬之间，首先开展了冀东作战（5月29日—7月21日），继而由6月6日—7月10日间开展了冀中北部作战，收到对冀热边界地区及白洋淀附近共军彻底扫荡的成果。"还在伪政府所办报纸头版头条刊发题为"十万精兵扫荡冀东，土八路已不足为患"的消息，并让汉奸散布各种谣言，比如"冀东八路军都被打光了，只剩下18个人，正在长城上哭呢"。[①]

---

① 罗立斌:《八路军挺进军抗战纪事——八年烽火战芦沟》，广西人民出版社1989年版，第305页。

日军主力撤离冀东后，其守备部队和伪军又在基本区反复进行"清乡"，逐户搜查八路军和抗日物资。为保护八路军、游击队员和抗日物资，全区有700余名群众被杀害，800余名妇女被强奸，1000余间房屋被烧毁。正是这些无私、英勇的人民群众，才使得失散的指战员能够脱险，并集结起来。

1941年6月，中共中央北方分局致电萧克、马辉之等，指出冀东将处于长期的残酷斗争环境中：

> 两年来，开展冀热察游击战争与创造冀热察大块游击根据地的任务，基本上已经实现，这是由于正确执行了开展冀察热游击战争的方针与抓住了敌人的某些弱点与空隙。但应估计到，今后冀东与平北，特别是冀东，将处在长期的残酷的斗争环境中，冀东、平北的党应准备作独立的长期的坚持。冀东某些同志对于今后局面的过于一味乐观，会走到对我不利的结果。[①]

时任中共中央晋察冀分局书记彭真也在1941年8月17日的《对冀东、平北工作的意见》中强调：

> 由于冀东、平北党员、干部的英勇艰苦奋斗，冀东工作已获得光荣的很大的开展与成绩，证明冀东游击战争可以坚持。但因冀东、平北在战略上的重要性和相持阶段敌后整个的形势，因为工作开展的阶段在平北，冀东我们还不是优势，今后的环境仍然是异常艰苦的，绝不可能创造出像北岳区或冀中平原同样的根据地。党对冀东游击战争坚持的长期性和艰苦性应有足够估计。[②]

8月1日，冀东区党分委在遵化大张屯召开了第3次扩大会议，认真总结了6月反"扫荡"失利的教训，确立了坚持冀东和开辟热南山区的任务。

---

① 《晋察冀抗日根据地》史料丛书编审委员会、中央档案馆编：《晋察冀抗日根据地》第一册（文献选编下），中共党史资料出版社1989年版，第512页。

② 同上，第532页。

从8月10日至9月中旬，冀东抗日武装广泛出击，先后攻克一批敌据点、碉堡，歼灭日、伪军400余人，缴获轻机枪5挺、长短枪数百支、电台1部，击毁汽车7辆。抗日军民一扫低落情绪，两个主力团得到了补充，抗日政权和群众团体也得到恢复发展和巩固。9月中旬，八路军4个营及地方干部3000余人进入热南地区。经过3个月左右时间，把西起雾灵山、中经五指山、五凤楼，东至都山，南起长城，北到锦承路，有40多万人口的山区基本开辟出来，建立了中共基层党组织和区村两级的抗日民主政权，成为抗日游击根据地，与冀东基本区连成一片。

日寇经过1941年夏季"扫荡"以后，认为冀东八路军已"不足为虑"。于是，在10月底把长期驻扎在这里的日军第27师团调往天津以南，由伪治安军接防冀东。至11月底，进驻冀东的伪治安军有7个集团，共计23个团，3万余人。伪治安军占领各村庄，设据点、修公路、建碉堡，进行"清剿""剔抉"，并推行第三次"治安强化运动"。他们发动舆论宣传战，拉拢上层人士和知识分子，散播"曲线救国论"，发表"现在先剿共，将来也抗日"言论来迷惑人心。根据地内的反动分子也乘机到处造谣，说"八路军大部队已经完了"。导致基本区内的上层人士动摇，甚至不给八路军筹集粮款。冀东区党分委、军分区决定打击伪治安军，保卫根据地。

12月12日，冀东军分区司令部在傅家城召开打"治安军"战役动员大会。很快机会就来了。当获悉伪治安军第3集团第6团由迁西三屯营向遵化移防时，李运昌、包森等决心在四十里铺一线的公路两旁伏击。14日夜，第12、第13团约4个营兵力秘密进入伏击地带。15日上午10时许，敌人一半人数进入伏击圈后，八路军突然开火，敌人乱作一团。仅半小时便结束战斗，毙俘敌450人，缴获轻机枪5挺、步枪350支、弹药2.5万发，其他辎重150马车。初战告捷，振奋了人心。12月16日，包森率部攻打双城子据点，除伪营长带20余人漏网外，200余人被全歼。

1942年1月11日，日军约1个大队和大量伪军，携炮2门、重机枪2挺、轻机枪20余挺，自丰润出发。八路军第12团第1营在甄庄设伏，击毙日军10余人，俘伪军26人，缴获机枪1挺、步枪26支。当夜，第13团7个连队在包森指挥下，准备在亮甲店一线打个大伏击战。紧接着，又收到玉田县内传出的可靠情报：城中敌人正拟倾巢北犯。12日夜，八路军急行军至果河北岸之蔡老庄一线设防。13日拂晓，驻玉田伪治安军第2集团司令部及第3、第4团2000余人，在日军"教导官"督战下兵分两路而来。伪治安军第4团向八路军第4连前沿阵地进攻，被击溃后退至果河南岸对峙。包森调整部署，派兵迂回至敌身后，天刚一亮，一个冲锋就消灭了敌右后侧的200余人。敌阵势大乱，约500人向燕各庄溃逃，被八路军在村头截击缴械。另一股约300人奔上西南侧山头的憨姑寺，在日军监视下，凭借火力和地形优势，企图固守待援。八路军第3营营长耿玉辉身先士卒冲上小山，高呼"缴枪不杀"，全营指战员发起冲锋。寺内残敌已经没有了抵抗意志，遂枪毙日军教导官后投降。

下午4时许，伪治安军第2集团司令部率第3团从界山口前来支援，向燕各庄进攻，八路军第3营回头阻击。包森派第3营一个排占领二道沟南侧的制高点王四顶，居高临下夹击敌人，特务连用重机枪向敌群猛扫，敌人瞬间倒下一大片，同时也知道了其第4团已经被八路军全歼，顿时溃不成军，扔掉2门大炮和大量辎重，向西龙虎峪村东南逃遁。此战，以7个连（含预备队）千余人的兵力，全歼号称"模范治安军"的伪第4团，击溃其司令部第3团，击毙日军4人、伪军100余人，俘伪团长1人、营长2人、官兵共800余人；缴获山炮2门、迫击炮4门、重机枪4挺、轻机枪22挺、长短枪700余支、子弹10万余发、电台3部、骡马一大批，创造了消灭一个团、击溃一个团的辉煌战绩，受到晋察冀军区司令部通令嘉奖。[①]对于这一胜利，日军第27师团少将铃木启久感慨："不知怎么八路军忽然有这样的力量，把治安军打得溃不成军。"

第12团也打了个大胜仗。1942年1月20日，李运昌和第12团团长曾克林等率部进驻杨店子西一带村庄，准备攻打号称"天"字号的伪治安军第20团（约1300人）。从凌晨3时激战至晚8时，击毙日军教官1人、伪连长4人，毙伤伪军400余人，缴获轻机枪5挺、步枪200余支。次日，敌在飞机

---

① 罗立斌：《八路军挺进军抗战纪事——八年烽火战芦沟》，广西人民出版社1989年版，第310页。

和大批援军接应下溃退，仅不到300人逃回迁安县城。

1941年12月—1942年2月，打伪治安军战役历时53天，作战29次，毙伤日军中佐以下526人、伪军551人，俘伪军中校以下2189人，瓦解伪治安军士兵2000余人，缴获山炮2门、迫击炮6门、重机枪6挺、轻机枪62挺、长短枪2500支、掷弹筒25个、弹药24.7万余发，电台及步话机6部，其他军用品甚多。八路军伤亡连排干部10余人，伤亡战士347人。经过这场战役，冀东八路军总兵力由战役前的4000余人增至7000余人，主力团、游击队、民兵装备得到很大改善，军政素质和战斗力大幅提升，为坚持冀东抗战准备了很好的条件。

据娄平回忆，时任抗大第二分校第3团政治委员李中权后来逢人便讲，他中秋节后到冀东分区任政治部主任时，第13团第2连与友邻部队交接，继续护送他去冀东军分区。他看到战士列装全副最新的日式装备，头戴钢盔，威武雄壮，大为震惊，还说这是他从江西到长征、从延安到晋察冀军区，从未见过的装备最好的八路军部队，真是大开了眼界。

第五章　根据地困难时期的斗争

踪迹当年，铁蹄横践，日寇劫掠侵占。

千里无人，炊烟难觅，惟有阴森人圈。

果腹缺粮，遮羞少线，还遭酷刑摧残。

寡妇盈村，冤魂遍野，奥斯维辛结伴。

好汉万千，奋起抗战，夺得沧桑更换。[①]

——娄平

　　1941年12月8日，日本突袭美国珍珠港海军基地，紧接着又入侵美、英、荷在太平洋地区的殖民地，发动太平洋战争。与此同时，日本侵略者继续加强对中国的军事、政治压力和经济封锁，企图摧毁中国军民抗战意志，将在中国的占领区变为进行太平洋战争的后方基地。其对国民党仍以政治诱降为主，将主要力量用于敌后抗日根据地。国民党仍消极抗日，制造反共摩擦，并有军队不断投日。1942年，在日本侵略军加紧"扫荡""蚕食"和全面进攻的情况下，晋察冀边区在各个方面，尤其是在经济生活方面也进入了前所未有的困难时期。日本侵略者对晋察冀边区发动第4、第5次"治安强化运动"，继续大规模"扫荡"，并推行"集家并村"，建立"人圈"，广造"无人区"，其野蛮、残酷程度前所未闻。平郊广大抗日军区齐心协力，共同度过了最困难的阶段。

---

　　① 这是原冀东八路军第13团党总支书记娄平于1988年8月写的《浑不似·伴中权重游黄崖关有感》一诗的后半部分。

一、反"扫荡"

　　1942年是平郊抗日根据地最困难的一年，敌人反复对平西、平北、冀东进行合围"扫荡"，比1941年秋季大"扫荡"更残酷，使各区面积缩小，制造了大片"无人区"。敌人所到之处，大批抗日军民被杀，房屋被付之一炬，农具和青苗被毁，牲畜被抢掠一空，大量青壮年被掳走。这一年又遭罕见旱灾，军民生活极为困苦。聂荣臻让军区发训令，部队不准在村庄附近摘树叶。群众不想让八路军挨饿，请他收回成命。他向群众解释部队纪律，说正想办法解决，群众才散去。部队严格遵守训令，宁饿肚子也不与群众争剥树皮捋树叶。

　　晋察冀军区及时发出号令，要抓紧反"扫荡"斗争，同时动员和组织干部战士，利用战斗间隙帮助群众重整家园，抢种抢收，节衣缩食。1942年2月，冀热察挺进军和冀热察区党委撤销，平西、平北地区归北岳区（次年冬后，平北又归冀察区），改称第11、第12地委，冀东改称第13地委。相应成立3个军分区，统归晋察冀军区和中央分局领导。平西下辖房涞涿、昌宛、涞水、蔚县4个县，主力部队为第7、第9团。此时的平西根据地大幅缩减，东西不过百里，南北不过七八十里。

　　日军对平西"扫荡"，从最初烧党政军机关驻地到后来见房就烧，用施放毒气、火烧、放狼狗咬、水煮、活埋、轮奸致死等令人发指的手段，杀害大批军民。为应对日军"扫荡"，平西抗日武装向西北（宣化、蔚县、涿鹿、阳原）、岭北（分水岭以北的永定河、桑干河沿岸）发展，分散为多个小部队，向敌后之敌后进军。武工队也很快打开局面，他们配合主力宣传教育、锄奸、破坏交通和通信、改造伪政权、护送干部和进步青年，寻机歼敌，给敌以重大创伤。

　　当年春，平西根据地修械所和手榴弹厂合并，驻在三坡松口村，生产手榴弹和地雷保证平西部队所需，并支援平北。每逢"扫荡"，工厂就挑选精干力量保厂护村，与民兵埋设地雷、打游击。几个汉奸探子在村边踩中地雷，吓得跑回去向日军说道路不通。在此前后，日军调集房山、良乡等地日、伪军千余人，"扫荡"房涞涿县政府所在地十渡，民兵在日军返回道路上埋了地雷，使敌不敢冒进。敌人在十渡村北山梁遭第9团阻击，丢下数十具尸体后狼狈逃走。3月，平西游击队第3总队摧毁了栾庄子、胥家窑2个伪大乡政权。6月，昌宛县大队设伏于林子台，用地雷炸毁日军2辆汽车，毙伤敌30余人。7月25日，第7团攻打石门据点，毙敌20余人，俘80余人，缴获轻机枪1挺、步枪60余支。到了8月，矾桑公路以南成为抗日根据地，以北部分地区成为游击区。同年秋，宛平四区武工队带领1个连民兵，割断日军大安山至红煤厂、下清水至西斋堂电话线，带回电话线3000斤，使敌人通信经常中断。

8月，晋察冀中央局和军区重新任命了平西地区领导班子，地委书记刘道生，军分区司令员黄寿发，政治委员刘道生（兼），下辖第7、第9团和1个总队、1个独立营，辖房涞涿、昌宛、涞水、蔚县和昌宛县工委。经过敌人疯狂"扫荡"和封锁，每个县都只剩一小块根据地，而且都是山区，地委和军区驻在涞水县的几个大山沟里，粮食供应非常困难，平均每人每天吃不上半斤玉米，穿的几乎全靠军区和边区政府支援。刘道生回忆刚到平西时的情形，写道：

> 我们先到了平西地委机关，分区司政机关则在更深的山沟里，我们立即听到的，都是受敌人的威胁和物质生活的困难。我们的根据地直径只有60里，敌人来"扫荡"，不到半天就到我们领导机关驻地了。敌人的飞机在北平驻有一个大队，他们以平北根据地作为训练地域，每天拂晓便来轰炸。在物质生活方面，经常是吃不饱，山药还没有成熟，就挖出来吃，经常是黑豆，吃得腹胀，便秘，总之是苦不堪言。[1]

据时任北岳区党委宣传部部长张明远回忆，敌对平西最长的一次"扫

---

[1]　刘道生：《刘道生回忆录》，海潮出版社1992年版，第104页。

荡"是1942年秋季大"扫荡",每次"扫荡"都实行"三光"政策,烧得片瓦不留,很多干部群众牺牲。在反"扫荡"转移时,地方干部随部队行动或单独行动,一些病残者隐藏于群众家里或山林,被敌发现后都惨遭杀害。日军在南苑有个飞行大队,把平西当成训练靶场,定期轰炸,良乡一带遭轰炸最多。有的航空炸弹未炸,被八路军拿来做手榴弹。①

12月12日夜,日军30余人、伪军60余人在第4"国境守备队"步兵大队长船木健次郎、驻斋堂日军小队长赖野带领下,包围了斋堂东北的王家山村。别看这个村子只有100余人,但党员就有11人,民兵10余人,8人参加八路军,是平西地区出了名的堡垒村。敌人多次袭击该村,烧毁大部分房屋,威胁群众搬进斋堂据点,但没有一人搬走。这一次,敌人进村后,将未及时转移的48名群众赶到空地,威逼他们说出八路军去向和粮食下落。见无人回答,便把群众赶进两间屋,用滚烫玉米粥泼,孩子们被烫得大哭。丧心病狂的敌人点火将42名群众烧死,其中孩子27人,最大13岁,最小刚过满月。侥幸逃出6人,其中一个12岁男孩于次日离开人世。中共宛平县委紧急号召全县开展杀敌复仇运动。②

12月中旬,日军从房山、琉璃河等据点纠集近千人"扫荡"十渡等村。八路军第9团在穆家口村外山坡上预先埋伏部分兵力,居高临下,猛击刚过拒马河的日军,日军丢下数十具尸体跑回千河口。次日下午,八路军尖刀班突现于日军背后山峰,杀进敌群,日军腹背挨打,狼狈逃回据点。此战歼敌近百人,缴获武器甚多。

12月27日,日、伪军从宛平、房山等据点纠集2000余人向平西根据地扑来。其东路1000余人向第7团驻地曹坝岗逼近。第7团第2连负责占领松树岭,阻击敌人。天刚微亮,数百名日、伪军向山上扑来。八路军同时开火,打得敌人落荒而逃。随后敌发起猛烈炮袭,八路军指战员坚守阵地不动摇。最后,阵地上只剩李连山、王文兴、刘荣奎、宋聚奎和邢贵满5人。他们打光弹药,纵身跃下60多米高的悬崖。晋察冀军区发布通令嘉奖,号

---

① 张明远:《我的回忆》,中共党史出版社2004年版,第211—212页。
② 平西抗日斗争史编写组、中法大学校友会编委会编:《平西儿女革命回忆录(上集)》,光明日报出版社1986年版,第332页。

战后总结会

召全体指战员向5位勇士学习。

　　至1942年底，房涞涿联合县根据地已经由第2区（十渡一带）、第9区（霞云岭一带）蒲洼、堂上、十渡等数十个村庄，扩大至第7区（南尚乐、张坊一带）、第8区（圣水峪一带）100余个村庄。至1943年春季，平西抗日根据地恢复与新建了100余个村政权，新组建了怀（来）涿（鹿）、蔚（县）阳（原）、蔚（县）涿（鹿）宣（化）3个联合县政权办事机构。平西政权得到了一定恢复巩固，有了一定发展。

1943年，平西部队进入平西高棚子据点，将敌尚未筑好的碉堡彻底破坏

1943年4月中旬，日、伪军300余人向十渡进犯。八路军1个排在老帽山下一个小山头阻击敌人，掩护地方干部和群众撤离。战至最后，八路军只剩下6名战士，子弹打光后，他们抱着枪纵身跳下山崖，全部壮烈牺牲，被誉为"老帽山六壮士"。日军进到十渡村后，烧毁了400多间房屋。5—6月，日军再次"扫荡"平西，但其已处于强弩之末，以惨败告终。从此，抗日根据地得到了巩固和扩大，八路军和游击队的活动逐渐深入游击区和敌占区。

平北地区是全民族抗战最艰苦地区之一。1942年全年，日、伪军对平北"扫荡"了9个月，手段极其毒辣。他们利用各种社会关系对抗日军民诱降、逼降，在经济上严密封锁，致使根据地面积缩小1/3，丰滦密联合县由16个区减至12个，滦昌怀联合县一度停止工作，龙赤、龙崇赤、龙延怀地区被分割成许多小块地区。主力部队减员1/4，被捕杀的地方干部、群众非常多，仅丰滦密被敌杀害的就达430余人，龙赤县仅在11月的反"扫荡"中，就有45名县、区、村干部被捕。根据地生活物资严重匮乏，很多地区的保甲制度和反动组织死灰复燃。同年，李中权到冀东军分区任政治部主任，在经过平北大海坨时"甚感平北同志斗争的艰苦"①。此外，日、伪军还于1942年1月"扫荡"了龙赤地区。

2月21日，日军在八道河烧毁房屋224间；2月24日，火烧长园；同年11月，第二次火烧长园，共烧毁房屋888间。当月，延庆、怀来等地日军3000余人、伪军1000余人、汽车200余辆，分进合击以大海坨、石头堡、元通寺为中心的平北根据地和以磋沟窑、蕨菜沟为中心的龙崇赤联合县。仅纪宁堡一村，就抓走17人，抢掠猪牛200余头，房屋全部被烧毁；六七百敌人从怀柔交界至石片村，到处杀人放火；昌延县柳沟日军纠集200余人突袭果树园村，杀死7人，烧房75间，抢粮2万余斤。此外，敌1300余人向驻孤山的平北后方机关和医院发动袭击，被第10、第40团4个连在向阳村打了伏击，毙伤敌200余人。

2月27日，平北军分区发布反"扫荡"指示，要求各地实行党政军民一

---

① 李中权：《李中权征程记》，华夏出版社1995年版，第111页。

八路军掩护抗日民主政权干部过封锁沟

元化领导，把反"扫荡"、反"蚕食"斗争密切结合起来，在战术上要加强侦察工作，适当处理分散与集中问题。29日，平北地委对丰滦密工作做出指示，提出"丰滦密是必须坚持的一块地区，哪怕是剩了一个村庄、一个山头也要坚持到最后胜利……在密云一带普遍地执行两面政策，不要强迫他和敌人断绝关系，并且我们尊重他在敌伪方面的地位，利用他在敌人方面的地位向敌伪疏通"。当月，平北地委对区游击队和人民武装工作做出指示，提出："广大群众性的游击战争，是武装斗争形式与其他一切斗争形式有机配合起来的群众斗争，平北过去这一点做得非常不够，主要由于区村武装建设得不够。"

5月1—28日，日、伪军调集6000余人，兵分6路向前后孤山进犯。八路军主力转至外线破交，相机打击敌人，中心区只留小部队与敌周旋。敌陷于被动，处处挨打。此役，八路军作战31次，毙伤俘日、伪军238名，缴获大量枪支和其他军用品。

6月2日，第40团在北栅子与敌200余人遭遇，经过激战，歼敌192人，缴获火炮1门、轻机枪2挺、步枪73支、子弹4000余发。第40团一部袭击龙延怀岗窑敌据点，毙伤敌40余人，俘5人，缴获步枪15支、子弹700余发。当月，第10团奉命掩护由平西去冀东的第11团干部队，被敌4000余人围追堵截，八路军毙伤敌人80余人后突围，第11团政委耿玉华等20余名指战员牺牲。

7月，敌人调集4000余人，对平北云蒙山区进行"扫荡"。八路军第10团第3营1个连和当地抗日干部、群众一起与敌"捉迷藏"，周旋了45天，敌人连个人影也没有看到便草草收兵。接着，敌人发动"平北肃正作战"，投入兵力1万余人，重点"扫荡"平北西部地区。8月7日，第40团1个连阻击敌于蚕房营村，俘日军铃木小队长等多人。8月10日，第8团团长詹大南率2个连，于五里坡与敌激战，毙伤敌宫滕少尉以下百余人。此次反"扫荡"历时2个月才结束，作战38次，突围转移14次，歼敌290余人，俘敌40余人。

1942年冬，日军发起冬季大"扫荡"，从延庆、南口、青龙桥、泰陵等地抽调日军743人、伪军3160人分区"扫荡"。以烧房、抢粮、抢牲畜为主要任务，在丰滦密烧毁村子13处；昌延烧毁村子32处，掳牛500余头、驴150余头；龙延怀烧毁村子4处，掳牛羊500余头。①

12月20日，平北八路军一部攻克怀来西北安家堡据点，并在昌平东南九渡河迎击来犯之敌，毙伤日、伪军9名，俘伪军42名，缴获轻机枪2挺、步枪47支、子弹11200余发。②

1942年全年，敌人共在平北发动大小"扫荡"32次，每次"扫荡"都在500人以上。除普遍性"扫荡"外，频繁发起奔袭奇袭。规模较大的山地、半山地袭击有龙潭沟、头道沟、臭水坑、冯家峪等17次；平地袭击有小水峪、统军庄等23次。而一路两路的袭扰可以说天天都有，经常出兵袭扰的是怀柔、密云、古北口等据点之敌。全年袭扰约1554次，严重打乱根据地秩序，增加抗日军民困难。③全年，村干部和抗日积极分子被杀430余人，被捕1100余人，烧毁房屋25580余间，群众损失粮食3630余石、牲畜2100余头。在延庆和怀来平川地带，地方工作一度难以进行，丰滦密地区大部

---

① 中共北京市委党史研究室编：《北京地区抗日运动史料汇编》（第四辑），中国文史出版社2000年版，第89页。

② 《晋察冀日报》，1943年1月8日。

③ 中共北京市委党史研究室编：《北京地区抗日运动史料汇编》（第四辑），中国文史出版社2000年版，第114页。

分村政权遭到破坏、变质。斗争虽然如此艰苦，但保持了基本的有生力量和几小块比较巩固的游击根据地，这是后续斗争中赖以恢复发展和取得胜利的基础。①

　　冀东打伪治安军战役后，日军华北方面军司令官冈村宁次惊呼"对冀东应有再认识"，令第27师团主力重返冀东。自1942年2月上旬，冀东军分区司令部在遵化县亮子河举行军事会议决定休整部队，而后在长城沿线集中力量打伪满洲军。八路军分散布置，曾与敌发生数十次激战。至2月中旬，敌主力封锁已被八路军突破，损失甚重。②

冀东八路军回旋于万山丛中，开辟抗日根据地

　　临近春节，第13团团长包森于遵化大垫庄组织召开全团干部会，总结打伪治安军战役经验。除夕到了，全团难得过了个平和安宁的年。《救国报》上刊登了八路军总部特派记者雷烨撰写的《不要让胜利冲昏头脑》的社论："果河沿、杨店子大捷，在冀东是空前的……敌人一定不甘心，必然要报复……前车有鉴……不能忘乎所以。"包森明白文章传递的是军分区领导的声音，于是他让第3营进入山区休整，自己率特务连和第1营到遵化北

_____

　　① 平北抗日斗争史调研组：《巍巍海坨山——平北人民抗日斗争纪实（一）》，1989年版，第39页。

　　② 《晋察冀日报》，1942年3月24日。

部活动。

2月17日，包森率部于遵化县西北20里的野户山活动时与日、伪军遭遇，在用望远镜观察敌情时，被埋伏在暗处的敌狙击手击中胸部。包森自知伤重，下令由第1营营长接替指挥。战士背着他来到战场东侧小山头马武坟时，他已牺牲，时年31岁。日军宣传机构做了"包森司令长官战死"的报告，华北方面军几个兵团的宣传口径都与此一致。延安《解放日报》社论称，"他的赫赫战功与英雄精神将永远留在人民的记忆中"，"英名永在"。叶剑英称他为"中国的夏伯阳"。

4月1日，日军发起"冀东1号作战"，调集第27师团主力、关东军一部、伪满洲军2000余人和伪治安军17个团共5万余人，从北之长城，南之北宁路，西之古北口、密云、三河、蓟县，东之建昌营、滦县、芦台4个方向，向冀东抗日根据地大举"扫荡"。① 敌逐步压缩包围圈，进而将冀东根据地基本区分为东、西两部分，进行连续合击和分区"清剿"，逐村捕杀抗日军民。八路军大部队跳出长城以外，其中第13团以雾龙山为中心配合在平北活动的第10团破坏平热铁路、攻打据点，向西向北发展，第12团以都山为中心破坏平泉至三十家子铁路，向东向北发展，以期从东西两翼牵制，减轻基本区压力。由于对敌"扫荡"长期性、残酷性估计不足，致使内线部队和基本区遭受较大损失。4月6日，冀东军分区政治部主任兼第12团政治委员刘诚光，率政治部人员、警卫班和第2营第4连，在遵化铁厂甲山遭3000余敌合击，刘诚光指挥部队打退敌多次进攻，歼灭敌300余人，但敌众我寡，仅40余人突围成功。刘诚光与200余名指战员壮烈牺牲。第2营教导员于禾率数十名战士，砸坏枪支、烧掉文件，集体跳崖牺牲。日军指挥官第27师团步兵团团长铃木启久感叹道："共军斗志旺盛……一直战斗至全体战死为止！"

4月14日，冀东军分区发布反"扫荡"作战命令，自21日起，冀东部队向敌展开大规模出击。在热南的八路军主力发起热南战役，开辟了都山以北、平泉以南地区。4月18日，铃木启久率日军1个联队和伪治安军4000

① 谢忠厚、肖银成：《晋察冀抗日根据地史》，改革出版社1992年版，第316页。

余人"扫荡"鲁家峪，丧心病狂的日军使用火烧、施放毒气等手段，残杀八路军和群众近400人，烧毁民房无数。据铃木启久战后供认：

> 1942年4月间，师团得到"丰润北方山地有数千名八路军以王官营为中心进行活动"的情报而进行了"丰润大讨伐"。我根据第27师团长原田熊吉的命令，指挥第1和第3联队参加了此次作战。在讨伐中，我曾命令部下"必须歼灭王官营附近的八路军和彻底破坏八路军根据地"。第1联队在王官营附近包围了约100名八路军进行攻击，结果射杀了60名。王官营战斗结束后，得到"八路军在鲁家峪附近有秘密阵地"的消息，第1联队即急速到该地进行了"扫荡"，并向我报告，我即命令"要彻底的扫荡"。我并亲自到现场视察，当时"扫荡"战已基本结束，仅对坚守于一二个洞穴内的八路军继续进行攻击，我在观察掳获品后，命令田浦联队长"要彻底破坏八路军根据地"。由于我的命令，烧毁房屋约800户，并在鲁家峪攻击洞穴时，使用了毒瓦斯，杀害八路军干部、战士约100人，并将在鲁家峪附近村庄逃避的农民残杀了235人，将其中的妊妇进行剖腹，强奸妇女达100人之多。我并命令速将约50名八路军俘虏及其有关者送交县加以适当的处理。部下将往玉田县送交的俘虏杀害了5人。[1]

乘敌人对东部地区"扫荡"的时候，八路军和地方武装在广大群众支持下，伏击小股敌人，积小胜为大胜。4月25日至月底，地方武装就与敌作战20余次，毙日、伪军100余名，缴获步枪113支，炸毁桥梁2座、铁路2段、车皮4节。转移至外线的主力，先派出小部队到敌占区联络上层人士和打击坏分子，并向群众宣传共产党和八路军政策，而后再派大部队深入活动，开展工作。4月29日，冀东军分区以"纪念红五月，为死难烈士、同胞复仇"为动员令，在长城南北广泛出击。据不完全统计，从5月10日至月

---

[1] 《李运昌回忆录》编写组编：《李运昌回忆录》，法律出版社2006年版，第253页。

底，先后作战30余次，击毙日、伪军200余人，俘200余人，攻克了几个较大的据点，破坏公路10余处。

8月，第12团开始开辟滦东地区。在部队过滦东前，敌人又调集1.3万余日、伪军，对滦河西的迁安、卢龙、滦县、丰润地区进行报复性夏季"扫荡"。为粉碎"扫荡"，团长曾克林决定全团分散在丰滦迁、都山、平泉、滦河以东等地区活动。8月3日，李运昌率第11团在丰润县西部石各庄、老庄子首战丰润县出动的170余名敌人，经5小时激战，击毙日军小队长以下150余人，俘20余人。这次反"扫荡"持续到9月上旬，共作战20余次，毙伤日军300余人、伪军150余人，俘伪军400余人，缴获机枪13挺、掷弹筒9个、枪520支。冀东抗日军民坚持与敌斗争，开辟了北宁路南、滦河以东、热北等广大抗日游击区，还开辟了香武宝、宁河等隐蔽游击区。据不完全统计，至1942年底，先后新开辟2000余个村庄，抗日县政权达到11个，其中3个县跨长城内外，2个县处于伪满洲国内；冀东八路军总兵力达8100人，其中主力部队5700人。[①]

二、反"蚕食"

日军发动太平洋战争后，扬言华北是其"大东亚战争的兵站基地"，"不能彻底解决中国问题，也要确保华北"。于是，对晋察冀抗日根据地除继续"扫荡"外，还加大了"封锁"和"蚕食"力度。蚕食，顾名思义，像蚕吃桑叶一样，慢慢地吞食。"蚕食"重视多种手段连用，相比"鲸吞"，"蚕食"破坏力更大。敌人从政治、经济、文化以及加强特务活动等方面入手，变根据地、游击区为占领区。敌为配合"蚕食"，到处建据点，挖封锁沟，大力铺公路，八路军部队机动回旋地区逐步被挤压，军需物资奇缺。日军刚开始"蚕食"时，有些人比较轻视，有些人束手无策。

① 中央档案馆、中国第二历史档案馆、吉林省社会科学院合编：《日本帝国主义侵华档案资料选编——华北大"扫荡"》，中华书局1998年版，第700页。

从1940年下半年起，敌人改以"蚕食"为主，在冀东和平北、平北和平西间沿平古路、平绥路及永定河一线，平西与北岳区之间从涞源至徐水、易县一带的主要交通线上，以及在平西与第10分区之间沿平汉路两侧，构筑很多碉堡和壕沟，分割和缩小根据地。聂荣臻想到红军第5次反"围剿"时，李德等人"以堡垒对堡垒"，把红军缩到小圈子里，导致了失败。只要你打到我这里，我就钻到你后面活动，搞得你不得安宁，这样才会有出路。他指示平郊各根据地要注重发动群众，以提高八路军战斗力，发展地方武装与民兵，并强调在游击区把反"蚕食"斗争突出起来，采取军事活动与群众斗争密切结合的方针，加强对敌侦察警戒，积极防护与"反封锁"。强调要趁敌立足未稳时，坚决打击，斩断其"蚕食"嘴巴；当敌点线新建时，要袭击、围困、拔点、打援，千方百计将敌赶走。在敌占区要逐步建立精干武工队深入敌后，建立隐蔽的点，进行高度灵活的游击战争。[①]

平西抗日根据地的反"蚕食"斗争始于1940年。粉碎敌人"十路围攻"后，根据地还有宛平、房山、涞水的大部分地区与良乡、涿县、宣化、怀来、昌平等县的一部分地区，共1100余个村庄，人口约30万。然而，宛平县沟北部分村庄被"蚕食"，建立了伪政权。平西抗日武装积极作战，攻打据点，破坏交通，痛击敌人，恢复了斋堂川以北等被"蚕食"的地区。日、伪军于秋季前多次进攻根据地，但都无功而返。10月中旬，日军发起报复性"扫荡"，持续80多天。

1941年，敌人对平西疯狂"蚕食"，仅在永定河南5个区，就出动369次，烧毁房屋7556间，抢粮24702斤，抢牲口1721头，杀害区、村干部18人，抓捕干部17人。敌还横征暴敛，如斋堂附近的西胡林、火村各负担2000元，出夫都在1万个工以上。经反"蚕食"斗争，至当年年底，昌宛抗日巩固村达48个，表面应付敌人的近据点村有36个，在敌空隙新开辟能进行动员的村庄有47个。

1942年1月，聂荣臻在晋察冀分区以上干部会议上强调，敌正在加紧挖

---

① 罗立斌：《八路军挺进军抗战纪事——八年烽火战芦沟》，广西人民出版社1989年版，第273—274页。

封锁沟、筑碉堡，逐步向基本区"蚕食"压缩，步步推进；敌后空隙增大，转移至封锁线外向敌后展开活动，可能收到大的效果。会后，部分区县游击队深入敌后进行游击战争，收效显著。[①]5月，中共中央北方局与八路军总部联合指示，反"蚕食"斗争是目前华北党和军队一项紧急任务，要求主力部队要用1/3或1/2兵力，以营、连为单位，分散至边沿区开展游击活动，并充分发挥武工队作用。[②]9月，萧克在晋察冀分局和军区组织召开的党政军干部会议上提出："'蚕食'政策在军事上的表现，是系统的堡垒主义；敌人广泛地构筑沟墙堡垒，并依托这些工事逐步向我地区推进，由点线的占领逐渐扩大为面的占领。"各抗日根据地在党的领导下，以多种方式进行反"蚕食"斗争，保存了自己的力量，坚持了根据地的基本阵地。

1942年1月，良乡、宛平、房山等县伪警察联合行动，沿昌宛及房涞涿根据地边缘地带普设"封锁卡""封锁线"。平西军民英勇作战，有效反击了"蚕食"。同月，昌宛一区民兵将珠窝村岗楼烧毁。3月，平西民兵改组，而后一年里进行游击战、爆破战261次，毙伤日、伪军213人，缴获电线6028斤、粮食1780斤、炸药3350条；摧毁汽车3辆、桥26座，平沟四五十里，捣毁伪组织52个。群众由此认识转变，过去认为民兵只有农具，除了破坏交通、割电线，与打仗不沾边，现在变成"打日本，保家乡，咱们都有责任也应当，今后民兵可要积极上战场，去打仗"[③]！

4月8日，平西八路军主力一部袭击斋堂南碉堡，毙敌20余人，缴获轻机枪1挺；5月29日，攻下北峪据点；次日，在斋堂、军响埋设地雷，炸毁汽车3辆，毙伤敌40余人；6月20日，驻杜家庄、双塘涧之敌出袭，被平西主力击毙70余人。8月，敌200余人从南窖出发，向霞云岭、堂上进犯，房涞涿联合县九区游击队凭10余支旧枪击毙1人、伤5人。9月，涞源之敌百余人进犯十渡，东村民兵用手榴弹和步枪将敌打得晕头转向，再也不敢冒进。10月，民兵将地雷埋设于东斋堂的东城门根，炸死敌多人，军响、清

---

① 聂荣臻：《聂荣臻回忆录》(中)，战士出版社1983年版，第545页。

② 《中国抗日战争军事史料丛书》编审委员会编：《中国抗日战争军事史料丛书·八路军·综述》，解放军出版社2015年版，第114页。

③ 《晋察冀日报》，1943年4月11日。

水据点之敌也被地雷炸怕了。

1942年冬，第7团改变了待机单纯打大仗的思想，以连为单位分散于平西北部，采取长途奔袭、里应外合、化装智取、长期围困等手段，进行反"蚕食"斗争。如奔袭近百里，攻打妙峰山下大台据点，俘日军3人、伪军30余人，缴获步枪70余支；夜袭倒拉嘴和矾山堡间石门据点，通过架梯子，夺机枪，攻碉堡，歼灭伪军80余人，缴获轻机枪1挺、步枪30余支；攻打斋堂川据点，通过内应夜间潜入1个连，20分钟全歼守敌，俘70余人，缴获轻机枪2挺、步枪50余支。至1942年底，房涞涿联合县根据地已由数十个村庄扩至100余个村庄。平西地委决定，撤销昌宛联合县，建立昌（平）宛（平）房（山）联合县。

进入1943年，平西抗日军民在反"蚕食"斗争中取得连胜。1月13日，永定河北支队第2连连长率部在大村北五里屯设伏，待日军小队长小松文夫率30人进入伏击圈后突然开火，击毙26人、俘4人，缴获轻机枪1挺、步枪32支、手枪3支。战斗结束后，第2连故意将敌尸体置于一个容易被看到的山坡上，在四周埋设地雷，敌收尸时被地雷炸死3人。从此，小股敌人再也不敢出动，伪军则主动与八路军、游击队建立联系。很快，妙峰山据点下的上苇甸一带的伪村政权，也被改造成抗日两面政权。昌宛房民兵围困庙安梁岗楼5天5夜，埋地雷，打冷枪，用粪便污染山上水泉，使敌狼狈撤回斋堂据点。2—3月初，用同样方法逼敌人撤出5个岗楼。

3月，昌宛房联合县二区2名游击队员翻过院墙，杀死伪维持会会长张清海，同时引蛇出洞，用石头砸死了伪自卫团团长宋德福。秋季一个夜晚，房涞涿联合县九区游击队50余人，在队长隗合宽带领下，把正在抽大烟的南窑村特务大队大队长程子良抓获，押到了根据地。房涞涿联合县全面开展游击战争取得了显著效果，使敌征粮计划没有完成，扩大了根据地，给敌"蚕食"以粉碎性打击。据统计，4月、5月、6月三个月，昌宛房人民武装战斗158次，其中单独作战143次，毙伤日、伪军45人，俘12人，解放民夫80人，炸毁汽车3辆，割电线3050斤，拆毁铁轨29条，毁敌岗楼2座、桥9座，缴获其他军用品甚多。[1]

当年秋，挺进军第9团从十渡调到延安，由原第9团参谋长刘光第负责，将第9团留下的约一连人，加上平北第40团抽出的一个连，以及地方游击队抽出的一连人，组成了第16区队，活动于张坊、塔照一带。1943年平西军分区战绩突出，作战338次，毙伤日军1448人、伪军834人，俘日军26人、伪军508人，解放民夫936人，攻克据点11处，摧毁伪机关7个、碉堡48个、汽车2辆、桥8座，缴获轻机枪22挺及大量军用物资。

平北抗日根据地的反"蚕食"斗争非常艰难。1941年，敌人在平北地区加强了"蚕食"。由于根据地军民对"蚕食"认识不够，以致根据地被不断压缩。当年10月，敌人在对平北进行为期两个月的大"扫荡"期间，还开展了"蚕食"，到处张贴"优待投降条例"，反复"清乡"，采用威吓、财色引诱等方式逼抗日干部自首。同时，以反动分子和地痞流氓为骨干建立村保甲自卫团，强令群众昼夜站岗放哨，要求群众发现共产党和八路军便点火放鞭、打灯笼、敲钟，保甲自卫团则摇旗呐喊，与附近据点之敌进行合围。据时任陕北公学干部处处长的武光回忆，他受组织委派经由平西根据地前往平北地委工作时：

> 一行人到长城外接近平北第一个村子时，起初听到了狗叫，接着听到村子里响起了敲锣声，顿时，敲盆声、敲碗声、敲铁锹声、敲铁桶声……响彻山野，冲入云霄。原来这是敌人的诡计，为了对付共产党和八路军活动，要村民们一听到风吹草动，就立刻用这种方法向日本人报警。听到狗叫要是不报警，就会遭到日本人烧杀惩罚。他们只好躲开村子，绕开道路，在田地里深一脚浅一脚地走着。[2]

---

[1]　中共北京市委党史研究室、中共门头沟区委党史办公室编：《门头沟革命史》，北京出版社1994年版，第148页。

[2]　武光：《钢是自我炼成的——为国冒死闯敌后》，中国文化传播出版社2010年版，第77—78页。

1942年4月初，丰滦密联合县县长沈爽带领政府机关、白河报社和八路军第10团供给处、卫生队及伤员100余人，在第10团第2营保护下，转移至密云西部黄花顶山中的臭水坑。4月7日深夜，敌人调集汤河口、琉璃庙、后山铺等据点1000余人，偷袭臭水坑。八路军指战员与10倍于己的敌人展开殊死搏斗，30人壮烈牺牲，45人被捕。这一事件，给丰滦密根据地造成重大损失。

臭水坑事件后，敌人认为达到了彻底肃清抗日武装的目标，还到处宣传"县政府消灭了，县长打死了，科长全部抓获了"等。然而，平北抗日军民没有放弃斗争，经过整顿，待青纱帐起来后加大了斗争力度。敌人重新认识了丰滦密抗日武装，加强了情报搜集，充实了伪组织，到处散布谣言，挑拨党群、军民关系，还在平地建立新据点，破坏新恢复的村政权和工作关系，抓捕抗日干部和家属，刺杀抗日上层分子，烧毁山地，造成彻底的"无住地带"和"禁作地带"，加大镇压诱降力度。

日军用尽办法折磨群众，对其进行精神和肉体双重摧残。有项酷刑叫"西瓜躺"，即把群众集合起来，逼所有人都脱光衣服趴在地上几个小时，趴得不整齐不行，肚子胸脯沾地不行，违规了即遭毒打。敌还抓人挖壕沟、修据点，强行将群众赶进"人圈"，使丰滦密根据地由原来的16个区缩小至11个残缺不全的区。

在严重困难形势下，根据地先后采取坚持山地基本区，再以山地为依托逐渐恢复被"蚕食"地区。根据地内开展了群众性锄奸反特运动，加强锄奸力量建设，自卫军、儿童团在路口站岗放哨、查路条，效果非常明显。丰滦密1942年先后抓获汉奸、特务、说降客87人，破坏汉奸情报组织10起。

1942年12月，晋察冀分局听取了平北地委关于平北工作的报告，研究了分局考察团对平北工作的考察报告，于次年2月做出了《关于三年来平北工作总结的决定》。决定充分肯定了平北党和全体军民在开辟平北斗争中艰苦奋斗、流血牺牲所取得的成绩，同时指出在进入以巩固为主时期地委与分区领导上的缺点和错误，着重指出平北党在执行统一战线政策方面的偏向，出现了对敌人"蚕食"严重麻痹等问题。

平郊抗日根据地

1943年是日军"蚕食"最厉害的一年。同时，抗日军民也积极自愿开展反"蚕食"斗争，因此这一年也是"蚕食"与反"蚕食"斗争空前尖锐的一年。3月30日，被敌人关押在龙关监狱的60余名抗日干部和群众，在原第44团副参谋长高昆山、平北专署教育科科长李庚尧领导下，夺取武器，越狱成功，在日、伪军内部引起强烈震动，给敌人的"蚕食"进攻以很大打击，极大地鼓舞了军民的必胜信心。

5月，平北地委在龙赤县西坡村召开了为期12天的扩大会议，做出了反"蚕食"斗争和军事斗争的决定，强调密切地方与部队的协同配合，广泛开展群众工作，深入群众，贯彻政策。部队开展广泛的分散游击活动，袭扰敌人，积小胜为大胜。主观指导上的转变，使平北抗日军民从1943年下半年开始，开始逐步赢得主动，并不断取得胜利。全年，各县新出现抗日一面政权村377个，占平北总村数的30.5%；亲日两面政权变为中间两面的村政权78个。仅昌延县9个区，抗日一面政权就发展至36个，抗日两面政权68个，中间两面政权113个，亲日一面政权仅剩下24个村。从5月至年底，昌延、龙赤、龙崇赤、龙延怀、滦昌怀5个县的民兵从原来的1.54万人发展至3.54万人；龙赤、龙崇赤、龙延怀、滦昌怀4个县的游击小组扩大至187个，组员1000余人。[1]

在武装斗争中，主力部队、县区游击队和民兵三位一体，开展群众性游击战争。1943年全年，根据地民兵单独作战112次，配合主力作战17次，毙伤俘日、伪军约200人。平北抗日军民积极斗争，不仅收复了失去的地区，还开辟了滦昌怀顺联合县和龙崇宣联合县，恢复与再建村政权415个，新开辟村庄273个，共计688个，人口61.9万余。[2]延庆、龙关、赤城地区武装斗争的主动权，基本掌握在八路军手中。[2]

冀东之敌的"蚕食"也对根据地造成极大困难。1942年6月上旬，冀东地委在王厂沟举行会议，研究反"蚕食"斗争措施、政策和要求，决定立即发动青纱帐战役，恢复被"蚕食"的根据地；决定转移至热南的干部返回原

---

[1] 平北抗日斗争史调研组：《巍巍海坨山——平北人民抗日斗争纪实（一）》，1989年版，第59页。

[2] 同上，第39页。

工作地区，组织游击队、民兵继续开展抗日游击战，配合主力作战，恢复地方工作，夺回被"蚕食"地区。会后，召开了3000余人参加的悼念节振国、陈群、包森、刘诚光等同志的追悼会。6月10日，冀东军分区司令部发布"进行青纱帐复仇战役"的作战命令。部队经充分准备后，由热南地区跨过长城，返回原根据地，与敌人展开激战。

1942年春，转战于塞外的冀东部队在烤火取暖

6月26日，第12团在骆庄俘伪军副团长以下60余人，击毁汽车2辆，缴获轻机枪3挺、步枪60余支、子弹5000余发。29日，第13团3个连攻点打援，在柳河村西歼灭伪军40余人，缴枪50余支。

7月16日，迁（安）青（龙）平（泉）联合县三总区委书记李州在肖家庄被敌人游街后杀害。当日，日军"冀东巡视团"在赵店子被伏击，伪华北治安总署顾问高宇麻二被击毙。7月18日，日军180余人、伪军200余人，押着140多辆粮车，被第12团在甘河槽伏击，经2个多小时激战，八路军全歼敌380人。战士们在谷子地里发现了潘家峪惨案的罪魁佐佐木，大家围了上去，只见"仰面朝天躺着一个满脸络腮胡子的家伙。他龇着金牙，斜着兽眼，一枚六角银质勋章压在他血肉模糊的胸膛上，一把蓝穗战刀，泡在他身下的血泊里……"①这次胜仗，给敌以极大震撼。

至7月底，青纱帐复仇战役结束，共与敌作战50余次，歼灭日、伪军1600余人，击毙日军大佐以下428人、伤268人；毙伤伪治安军团长、县长、

---

① 曾克林：《曾克林将军自述》，辽宁人民出版社1997年版，第49页。

县警备队队长以下伪军584人，俘391人；缴获重机枪3挺、轻机枪21挺、掷弹筒9个、长短枪597支及大批军用物资，击毁汽车27辆。还先后攻克敌据点10余处，破坏交通10余处，平壕沟10余公里；被"蚕食"地区，除玉田、蓟县平原、丰玉宁、迁滦丰第一区和迁滦卢部分地区没有恢复外，其他大部分地区均得到恢复，全区人口增至279万。主力部队也得到发展，于7月成立了第11团，赵文进任团长，吴宗鹏任副政治委员。

8月8日，日本关东军原田东雨中队76人，从长城口奔迁安、建昌之间的彭家洼南山上。第12团第1营预先设伏，经3小时激战，除一名日军化装逃跑外，其余75名全被击毙，还缴获重机枪1挺、小钢炮1门、歪把子机枪6挺、长短枪数十支，极大地鼓舞了士气和民心。

为"蚕食"冀东平原游击根据地，日军在第5次"治安强化运动"中采用了沟壕堡垒政策等手段。日军从山东、冀中等地强征10万余民夫，加上冀东本地大量民夫，至1942年底在冀东挖东西封锁壕沟5道，南北封锁壕沟6道，宽1.5丈，深1丈，基本上把冀东山区与平原分割开来，把平原分割为南北两大块。此外，还有3条较短的东西走向、6条南北走向的跨县壕沟。各县境内还有许多封锁壕沟，如丰润县就有29条，总长165公里。而且三里一碉，五里一堡，分割"剔抉蚕食"，使根据地遭受严重摧残。[①]在这种情况下，共产党和抗日武装力量却从东北、东南两角深入通县内地。通县属于敌"治安区"中的"模范县"，是其推广统治的样板。敌为

冀东八路军塞外山岗上的晚炊

---

① 中共唐山市委党史研究室编：《冀东革命史》，中共党史出版社1993年版，第282页。

了打造好这个样板，维持其"模范县"形象，增加日、伪军数百人，使总兵力达5000余人，并在通县、三河、顺义、平谷边界地区设了多处关卡，派特务在各村活动，监视并防止共产党和游击队渗入"模范县"，对抗日军民的反"蚕食"斗争非常不利。

冀东地委要求地方干部和武装坚守岗位，领导群众、民兵反挖沟、反"蚕食"斗争初期，避免与敌决战，留少数部队配合地方坚持根据地；反"蚕食"中期，外线部队相机向敌后出击，以减轻根据地压力；后期，部队以营为单位返回根据地，摧毁敌伪组织。然而，平原根据地遭严重"蚕食"。1942年11月4日，冀东地委在热南根据地召开会议，做出《关于反"蚕食"斗争恢复根据地的决定》，要求转至热南的地方干部和武装，由部分主力配合，全部返回基本区，进行反"蚕食"斗争。同时，命令6个连参加反"蚕食"斗争，4个连在热河外线活动。从11月15日至当月底，主力部队攻克敌据点20余处，但奉命入关的部队因为日军重兵拦截和壕沟堡垒的封锁，未能返回根据地。外线部队和党政干部又开辟了数百个新村。

1943年1月初，冀东地委决定动员一切力量恢复被"蚕食"的地区，"冀东主力秘密、迅速地进入基本区，给四处'清剿'的窜扰之敌以坚决打击，使地方工作得到整顿和恢复"。随后，冀东部队发起了第一次恢复根据地的战役，给敌以重大创伤，恢复了不少被"蚕食"地区。

5月13日，第13团特务连和冀东军分区侦察连伏击了进犯王沟厂的日本关东军第101师团第9联队春田中队，这个中队装备精良，战斗力强，多为训练有素的老兵。经过激战，歼灭日军春田中队长以下100余人，缴获重机枪1挺、轻机枪2挺、掷弹筒3个、步枪60余支。

6月，冀东地委改为冀热边特委，下设5个地委，西部地区的蓟宝三、平三密联合县扩建为丰滦密、平三蓟、蓟遵兴、承密兴4个县。至8月，丰玉遵全部、丰玉宁南部和东部、遵化南部的抗日根据地全部恢复。第13团和第2区队配合，自兴隆、密云地区出发，沿平谷、密云边境，向南直插平谷、三河，恢复了顺义、三河、平谷地区的根据地。

三、冲破"无人区"

"无人区"是日本侵略者又一重大战争罪行。他们将华北区分为"治安区"、"准治安区"和"非治安区",在"准治安区"推行"集家并村",大肆制造"无人区",强行把山区房屋全部烧毁,把人赶进"集团部落"。"集团部落"集中在据点或公路附近,周围筑有高墙、碉堡和深壕,里面汉奸遍布,伪组织、反动武装健全。周围10余里为"无住地带",不准人住,只许种地、砍柴等,敌人"讨伐"时见人就杀。

其实,日本侵略者早在1933年便在东北部分地区推行"集团部落",1934年12月下达"集团部落建设计划":"使民匪分离,断绝其对匪团的粮道和武器弹药补给途径,欲穿无衣,欲食无粮,欲住无屋,绝其活动之根源,使其穷困达于极点,俾陷于自行歼灭之境。"后将这种做法引入华北,实行"集团部落",在长城线上制造"千里无人区"。所谓"集团部落",是将很多人集中圈在一个狭小空间内。集团部落内特务组织严密,有"思想犯""政治犯""运输犯"等犯罪条款,表现出一点"违规"行为,就会被枪毙。成年男人编进自卫团,每晚轮流巡查,每月出工15~20天挖壕、筑墙、修路,或被拉到关外甚至日本做苦役。群众失去一切自由,活得一点尊严也没有,像猪牛羊一样任人宰割,所以又称"人圈"。在"人圈"外,凡是八路军活动过的地方,都被反复"讨伐",成了"无人区"。

"人圈"只有两个门,刚好容一辆车通过,门上有岗楼,架着机枪,写着"××部落",两边写着"建设部落,自兴乡土""王道乐土"之类的标语。人们吃的是发霉的粗粮,发的布不过3尺,种的粮食不够交税,妇女随意被奸淫。四周被高墙围着,天亮到附近耕种,天黑必须回来,环境极差,瘟疫频发。民间暗暗传唱:"四围修据点,外边围子圈。邻近老百姓,一齐往里搬。百姓无住处,四周搭草铺。七家子八家子住在一个屋,屋子也不大,住也住不下,外边下小雨,屋里摸蛤蟆。"

日军开展第4次"治安强化运动"后,便在昌宛地区实施"集家并村",

将柏峪附近群众全赶到柏峪村居住。为解救"人圈"中的群众，游击队不断袭击敌人，迫使柏峪之敌撤出。日军又在斋堂等地开办"新民指导班"，大搞"自首运动"。斋堂、柏峪的"新民指导班"合并不久，敌人又在斋堂推行"集家并村"，斋堂据点日军中队长赖野强令"7~15里地内的人家通通搬到据点。先来的住房子，后来的住野地，不来的通通杀光，把粮食搬来，不能让八路军抢去"。10天过去了，也没有人搬，日军便在西胡杨林村开会威逼，拉出人当场枪毙。昌宛县委和县政府深入细致地做好群众思想工作，采取妥善办法分散隐蔽，同时要求以欺骗、拖延、应付等手段制敌。马栏村党支部曾派几个老人到斋堂装作盖新房，拖延时间掩护群众进山。1943年1月21日，《晋察冀日报》的一篇文章，记述了一个村子反"集家并村"的故事：

　　一天晚上，某村公所里挤满了男女，他们正在嘈杂地议论着"并村"的事情……门突然开了，进来一个青年小伙子。他一进门大家都嚷着："啊，来了，开会吧!"开会了，屋子里马上变得很静。主席便是那位小伙子。他说话很简单但很提要："前天鬼子通知我们限七天都到据点去住，大家都知道了，这是鬼子抢我们的粮食，抓我们当伪军，叫我们死心塌地当他们奴隶的办法，大家愿意去吗?"

　　"不去!"全屋子雷一样地发出了叫声。"那好了，这是全村子的事，咱们表决一下，不愿意去的举起手来!"马上全屋子举满了像竹林一样的拳头。"但是如果敌人来烧房子杀人怎么办?"主席又发问了。"×他妈，还不是烧过几回的几间破草房吗? 烧就烧吧! 咱们不是死人，跟他干呵! 反正到据点去不是饿死也是给他们当伪军去当炮灰。""对，和鬼子干，死也不去饿死，不去当炮灰!"有不少人同意这位的发言。

　　主席兴奋地说："大家不要嚷，就这样决定：老幼妇女都往八路军那里跑，青壮年起来干。还有一个问题，就是咱们以后不再支应敌人了，大家意见怎样?""对! 以后不给那些王八崽子们什么了! ……""叫他们吃手榴弹，吃地雷。"几个年轻小伙子痛快地发表了意见。"对! 对!"会议结束了，斗争的火焰都燃烧起来了。

　　这只是平西抗日军民反"蚕食"斗争的一个缩影。敌人到处强迫将群众赶入据点或"人圈"。如在宛平等县，敌人在军响、镇边城、青白口、东西斋堂、十字道等重要村庄建立据点，逼迫群众在各据点间修筑公路，然后将各据点的小村庄全部烧毁，再把群众赶进据点。1942年12月17日的《晋察冀日报》记述了昌宛礼堂据点"集家并村"的情形：①

　　　　平西讯：昌宛礼堂据点的鬼子汉奸强迫周围各村的老百姓，于七天内一律搬到据点去住，实行"配给制度"。但七天到头时，青壮年们却早已有组织地跑到山上武装起来，反抗敌伪此种暴行。仅一部分老弱男女，被赶到礼堂去了，住了一到两天，下了大雪，很多人无处御寒，敌人把一家一家排好，在地上画个圈，或指定某个烧了的房坑叫人蹲起来不准乱跑，因此许多人都冻倒下了。②

　　敌人为了切断平西与冀中第10军分区的联系，在平汉线高碑店至松林店这段铁路两旁，挖了深一丈、宽一丈五的大沟，往里面灌水，并在靠铁路一侧筑起高墙，使冀中粮食难以支援平西。还在沿房山、涞水一带山区与平原交界处，分段修筑封锁壕。沟宽5米、深6米，每隔三五公里建一座岗楼。挖壕的群众唱道："挖壕苦命人，土硬石又坚。刺刀加皮鞭，终日泪涟涟。有饭口难咽，劳累饥饿遭欺侮，十有八九命归天。"

　　平北地区的情况更严峻。1942年3月下旬，驻密云之敌收到"集家并村"任务。伪警察署在长城线上竖起牌子："严禁从这里进入南边无人区，进入者不问任何理由枪毙！"9月24日，日军船生退助分队在密云"无人区"发现一间房，遂烧房并杀死一位老人、2个儿童。其阵中日记写道："消灭山里农民一个，烧毁房屋一间，遗弃通匪疑者尸体3具。"③至3月底，敌在平北修建29个"人圈"。至抗战胜利前，密云约2/3区域被敌划为"无人区"，

---

　　① 中共北京市委党史研究室、中共门头沟区委党史办公室编：《门头沟革命史》，北京出版社1994年版，第136—137页。

　　② 《晋察冀日报》，1942年12月17日。

　　③ 陈建辉主编：《人间地狱"无人区"》，中央编译出版社2005年版，第176页。

县内约3万人被赶进"人圈"。大人、小孩、妇女，鸡狗，都被往平川的"人圈"里赶去。村子烧剩的破土墙，也不让它立着，把它推倒了。村里的一切用具：锅、碗、瓢、勺、炕席、扫帚，全被用大车载走，或者放一把火烧了。黑夜里这大山谷里吹出来的风，都带着焦臭味……①

当时，在延庆地区流传着许多关于"无人区""人圈"的歌谣，年长的人至今还会吟唱：

> 东也搬，西也搬，搬来搬去无人烟。
>
> 果木毁，田也荒，家家户户穷光光。
>
> ……
>
> "人圈"生活没法熬，租税垒，利息高，
>
> 拾来杀人三把刀：借债、上吊、坐监牢。
>
> 无人区，啃树皮，早上菜，晚上汤，
>
> 晚上糠菜照月亮，一颗米粒吃不上。
>
> 住的三间马架房，房子四面没有墙，
>
> 抬头天上雪花飘，低头身上没衣裳。
>
> 山中"人圈"死得惨，黎民百姓哭皇天，
>
> 只盼恩人八路军，快快救咱出"人圈"。②

1942年，密云每个"人圈"中至少有七八十人死亡。仅白庙子"人圈"，400余人就有160余人死亡。该"人圈"群众4个月内偷敌人子弹2000余发，趁到外边干活时交给抗日政府。③

挖壕的群众生活特别凄惨。当年6、7月，伪昌平知事纪肇斌向伪华北政府报告：

---

① 仓夷：《时代的浪花》，新华出版社1986年版，第176页。

② 北京市政协文史和学习委员会编：《北京抗战史料选编·第二卷：抗战时期的北平》，北京出版社2015年版，第156页。

③ 中共北京市委党史研究室编：《侵华日军在北京地区的暴行》，知识出版社1995年版，第18页。

今春亢旱，迄今未沾透雨，田苗干枯，麦秋无望。当此青黄不接之际，山乡百姓每日一餐不饱，民生恐慌已达极巅。本县正苦于无法救济中，复自5月27日起实施挖掘"惠民沟"，限于6月末日报竣。计35日间之工程，每日征用民夫15000人，每人每日需小米一升，计日需用150石。35日共需小米5250石。案关防共，"惠民壕"要政军令所在，未容稍缓。本县时下对于一般民食尚不遑救济，况此大批工人更不能枵腹人工，兼以工期迫近，不容稍缓，不得已乃于5月27日依限兴工。但现在所征民夫均自备食物，其中最苦者闻有掺杂树叶、树皮为粥食。而努力于旷野荒郊炎热天气下建设防共壁垒，勤劳精神殊堪嘉许。然沙土弥漫鸠形鹄面巫溺之状，令人悯恻。[①]

为了冲破"无人区"，丰滦密联合县委于1942年4月做出"瓦解部落"的决定，要求对敌"部落长"、甲长进行警告教育，让其不做汉奸，对死心塌地做汉奸的，由潜入"人圈"的游击队员解决。还安排可靠干部打入"人圈"内部做工作，取得一定效果。如抗日村长王正亭主动"自首"，当上了四合堂"部落长"，利用合法身份带领群众斗争。至1942年底，丰滦密已有21个"人圈"与抗日政府建立联系，9个"人圈"被抗日政府完全掌握。

党政军民坚持反"无人区"斗争，变"无人区"为"有人区"，变"少人区"为"多人区"。1942年春，敌人强迫昌延县二区群众修"人圈"，至年终完成13个，并村45个。反"集家并村"斗争在二区坚持了两年之久，敌人白天修，抗日军民夜里拆，根据地也逐渐恢复了。

1943年春，日军为切断昌延南北两地区联系，计划从八达岭长城脚下的岔道城至妫川端头的永宁城修筑一条长40余公里的封锁沟。劳工每天工作十七八小时，每月死伤200人以上，七八百名生病无法干活的劳工被日军推进延庆岔道大坑烧死。

---

① 居之芬、庄建平编：《日本掠夺华北强制劳工档案史料集》（下），社会科学文献出版社2003年版，第716页。

为坚持斗争，八路军通过北平地下党买来花旗布，染成灰色，每排做一个帐篷，用完带走，解决了部队住的问题。此外，根据地在隐蔽、有水的地方建立军事活动点，供部队和政府工作人员临时居住。活动点附近都储有粮食、锅灶、盐等，用毕藏好，有效解决了军政人员在"无人区"活动时的吃住困难。据曾在晋察冀军区工作过的董占林回忆，1943年2月他奉命随调入冀东的干部队开赴冀东工作，于5月中下旬在延庆以东、怀柔以北的"无人区"与敌周旋了10余天，粮食成了最大问题：

> 一天，暴雨下个不停，我们好不容易找到一个小村，村子里却没人。怀柔县西北的大山区里，有一部分偏僻村庄的老百姓，为了躲避日伪"聚家并村"，都在山洞里或深山沟里搭起窝棚住着，这些群众也是我们地下党依靠的力量。因此，留下了一个又一个空荡荡的小山村。我们三十多人挤在一间空屋里，雨下得越来越大，屋子又漏雨，身上都淋湿了，又冷又饿，大家都打起精神，强忍着这一切。
>
> 突然，一个十五六岁的小男孩，打着赤脚，从雨中跑进来。身上的衣服被雨淋湿了。他一双又大又亮的眼睛忽闪忽闪着，急急忙忙地告诉我们："区政府派我来告诉你们，粮食给你们准备好了，你们赶快跟着我背去。"原来，敌占区的我党区政府，事先知道了我们要路过这个地方，因此给我们提前准备好了粮食。
>
> 跟着这个小男孩，果然从一个山坡下面的大草垛里，取出了几袋子小米和黄豆。
>
> 大家烧火的烧火，做饭的做饭，没有菜，就用咸盐水炒黄豆，小米饭香喷喷的，大家吃起来香得很，行军的疲劳也一扫而去。[①]

10月15日，中共平北地分委做出反并村斗争指示，强调敌人"企图划我龙赤、龙延怀之中心区为'无住地带'，将我东至靖安堡西至长安岭，南

---

① 董占林：《军旅春秋》，甘肃人民出版社1991年版，第25页。

达北山边，北至雕鄂后城之大块地区，变成荒凉凄惨的'无人区'"①。要求各级党组织将群众紧紧团结于周围，立即展开全面的反并村斗争；立即动员群众彻底坚壁清野，在根据地内偏僻地方盖窝铺、挖窑洞，以便日军强迫并村时住宿。②按照地分委的指示，群众在"人圈"下面暗修地道；敌人走后减人、消极怠工；对坏的甲长坚持镇压打击。延庆县将上述规定写进布告，大量印发并张贴到"人圈"内外的村庄。此外，组织开展拆"人圈"斗争。游击队突入汉家川，摧毁5个岗楼，只用了三四个小时拆了"人圈"，外村群众都逃回了家。不到半个月，拆了5个"人圈"。③

冀东之敌推行"集家并村"始于1939年。1940年，姚依林撰写的《冀东游击战争是怎样坚持的》记载："（敌人）开始实行并村办法，企图减少甚至消灭山沟小道中三五户的小村庄，便于其军事政治的控制，增多我游击队活动的困难。"这是热南地区敌人进行"集家并村"的最早记录。其实，早在1939年冬，敌人为了消灭包森支队在长城北的小块游击根据地，便开始"集家并村"。1940年，敌人在密云西部、滦平和怀柔北部山区制造了360平方公里的"无住禁作地带"。"人圈"中群众生命朝不保夕。兴隆县蘑菇峪"人圈"有4000余人，最多一天抬出去了51人，到日本投降时，死于瘟疫和被杀的不少于2000人。④

1942年6月，冀东地委召开第一次扩大会议，指出：因冀东战略地位之重要，日寇必拼命地争夺冀东，以确保其统治，其"挖防共沟、防共河，以分割我东西联络，限制我向南发展，控制我活动，封锁我物资，镇压群众抗日情绪；修路、并村、物资统治，以增加人民依赖他的条件，而便利其统治"。明确"口外破坏集家工作，应有武装力量来配合，在配合中提高群众武装斗争情绪及参加部队热潮。如不能得到胜利，在不利己时，我们可做一些让步，叫女人小孩去，壮丁留在山沟"。

① 《中共平北地分委关于反并村斗争的指示》，1943年10月15日。
② 中共河北省委党史研究室编：《长城线上千里无人区》（第二卷），中央编译出版社2005年版，第39页。
③ 同上，第48—50页。
④ 新华社解放军分社、北京青年报编：《我的见证》，解放军文艺出版社2005年版，第105页。

冀东子弟兵大练兵

冀东八路军攻克迁安县杨店子据点

　　8月，敌人从山东、冀中等地强征民夫10万余人，开始在冀东基本区挖封锁壕、筑碉堡。同时，伪满加紧在沿长城各县实行"集家并村"，制造"无人区"。驻通州之敌强迫群众挖沟筑墙，搞了百里长的封锁线，五里一岗，十里一堡，夜间燃火照明，白天严查路人，见人可疑便杀，横尸遍野。①在平谷地区共挖3条壕沟，一条由上宅到峪口，长60里；一条由华山

――――――――

①　中共北京市委党史研究室、中共通县委党史办公室编：《通县革命史》，北京出版社1994年版，第78页。

到胡店，长20里；一条由稻地到掘山头，延伸至蓟县附近。平密兴联合县正处于日军"千里无人区"内。在平谷北山一带，陡子峪警察所长命令对"无住禁作地带"见房就烧，见人就杀，见物就抢，连庄稼青苗都全部割掉。为巩固平谷密云山区根据地，第13地委将三河县一部划入，改建为平三密联合县。当年底，县委召开扩大会议，决定向顺义、三河、通县敌占区隐蔽开展工作，一面坚持"无人区"斗争，一面开展新建"人圈"的工作，在"人圈"建立秘密抗日小组，收到很好效果。①

承兴密联合县第四区全部在兴隆境内，长宽各70余里，敌人将这里全部划为"无人区"，仅1943年对四区"扫荡"近百次。为了破坏敌人修的"人圈"，联合县政府组织力量晚上去各区拆，在敌人加强警戒后，改为晚上带部队去烧。还发动可靠的伪保甲长和群众，让其在"人圈"开展隐蔽工作。在远离"人圈"的村子，则扩大民兵组织和带领群众坚持武装斗争。此外，发动群众昼夜监视敌人的活动，群众称其为"活电线杆子"，几分钟就能把消息传出几十里远。②敌人一旦路过民兵岗哨就会挨冷枪，还会被麻雀战、地雷战打得人仰马翻、狼狈不堪。

1943年冬，冀东部队攻克了遵化县夏家峪敌据点，这是在炸毁敌碉堡

①　中共北京市委党史研究室、中共平谷县委党史办公室编：《平谷革命史》，北京出版社1991年版，第59—60页。

②　中共北京市委党史研究室编：《北京地区抗日运动史料汇编》（第五辑），中国文史出版社1992年版，第458页。

1943年5月1日前后，敌人集中数千人对迁安、遵化、宽城等地进行拉网式大"扫荡"，实行"集家并村"和"三光"政策。冀东军分区政治部主任李中权率领政治部和警备连来到王厂沟。此处房屋已经全被敌人烧毁，因此部队就在"无人区"露营。5月16日，晋察冀军区100余名干部在第13团特务连护送下也到达王厂沟。次日拂晓，侦察得知，日军第101师团第9联队春田中队要对王厂沟发起"扫荡"。八路军预先设伏，激战一天，全歼春田中队，仅几人趁夜色逃进密林。胜利的消息很快传至喜峰口地区，群众纷纷前来慰问。[1] 当年底，李中权撰写、以李运昌司令名义发布的《冀东700万人民向全世界控诉日寇在冀东的罪行》一文，深刻揭露日寇在长城沿线制造"千里无人区"的罪行。还写了"绝密"文件——《对付敌集家并村之对策》，并故意遗失，让敌人看到。其主要内容是"敌愈搞集家并村，我则愈向敌伪统治区深入，敌集不胜集、并不胜并，我则可以发展力量，削弱敌统治"。据悉，此文件引起日军高级部门专门研究。[2] 冀东当年春季和夏季连续发动了两次恢复根据地的战役，陆续荡平了敌人在封锁线上设置的壕沟堡垒，摧毁了长城内侧的"无人区"，恢复了家园，重建了更加巩固的抗日游击根据地。

四、开辟平南新区

平西、平北、冀东抗日根据地成功开辟后，不断巩固与壮大，实现了"三位一体"，从西、北、东三面对北平形成包围态势。如果平南抗日根据地能够开辟成功，平郊抗日根据地便可有效形成一个闭环，其战略意义不言而喻。其实，冀中抗日根据地开辟后，很快便尝试开辟平南地区，但这里是京津冀三角的核心地带，是敌人长期的"模范治安区"，他们在此有着极为严密的军事、政治和经济统治，敌我力量悬殊，要站住脚非常困难。

---

① 巩玉然：《峥嵘岁月——巩玉然革命历史回忆录》，黄河出版社2002年版，第51页。
② 李中权：《李中权征程记》，华夏出版社1995年版，第134页。

直到1943年秋，开辟工作才得以推进。

平南泛指北平以南、平汉铁路以东、永定河以北、廊坊以西的广大区域，被平汉线、北宁线和津保公路分隔成为三角地带。包括大兴县、宛平县南部、固安县押堤区、永清县查马坊区、安次县白家务、旧州及万庄一带、良乡县窑上乡和涿县码头区，是7个县的接合部。这一地区是一望无际的平原，西侧有平汉铁路，中部有北宁铁路，日本侵略者视其为侵华的运输大动脉。永定河自北向南，到固安县城西北又转向东，从大兴、宛平、良乡等7个县边沿穿过，成为北平的天然屏障。永定河北成为敌人战略后方之后方，是北平南面的门户，因此驻扎了大量日、伪军。平南地区是八路军冀中第10军分区的最前哨，是晋察冀军区尤其是冀中军区的触角和屏障，是冀中军区与冀热辽分区交通联络的必经之地，因而决定了开辟平南的激烈与残酷性。

北平沦陷后，平南地区很快沦为敌占区，平南群众自发组织开展抗敌斗争。1937年8月18日，日军一部侵入榆垡，在西麻各庄至十里铺的永定河大堤上日夜巡逻。9月初，李万兴、刘瑞等20余人，在长安城村义全寺成立"长安城义勇队"，这是大兴第一支人民群众自发组织的抗日队伍。他们首战的目标便是日军巡逻队。几天后，义勇队与国民党第26路军1个班（由一位姓王的副连长带队）埋伏于河东岸，待机歼敌。下午3时许，日军巡逻队30余人进入伏击圈，队员和战士们突然开火，一举击毙日军25人。驻西麻各庄和胡林的日军赶来增援，双方展开激战，李万兴与王副连长英勇牺牲。第26路军一位姓周的营长不顾师部"只守不攻"命令，率全营出击，将义勇队和其余战士接回。

永定河东岸马村小学校长张甫（字美如），自发组织"兴亚挺进军"，人数六七十人。为了配齐枪弹，张甫与日军联系，想拿到枪后反戈一击。狡猾的日军识破后，假装同意。12月9日下午，庞各庄伪警察所以请张甫商量领枪为由，将其骗去，随后扣押了他和两名队员。其余队员一直苦等，并未散去。10日晨，来自黄村、庞各庄的100余名日军包围了马村，将20余名年轻力壮的队员押到黄村，后运往日本当劳工，其余47人被射杀。次日，日军将张甫押到黄村，见他宁死不屈，残忍地割掉其嘴唇和舌头，用铁丝穿透锁骨，让他挖坑准备活埋。张甫挥起铁锹反击，被日军枪杀。

平南地区人民群众此起彼伏的自发的抗日武装斗争，虽不断遭到日军残酷镇压，但革命的火种始终没有熄灭。

1937年10月中旬，国民党军第53军第691团在团长、共产党员吕正操率领下，拒绝执行国民党南逃命令，在河北晋县小樵镇改编，改称人民自卫军。该部共产党员胡乃超套用《马赛曲》创作了一首《人民自卫军军歌》，后被广为传唱。歌词写道：

> 神圣的自卫战争，是民族最后生路。
> 大家向前！
> 倭奴逞强权夺我东北，更无厌蹈进长城关，
> 寇已深，国将亡，家已破，
> 我们要起来，誓收复旧河山！
> 遵守党的铁纪律，团结成救亡血战线，
> 统一意志冲破一切艰难。
> 为争生存而战！
> 为复失土而战！
> 勇敢！前进！到东北去！
> 这是人民自卫军！ ①

小樵镇改编后，部队北上寻找党组织。此后，在中共保属省委领导下，与河北游击军一起开展游击战争。2月，人民自卫军独立第1团组成"北上先锋队"，挺进大清河以北地区，连克新镇及霸县、永清县城。4月下旬起，相继成立冀中区党委、冀中行政主任公署和冀中军区。人民自卫军与河北游击军合编为八路军第3纵队，吕正操任纵队和军区司令员，王平任政治委员。②1938年6、7月间，冀中党政军领导机关移至任丘青塔镇，坐镇大清河

---

① 吕正操：《冀中回忆录》，解放军出版社1984年版，第22—23页。
② 军事科学院军事历史研究部编著：《中国人民解放军战史第二卷·抗日战争时期》，军事科学出版社1987年版，第75—76页。

岸，着手开辟大清河北的工作。经过连续战斗，打开了局面。8月，冀中军区将平津保三角地区划定为冀中军区第5军分区。

1939年4月，冀中区党委决定组建冀中地区第5地委和冀中第5公署，大兴、宛平、涿县、良乡等13县全部或部分为第5区区域。当年夏，冀中第5军分区对部队进行整编，下辖第27、第29、第32团。不久，第5地委决定继续扩大游击区，向边沿地区进发打击敌人。主力部队先后渡过永定河，配合开辟大兴、宛平、永清、安次、固安交界地带的抗日游击区。

1940年8月，第5地委、第5专署、第5军分区分别改为第10地委、第10专署、第10军分区。百团大战爆发后，冀中抗日部队积极出击，在大兴的第32团破袭北宁路万庄至廊坊段，攻入万庄车站，击毙敌站长，并破坏数段宛平县榆垡以北平大公路。1940年11月，第29团在永定河西的南北蔡村一带打了个大胜仗。伪大队长陈绍先事先与第29团联系，将运输物资的日、伪军400余人带入伏击圈。此战全歼日、伪军，烧毁汽车40余辆，缴获大量枪支和辎重。

1941年春，日军逼迫群众在大兴、宛平、永清、安次、固安的交界地带挖封锁沟，美其名曰"惠民壕"，直至1942年底挖完，敌人沿沟增加了很多据点，妄图切断群众与八路军联系。此外，平南是日伪长期统治的"模范治安区"，据点林立，大小村庄成立有伪联保主任、伪武装自卫团，基层保甲组织健全，且与敌伪据点通有电话，要求百姓人人持良民证。加之敌人大搞欺骗宣传，使群众害怕八路军，极大地增加了开辟平南的艰巨性、复杂性和残酷性。

1943年春，随着日军在太平洋战场上的失利，华北日军大批南调，冀中日军日益削弱和孤立，伪军、伪组织人员日益动摇，日伪间矛盾日益加剧，日军不得已撤出一些据点，敌占区开始缩小。游击队有了相当恢复，地方组织与工作也逐渐恢复和发展，全区军民熬过了五一反"扫荡"以来最艰难的日子。[1]

8月初，第10地委在大苇塘召开扩大会议，决定利用青纱帐时机，对

---

① 吕正操：《冀中回忆录》，解放军出版社1984年版，第238页。

敌开展夏季攻势，拟订了组织平南地区领导机构方案，夏季攻势开始后机关转移至工作基础较好的新城县米家务、杨相庄一带。第10分区和地委为此派人去这一带开挖地道。开辟平南的方针是：在党的一元化领导下，党、政、军统一行动，以武力为开路先锋，各项工作密切配合。

8月上旬，第61大队一部配合分区特务大队一部进至永定河北地区，对敌情、地理环境及社情进行综合调查研究，为开辟平南做准备。当月15日，第43区队一部和特务大队、警卫连渡过永定河，深入宛平、固安、安次、永清交界地带，待机歼敌。

永定河北固安县大押堤据点的伪军、伪警察，坚决与抗日军民为敌，是开辟永定河北的一大障碍。9月3日，第43区队2个大队奔袭，仅半小时结束战斗，俘1个伪军小队和1个伪警察所共60余人。此战胜利对开辟平南地区具有重要意义。[①]10月18日夜，第43区队第1大队利用伪军和伪警察所之间的矛盾，在伪军中队长暗中帮助下，袭击了宛平县榆垡镇，缴获伪警察所全部武器。在连战连胜的情况下，抗日军民乘势加大心理战，对南各庄、白家务、旧州、礼贤等据点进行围点喊话。在军事、政治双重攻势下，伪军和伪组织有所动摇，有的暗中帮助八路军，有的保持中立。部队和地方干部分头到各村开展宣传，发动群众，揭开了开辟平南的序幕。当月，成立大（兴）宛（平）安（次）永（清）固（安）涿（县）良（乡）工委及办事处（简称七字工委）。工委书记苏玉振、办事处主任兼工委委员刘广钰、军事委员刘立甫、敌工委员徐溅。自此，开辟平南有了党政领导核心和工作机构。

1944年1月下旬，第43区队进驻兴隆场村，没收伪自卫团枪支，对村民进行抗日宣传。附近据点数百名日、伪军获悉后从东南两侧夹攻。第43区队与敌对峙一天，乘夜突围转移。此次行动，使七字工委意识到，在敌人势力强大、群众未充分发动起来的地带开辟游击根据地是站不住脚的，必须广泛开展统一战线工作，争取利用上层人物，隐蔽开展工作。工委书

---

① 冀中人民抗日斗争史资料研究会办公室编：《冀中人民抗日斗争资料》第15期，1985年3月，第67页。

记苏玉振建议，第43区队政治委员刘立夫改变策略，分散隐蔽开辟根据地。随后，苏玉振率部分兵力，于平大公路以东大兴、宛平交界处向北发展；办事处主任刘广钰率部分兵力于平大公路以西，永定河两岸向北发展，分别隐蔽开辟根据地。他们积极揭露日本侵略者罪行，宣传共产党抗日主张和人民军队全心全意为人民服务的宗旨，同时不以摧毁伪基层政权为目的，而主要是争取伪政权为我所用。

3月，七字工委和办事处分别改称为平南工委和平南办事处。4月，第10军分区司令员刘秉彦带第43区队2个连进驻长安城。刘秉彦率部与平南抗日先锋队进行辛庄战斗，后杀了辛庄伪乡长和朱家务伪保长。夏初，日军发现不少伪自卫团不打八路军，还为八路军办事，就命令将各伪大乡自卫团枪支造册登记，限期上缴。为了不让武器被缴，平南工委和办事处决定配合第43区队，开展反收枪斗争。

8月，获悉敌将收缴枪支存于长辛店伪警察署，第43区队派2名同志，由皮各庄伪大乡长韩天经引荐，住于其在伪县政府任职的兄弟家，摸清了情况。8月25日夜间，刘广钰和第43区队副区队长冰野率第3大队奔袭警察署，缴获500余支枪。此战对反收枪斗争影响极大，很多伪自卫团和地方将枪主动交给八路军。通过持续3个月反收枪斗争，缴枪1000余支，充实了装备，动摇了敌在平南的统治基础。

10月，以第43区队1个排为骨干，抽调各区小队一部分人，建立了平南县大队。大队长刘启才，政委苏玉振（兼），大队下辖3个排，共100余人。12月中旬，第43区队第4大队与平南县大队合编为平南支队，支队长白宗善、政委苏玉振（兼），下辖2个大队，共300余人。不久后，平南支队智取了大狼堡据点。至此，开辟平南根据地取得重大进展，拥有一大批抗日堡垒户，部分村庄建立了两面政权，部队和抗日工作人员由秘密活动发展为半隐蔽半公开活动。

1944年12月，中共平南工委改为中共平南县委，平南办事处改为平南县抗日民主政府，苏玉振任县委书记，下设组织部（部长刘浩）、宣传部（部长陈宗琪）、敌工部（部长徐溅）；阎占彭任县长（刘广钰到晋察冀党校学习），下设民政、财政、实业、教育4科，以第43区队1个分队为基础建立平南县游击大队。5个联区，都建有区小队，并设有抗联会、农会、妇救会、青救会等群众抗日团体。平南县抗日政权的建立，标志着平南已由敌占区变成了抗日游击区。平南县抗日政府先后组织反黑地运动、帮助群众种地、挖地道等工作，进一步争取了群众，瓦解了日伪的统治。

1945年春，在抗日军民的共同努力下，很多村庄不再资敌，变两面政权为抗日的一面政权，使游击区成为较为巩固的根据地。于是冀中行署将平南县分为大兴县（平大公路以东）和涿良宛县（平大公路以西）。

经过两年艰苦斗争，平南地区被开辟成一块新的抗日游击根据地，扩大了第10军分区的回旋空间，对于开辟平郊和打通晋察冀与冀热辽的交通线，以及冀中解放战争胜利打下了坚实基础。

第六章　根据地的全面建设

茫茫夜暗一明灯，

灿烂新邦大地生。

莫谓星星东方烁，

终将血肉筑长城。

——罗立斌[①]

为了建设巩固的敌后抗日根据地，平郊广大军民在粉碎日、伪军"扫荡"的同时，加强了根据地的政治、经济、文化等全面建设。平郊抗日民主政权在发展军事、政治、经济、文化等方面的有效措施，赢得了抗日军民的积极拥护，为最终取得平郊地区抗日斗争胜利打下了坚实基础。

一、民主政治

早在1939年10月，中共中央指示各根据地要用全力从思想上、政治上、组织上巩固我们的党，巩固党所领导的军队和政权，以准备对付可能发生的国民党顽固派对日妥协投降的突然事变。1940年2月1日，中共中央进一步明确：猛力发展党政军民学各方面的统一战线，巩固和扩大各个抗日根据地，建立抗日民主政权，巩固与扩大进步的军队，巩固共产党的组

[①]　罗立斌，时任挺进军政治部宣传部部长。这首诗选自罗立斌所著《八路军挺进军抗战纪事——八年烽火战芦沟》。

织等任务。1940年7—10月，晋察冀边区行政委员会根据中共中央关于巩固敌后抗日根据地和建立"三三制"抗日民族统一战线政权的指示，在全边区开展了大规模的民主选举运动。此外，实行了精兵简政。

精兵简政是中国共产党在抗日战争时期的十大政策之一。这一政策的提出，与陕甘宁边区开明绅士李鼎铭的努力有很大关系。1941年以来，李鼎铭目睹了当时抗战面临严重困难和边区政府机构日益庞大的实情，内心非常忧虑。经过深思熟虑，他在陕甘宁边区第二届第一次参议会上，主动与其他几位参议员商议酝酿，向大会做了"精兵简政"的完整提案。该提案得到陕甘宁边区多数参议员拥护通过，很快受到中共中央和边区政府的高度重视。并在敌后各抗日根据地同样实行了这一方针。

毛泽东形象地强调了"精兵简政"的重要意义："假若我们还要维持庞大的机构，那就会正中敌人的奸计。假若我们缩小自己的机构，使兵精政简，我们的战争机构虽然小了，仍然是有力量的；因而克服了鱼大水小的矛盾，使我们的战争的机构适合战争的情况，我们就将显得越发有力量，我们就不会被敌人战胜，而要最后地战胜敌人。所以我们说，党中央提出的精兵简政的政策，是一个极其重要的政策。"还说道，"铁扇公主虽然是一个厉害的妖精，孙行者却化为一个小虫钻进铁扇公主的心脏里去把她战败了。柳宗元曾经描写过的'黔驴技穷'，也是一个很好的教训。一个庞然大物的驴子跑进贵州去了，贵州的小老虎见了很有些害怕。但到后来，大驴子还是被小老虎吃掉了。我们八路军新四军是孙行者和小老虎，是很有办法对付这个日本妖精或日本驴子的，目前我们须得变一变，把我们的身体变得小一些，但是变得更加扎实些，我们就会变成无敌了。"①

为了充分发扬民主，平西根据地在首次选举之前，县和区都成立了选举委员会，广泛深入地宣传动员和组织选举。县、区两级都普遍采取办训练班、召开群众大会、选民大测验等形式，对群众进行民主选举的意义和政策教育。各级政府连续举行3次大选，各级政权建立了相应的民意机关，平西群众比较普遍地动员到民主选举运动中，偏僻的山沟小村都被发动起

---

① 《解放日报》，1942年9月7日。

来，一时间形成群众参政议政的热潮，平西建政迈出了里程碑的一步——民意机关的产生和选举制度的实施。各级政权逐渐为共产党员、基本群众所掌握，各种政策法令的贯彻也逐渐深入群众，特别是政权建设的中心工作——财政经济建设，取得了显著成绩，如村概算、公粮运输、抗战勤务、军鞋等各种制度的建立和健全，整滩春耕等生产建设、减租减息的进一步实行等，为抗战胜利奠定了坚实的基础。政府在人民心中的威信得到显著提高。

1941年，由于敌人加紧"扫荡""蚕食"，北岳与平西地区的巩固区面积比上年度缩小了近1/4，人口也大幅减少，劳动力明显不足，人民负担加重了，部队建设也面临兵源不足的问题。加上伤病和其他非战斗减员，多数连队都不满员。平西大部分地区的人民负担超过国民经济总收入的10%，有的村庄甚至超过了30%。边区政府的财政入不敷出，要靠增加货币发行来弥补，广大抗日军民生活极其艰苦。

根据地面积缩小，人力、物力和财力减少的同时，军队与地方脱产人口比例不相适应的问题越来越凸显。以平西地区为例，脱产人员1.1万人，总人口约20万，占比为5.5%。调整机构，实施精兵简政，成为当务之急。加上敌人不断"蚕食"，在平郊抗日根据地到处建立据点、碉堡，挖封锁沟，修"人圈"，制造"无人区"，调整主力军与地方军比例，加强地方武装与人民武装的建设也成为刻不容缓的事情。

1941年11月，中央军委颁发《关于敌后根据地军事建设的指示》，决定在各抗日根据地普遍实行精兵简政，整编主力军、地方军、民兵三级武装，重点是加强地方武装与民兵建设。关于各种武装力量的比例，指示规定：主力军与地方军一般为二比一；在平原根据地为一比一；在某些最困难的区域，应当无主力军与地方军之分，全部武装地方化。在脱产人员与根据地总人口的比例上，规定脱产人员只能占根据地总人口的3%左右。

根据中央军委指示和晋察冀分局高干会议的决定，晋察冀军区进行了精兵简政，整编三级武装。1942年1月，冀察热辽挺进军和冀热察区党委的机构撤销，原挺进军司令员萧克出任晋察冀军区副司令员。而后，平西改为第11地委，平北为第12地委，归北岳区领导；冀东为第13地委，受中共北方分局领导。同月撤销挺进军番号，平西为第11军分区，平北为第12军分区，冀东为第13军分区，直属晋察冀军区。

村政权也实行了精简。简政则主要由政权机关进行精简机构、裁减冗员，达到精简、统一、高效、节约和反对官僚主义的目的。

1942年春，平西各村再次举行选举运动，村政权各方面建制、功能得到健全，村政权的政治参与度不仅提高，妇女参政现象也势头喜人，平均参选率高达40%。仅昌宛县就有360余名妇女当选村代表，百余名妇女当选委员。因政策法令逐渐深入人心，政权的教育功能开始发挥作用，原来平西的青年中90%以上是文盲，两年后文盲已扫除30%，有9000名青年参加夜校。青年的职业、婚姻、劳役上也有了保障，青年参加工作，请求执行政府颁布禁止早婚和买卖婚姻等法规，规定18岁以下青年不得做重劳役工作等。

1942年9月1日，中共中央发布《关于统一抗日根据地党的领导及调整各组织间关系的决定》，明确指出各根据地要有一个统一的、领导一切的党的委员会，作为一元化领导的最高领导机构，统一领导党政军民工作。为统一党对地方和军队的领导，分局、区党委和地委书记分别兼任军区和军分区政治委员，另设副书记负责党的日常工作。这一决定，有效地解决了军队与地方两个系统间很多工作协调不便的问题，深受军地欢迎。至1943年2—3月，平西、平北、冀东各地委先后完成了改组。

1943年2月，晋察冀边区又进行了精兵简政。平北地区划归平西地委和第11军分区领导。撤销了平北地委和第12军分区机构，改组成平西地委平北分委和平北支队。原平北的丰滦密联合县，划归冀东地区领导，当地第10团一部，划归第13军分区指挥。政府行政层级以平西1943年为例，晋察冀边区政府（行署）—平西专署（第6专署）—县政府—区政府—村政权。1944年9月，晋察冀边区全面调整行政区划，晋察冀分局和军区成立冀晋、冀察、冀中、冀热辽4个区党委、行署和二级军区。

为了克服长期的财政经济困难，平北地分委一方面领导群众在春耕时节掀起生产热潮，扩大了耕地面积；另一方面贯彻精兵简政政策，进一步缩小机构，减少非战斗人员比重，对战斗连队则进行了充实，极大地减轻了人民负担，提高了群众的积极性和部队的战斗力。当年夏，边区进行了第4次精兵简政，平西、平北、冀东各级政权机关进一步精简，更加精干高效。

1944年元旦，晋察冀军区政治部和边区各界抗日联合救国会同时公布了《晋察冀人民子弟兵拥政爱民公约》《晋察冀人民援军公约》。而后，运用宣传画、连环画、歌词、鼓词等多种形式，进行了广泛宣传。各军分区在春节前后普遍开展了拥政爱民运动和拥军优属运动，党政军民互相拜年，举行联欢，锣鼓喧天，一片欢腾。

为改变晋察冀军区、分局直属单位太多、指挥不便的状况，1944年7月28日，中共中央做出了在晋察冀分局和军区下划分4个区党委及军区的决定，其中以第2、第3、第4分区及雁北区（雁北改为分区）为冀晋军区；以第1分区、平西、平北（平北改为分区）为冀察军区；以冀东改为冀热辽军区；冀中不变。这一政变，对优化指挥、提高作战效能，发挥了重要作用。

二、减租减息

减租减息是中国共产党在抗日战争时期解决农民土地问题的基本政策，也是改善农民生活、发动农民参加抗日民族解放战争和生产运动，调节农民和地主两方面利益，巩固农村抗日民族统一战线的根本措施。

晋察冀根据地创建不久，大后方的民主人士和国际友人接连不断地前来考察、探秘，因为他们心中大多存在一个疑问：为什么在日、伪军盘踞着周围城市和铁路干线，经常调集重兵"扫荡"，又远离大后方，几乎得不到蒋介石任何物资接济的情况下，中国共产党却能在华北敌后建立起这样一个广阔且充满活力的根据地？

聂荣臻这样作答：关键的问题是发动群众。而如何才能发动群众呢？关键又是实行人民民主和改善人民生活。减租减息就是当时实行的一项重要政策。这样就使人民群众从封建剥削的重压下抬起头来，显示出强大的战斗力量。国民党在敌后也有不少部队，由于他们不肯实行这样的政策，所以以后一个个都垮了。这就是问题的答案。把人民群众充分发动起来了，我们就有了赖以生存的基础。八路军英勇抗击侵略者，保护了人民，人民群众又千方百计地支持我们，使我们得以克服各种困难。[①]

晋察冀的丰饶土地主要集中在地主、富农手中，无地或者少地的广大穷苦人民不得已向他们租种土地。冀东区10个县的13个村，占100亩以上土地的户数仅为总户数的0.91%，占50~100亩的为2.99%，占30~50亩的为7.19%，占15~30亩的为20.14%，占5~10亩的为40.25%，不足5亩的为28.52%。北岳区28个县的88个村，贫雇农每户只有2.5亩至7.5亩地，而地主每户则有平均97亩以上。无地少地的广大农民必须租种地主富农的地。北平附近和冀热辽一带，还遗留着清朝时期跑马占圈的"旗地""陵寝地""采邑地"。热河平泉有个地主，从家里到北平，所经土地全是他家的，他不踩人家土，不吃人家饭，就安稳进了"京城"。[②]

1937年冬，晋察冀抗日根据地战场动员委员会提出"二五减租"等主张；1938年1月，边区政府颁布减租减息条例，各地区遂展开此项运动。由于晋察冀边区不同于陕甘宁边区，其辖区的各区实际情况也不同，执行起来并不是一帆风顺，发展极不平衡。

北岳区中心区各县大部分地区执行了减租减息政策，实行"二五减租"、保障佃权、清理土地债务等政策措施，到1940年达到高潮。

平西中心地区的昌宛、涞水、房涞涿等县于1940年前，先后执行了减租减息政策。其中，昌宛县1938年2月起执行，涞水和房涞涿联合县都在《双十纲领》[③]颁布后才开始执行，直到1943年10月，才真正深入执行，并能保证在减租减息后交租交息的"只是涞水、昌宛、房涞涿和蔚县等中心区村"。即使在这些地区也存在执行不力的问题，如涞水县3个区9个村308家佃户中，有113家佃户没有减过租，占佃户总数的36%以上。在昌宛的天

① 中央档案馆、《晋察冀抗日根据地》史料丛书编审委员会编：《晋察冀抗日根据地·第二册》（回忆录选编），中共党史出版社1991年版，第10页。

② 晋察冀人民抗日斗争史编辑部编：《晋察冀人民抗日斗争史参考资料第18辑·晋察冀人民翻身记》，1982年8月，第5页。

③ 双十纲领，即《中共中央北方分局关于晋察冀边区目前施政纲领》。由于该纲领刚好有20条，所以又被称作《双十纲领》。

合村，21家佃户仅一家减了租。①1943年10月，平西区进行了深入的减租减息运动，充分发动了群众，采用了民主仲裁等方式来认真解决以往工作中存在的问题，仅房涞涿联合县24个村统计，共退租461石多粮食，新订租约395份；昌宛四区11个村，66个租佃关系，退租73石粮食。

1944年2月8日，晋察冀分局在《关于平西现状向中共中央和北方局的报告》中写道：

> 一年余来，平西工作有很大成绩，胜利完成了前春北岳区党委给予之任务。在巩固区进一步发动群众，执行减租政策，发现了过去未彻底减租及在地主反攻下农民丧失既得利益的许多事实，加以纠正，提高了群众情绪，加强了群众组织，使党获得更广泛的群众基础。在根据地经济工作活跃上有了一些成绩，开辟了一些贸易路线与集市。②

平北地区地瘠民贫，不利于多养兵，但为了坚持武装斗争，兵太少肯定不行。如何最大程度调动群众抗战和生产积极性，处理好军民关系，就显得极其重要。此外，平北60%~70%的土地集中在只占总人口15%左右的地主和富农手中，而人口占比80%以上的贫农和中农却仅占有土地30%~40%，广大农民深受封建剥削压迫。地租还名目繁多，平均高过40%，有的高达70%~80%，有的佃户一年的收成还不够交租。农民还饱受高利贷之苦。龙延怀五区一户借了5升豆子，还了3升又干了3年长工才算还清。正如民谣所唱："穷人身上两把刀，租子重，利钱高；穷人面前三条路，逃荒、要饭、坐监牢。"③

平北虽然较早启动了减租减息运动，但仅在个别区、村彻底贯彻执行，

---

① 《晋察冀日报》，1944年2月24日。

② 《晋察冀抗日根据地》史料丛书编审委员会、中央档案馆编：《晋察冀抗日根据地·第一册》文献选编下，中共党史资料出版社1989年版，第908页。

③ 中共北京市委党史研究室编：《北京地区抗日运动史料汇编》（第四辑），中国文史出版社2000年版，第416页。

大部分主要是停留在宣传阶段。1941年，平北巩固区中，彻底实行减租的只有11%，初步执行的有16%，基本贯彻的有67%；游击根据地中，相应的比例都要低得多。

1941年秋季反"扫荡"结束后，平北游击根据地的形势更加恶化，入冬后敌人进一步割断平北与冀东抗日根据地的联系，加紧了进攻。地方干部被捕牺牲的数量很大，斗争形势日趋严峻。至1941年后半年，平北已经形成大块游击根据地时，依然没有把工作重点转移到发动基本群众上来，因而产生了一些偏向。如大部分地区没有很好地实行合理负担、减租减息政策，广大农民负担过重，生活没有得到改善。会议要求各级认真学习中共中央关于坚持敌后斗争的各项政策和有关指示，并以此为武器，检查改进本地区和本部门工作。

1942年6月12日，平北地委与军政委员会召开联席会议，讨论了平北面临的形势，检查了工作中的缺点错误。会议认为，平北游击根据地的政权和群众工作，过去主要是以隐蔽、半隐蔽和渗入方式通过当地上层分子开展起来的，基层政权绝大部分是"两面政权"，党的工作并没有在群众中建立起牢固的基础。

1943年5月，平北地委在龙赤县西坡村召开会议。会议传达了晋察冀分局的指示，对过去的工作进行了认真的检查和总结，重新明确了工作方向，并制定了具体措施。会议指出：首先，转变平北工作的中心环节在于发动基本群众，不发动基本群众，单靠武装部队，根据地也不可能巩固；其次，要贯彻执行党的土地政策，开展减租减息、增加工人（雇工）工资的工作，减轻农民所受的封建剥削，改善群众生活，调动广大农民群众的抗日生产积极性。同时，会议提出改造区村政权的任务，分析了敌我斗争形势和敌人"扫荡""蚕食"的特点，明确了今后的斗争方针：克服右倾，开展群众游击战争，进一步贯彻党的一元化领导，以武装斗争为主结合其他形式形成革命的总力战，开展反"蚕食"斗争，准备粉碎敌人的大"扫荡"；正确地掌握革命的"两面政策"，深入敌后，建立各种形式的游击根据地。会议针对当前根据地的经济困难，也制定了具体的改善措施。会议最后指出党在当前的主要任务是：在反右胜利的基础上，积极贯彻党的各项政策，主要是减租减息政策、"三三制"政策，加强武装对敌斗争，大力发动组织群众，开展游击战争，为进一步巩固和扩大根据地而斗争。会议明确指出发动群众开展减租减息是关系根据地生死存亡的问题，并针对平北的问题做出相关决定：在已执行减租减息政策而不彻底的地区，应着重纠正"明减暗不减"等现象，以保障与巩固农民的既得利益；在尚未实行减租减息政策的巩固区和游击根据地，应积极发动群众，实行减租减息政策和劳动政策；游击区具备条件的应适当执行；没有条件的在团结对敌的前提下，要准备和创造实行的条件。

西坡会议是平北革命历史上具有极其重要意义的一次会议。会后，平北党政军群各级组织认真贯彻执行分局指示，在减租减息、合理负担、改造村政权和群众武装建设等方面，发动和依靠基本群众，认真执行党的政策，积极开展工作。经过艰苦奋斗，平北军民逐步扭转了被动局面。

10月1日，中共中央发出《关于减租、生活、拥政爱民及宣传十大政策的指示》后，晋察冀分局和边区政府认真总结了6年来执行减租减息政策的情况，指出：北岳区、冀中区基本上执行了减租减息政策，但各地极不平稳，冀中较北岳区尤甚，平北大体上才初步执行，冀东则基本上尚未开始执行。[①]提出：在工作开展较晚的地区，如平北大部、冀东等地，减租成数可由一成至二成五，最高租额可略高于37.5%。

10月28日，边区行政委员会发出《关于贯彻减租政策的指示》，指出："自从边区实行减租减息与交租交息政策以来，对于发动广大农民抗战与生产的积极性，巩固统一战线，坚持根据地，曾经起了重大作用。然而由于各地工作发展不平衡，敌我力量在战斗中不断变化，特别是由于个别地区对减租减息政策的重视不够，以及执行中的粗枝大叶，致使这一政策尚未得到普遍深入的贯彻。为了坚持对敌斗争，开展大生产运动，巩固团结，渡过难关，各地必须彻底实行减租减息，进一步组织动员农民，发挥农民的积极性。"此后，晋察冀抗日根据地减租减息运动进入了新的阶段。经过

[①] 《中共中央北方局》资料丛书编审委员会编：《中共中央北方局·抗日战争时期卷》（下册），中共党史出版社1999年版，第951页。

减租减息，抗日根据地发生了巨大变化。

1943年冬，在昌延、龙赤巩固区加强了减租减息、增加工资、清理旧债等工作，在部分地区实行了"二五减租"和"一五减息"政策，提高群众觉悟，使他们敢减敢要，同时要求地主、富农执行政策，对破坏捣乱者予以处罚乃至镇压。

据昌延、龙赤、龙延怀、龙崇赤4个县的182个村统计，1943年共有1018户佃户实行了减租减息，减租亩数为6445亩，平均减租率超过20%。在增加工资方面，据对昌延、龙赤、龙崇赤3个县的不完全统计，1943年共有26个区140个村共1269名工人参加了增资斗争，增资率平均约30%。密云县的长工经过斗争，除原工资外，每人增加300~500斤小米。

1944年5月，平北地委根据晋察冀分局的指示，做出了改善民生深入减租减息运动的决定。实施过程中，以巩固区为重点，针对不同地区灵活采用不同方法，对过去执行彻底的地区，重点纠正明减暗不减及减得不彻底的，保障与巩固群众利益；对过去从未真正实行过的巩固区和游击根据地，充分发动广大群众，做好宣传解释，在此基础上实行减租减息。在具备条件的游击区适时推行，在尚不具备条件的游击区，积极创造条件减税。据不完全统计，仅龙延怀联合县，有3个区38个村实行了减租。

这次发动的大规模减租减息运动，针对性强，注重实效，各地区执行得很认真。北岳区的巩固区和较巩固的游击根据地，基本得到了彻底执行。大部分游击区的县彻底实行减租减息的村庄在42%左右。冀中区的游击根据地，工作比较彻底。平北进步最为明显，其有近半的村庄不同程度地进行了减租减息。冀热边基本区基本实行减租减息，新恢复、开辟的地区，进展则不平衡。

减租减息后，农民所受剥削极大减轻，生活普遍得到改善，生产积极性大幅提升，不仅为恢复和开辟地区创造了有利条件，还为扩大解放区打下了坚实基础。

8月31日，晋察冀分局关于减租问题向毛泽东报告汇报了各地区在贯彻减租政策中存在的问题。指出："由于对减租政策的认识不足，即使在比较彻底贯彻了减租政策的地区，还仍然存在着一些问题。极少数落后村庄，减租还不够彻底。在一部分地区（包括游击区），在贯彻减租中，还是采取了自上而下领导，多于自下而上的发动，以及'恩赐观点'的存在，群众虽然得到利益，但还没有达到真正发动群众之目的。在一部分游击区（冀东大部地区，冀中十分区全部、六分区大部，北岳二分区，雁北、平北区大部地区，其他分区一部），仍由于对敌斗争与减租的对立以及团结上层与发动群众的对立等错误认识，还没有根据可以条件实行减租。"同时要求："在比较彻底减租的地区，必须以大力一村一户一件地深入检查。在北岳、冀中、冀东的游击根据地，过去执行过减租的，要继续全面贯彻减租政策，未执行过减租的，要有步骤地认真地执行。在新开辟地区及未实行过减租的游击区，如果我们已经取得一定优势，应开始执行减租，未取得优势的，先宣传十大政策，准备条件，逐渐实行减租。敌占区及隐蔽根据地，应在民族团结、共同对敌、互助互让的原则下解决农民一些困难，说服地主少收一部分地租等。继续贯彻减租的重点，从全边区讲，是广大的游击区。"①

9月9日，晋察冀分局关于边区人民负担情况向毛泽东报告："平北区1943年人口30余万，征收米400万斤、伪钞200万元、布15000匹、棉9000斤、鞋9000双。1944年人口60余万，拟征收数字较上增多二分之一。"②

平北当时流传这样一首歌谣：

> 俺村里有个王老三，租种着嘎咕地二亩半。
>
> 浇三遍，锄三遍，打下粮食一石三。
>
> 租子交了整一石，辛辛苦苦整一年，
>
> 只剩下南瓜豆角山药蛋，可气可怜一冬天。
>
> 王老三，心盘算，要把那租子二五减。
>
> 二五减，为哪般？为的是生活不困难。
>
> 不困难为哪般？为的是胜利去抗战，去抗战！③

---

① 《晋察冀抗日根据地》史料丛书编审委员会、中央档案馆编：《晋察冀抗日根据地·第一册》文献选编下，中共党史资料出版社1989年版，第943页。

② 同上，第947页。

③ 平北抗日斗争史调研组编：《巍巍海坨山——平北人民抗日斗争纪实（一）》，第799页。

以平北昌延地区为例，大量土地集中在地主和富农手中，群众要么只有很少的土地，要么没有土地，需要租种地主、富农的地，或者给他们当长工，方能维持生计。当时平均租额在50%以上，最高甚至达到了60%~80%，农民生活极其困苦。不少人只好借债度日，一旦借上高利贷，基本上就是给身上套上了永远摆脱不掉的枷锁。据曾在昌延联合县工作过的靳子川回忆：

> 昌延县抗日民主政府成立后，根据中共中央政治局1942年1月通过的关于抗日根据地土地政策的决定和平北专署办事处颁布的《租佃债息条例》，向群众广泛宣传党的租佃债息政策，在提高群众觉悟的基础上按规定实行了"二五"减租，地租不得超过"三七五"[①]；实行了"一五"减息，借债利息不得超过一分五[②]。这就削弱了地主、富农对农民的剥削，减轻了贫苦农民的负担。同时，为了团结地主、富农抗日，还规定了佃户、债户要按规定交租交息。[③]

由于减租减息是新生事物，开始注重靠行政命令宣布实行，没有开展深入细致的思想工作，未能充分调动起人民群众，加之地主、富农有抵触情绪，群众担心被他们"秋后算账"，因而"明减暗不减"。后在各级的解释宣传工作下，这种现象得到了改观，昌延实行减租减息的村子，从1943年的约50个发展为1944年的80多个，到了1945年则更加广泛深入。

经过减租减息，极大地减轻了广大贫苦农民的负担，也在一定程度上维持了地主、富农和债主的利益，对调动全体人民积极抗日发挥了很大作用。

---

① 指出租地收获一石粮，交租不得超过三斗七升五；原定租超过三斗七升五者按25%减租，减一次仍超过三斗七升五者再按25%减租一次，减至不超过三斗七升五为止。

② 指借债一元，月利息不得超过一分五，年利息不得超过一角五。

③ 大庄科乡人民政府编著：《为有牺牲壮志酬——平北昌延联合县抗日斗争纪事》，线装书局2018年版，第47页。

三、大生产运动

军民大生产运动是取得抗日战争胜利的重要保证。在日、伪军的疯狂"扫荡""蚕食"下，加之国民党军的包围封锁和严重自然灾害的肆虐，抗日根据地军民处境异常艰难。正如毛泽东所指出的那样："我们曾经弄到几乎没有衣穿，没有油吃，没有纸，没有菜，战士没有鞋穿，工作人员在冬天没有被盖。"① 为了克服严重的财政困难和物质困难，中共中央发出开展大生产运动的号召，并相继在各根据地掀起大生产运动。

晋察冀军区八路军助民秋收

开展大生产运动，进行生产自救，是克服经济上严重困难的重要措施。抗日根据地大生产运动，是中国共产党根据地军民开展的具有独创性的实践。抗日军民热烈地进行着大生产运动，不仅拿枪杆子、笔杆子，而且拿着锄杆子，在山头开荒种地，为根据地军民渡过难关，夺取抗日战争的最后胜利打下了坚实的物质基础。毛泽东、周恩来、朱德等不仅发动和领导了大生产运

---

① 《毛泽东选集》（第三卷），人民出版社1991年版，第892页。

动，还带头参加生产劳动，如毛泽东在延安杨家岭开荒种地，周恩来参加纺线比赛成绩优异被评为劳动模范，朱德开荒种地、背筐拾粪。在他们的带领下，大生产运动在全国解放区更普遍地开展起来。亲眼见证军民大生产运动的美国著名作家、新闻记者哈里森·福尔曼（Harrison Forman）感慨，世界上从没有任何一支其他军队，像八路军那样大规模地进行过大生产运动。

晋察冀边区是模范抗日根据地，因此在大生产运动中，也做得不错，取得了显著成绩。平西根据地山多地少，交通不便，劳动力缺乏，生产条件十分艰难，多年来耕地面积始终保持在15.7万亩左右。经过1939年的开荒运动，耕地面积增加至17万亩以上，一年之内增幅达到8%以上。据1940年统计，冀西、平西、晋东北29个县年内共开荒19.99万亩。[①]

在1940年的春耕运动中，晋察冀边区政府提出"动员军政民全部力量，武装保卫春耕"口号，要求能生产的都要参加，不荒废一寸土地，还拨出专款奖励劳动英雄和模范单位。从平西山林到冀中白洋淀水乡，从冀西山区到晋东北高原，处处展开了生产竞赛。为提高产量，边区非常重视农业技术发展。在育种方面，培养了燕京811号、燕京14号、燕京15号抗旱新谷种，可增产10%~25%；培育的黄牙齿、白马牙、大金贵等新玉米品种可增产10%~20%。这些新种子在平西农村广为种植，提高了产量。

1943年春，为克服困难，坚持抗战，平郊根据地抗日军民积极响应毛主席"自己动手，丰衣足食"的号召，纷纷上山开荒种田，同时发展各种副业，如烧炭、采药、种菜、养猪、养鸡、卷烟、搞运输等。大生产的热潮在各根据地热烈展开，在一些"无人区"和"人圈"里也克服重重困难开展。在丰滦密"无人区"，县区分别成立生产委员会，组织群众生产，发放生产贷款和种地，督促检查生产计划的执行情况，机关采取多种措施，鼓励发展生产，规定凡新开垦荒地3~5年不交公粮；对先进者奖一头驴，对机关单位按其生产所得十分之四上缴，余者自留予以奖励；提倡农牧副渔全面发展。该县在1943年新开垦的3748亩荒地，就收获粮食11.1万多斤，进一步

---

① 黄文主、赵振军主编：《抗日根据地军民大生产运动》，军事谊文出版社1993年版，第109页。

缓和了经济困难情况。大生产运动为抗战胜利奠定了坚实的经济基础。

平西地区的机关部队，帮助群众春耕秋收、开荒修渠，还帮助做一些手工业劳动，集中力量开荒种粮。1943—1944年春，第11分区政治部就曾一度停止日常工作，全力进行大生产运动。

1944年6月12日，八路军干部刘荣在行军路过平西板城时，在日记中这样写道：

> 拒马河环绕着平西腹地的峻山，徐徐前行，山清水秀，风景异常优美，军政民住满两岸，每天都是忙碌着生产，压苗的、浇田的、种茄子的、拾粪的……

在路过平西赵各庄村时，刘荣有感于平西经过大生产运动后，军民生活得到极大改善，遂在笔记中写道：

> 我们生长在战争环境里，生产被破坏着，生活水平日益下降，谁也没有想到在抗日战争的第八个年头中，军民生活不仅未比前几年下降相反而上，特别是今年上级一再号召改善给养，也真的改善了。这是由于党号召让大家生产，并告诉了具体办法：一面战斗，一面生产。战斗与生产结合起来，前面打着仗，后面进行生产，打仗部队在战争空隙中也进行生产，军队在游击区域内掩护群众生产，新开辟的区内也赶快地帮助群众进行生产。说明我党的领导英明和远见。过去人们印象中，平西生活艰苦，吃小米都不是经常事，只有病号才有条件吃，同志们被分配到平西时内心总是有点不舒服。我这次来，抱着要工作的情绪，内心十分激动，不怕一切困难，做足了吃苦的准备。到这里却不然，给养调剂很好，比军区那面要好得多。一问原因，原来是开展了大生产运动，加上扩大了许多新的地区。[1]

---

① 梁山松、林建良、吕建伟编：《烽火晋察冀：刘荣抗战日记选》，中国文史出版社2015年版，第163—164页。

当时，平西很多村民开辟了自己的菜园、庄稼，有的长得很好，村民们抱着黄瓜、南瓜、山药蛋，满脸笑容而归。赵各庄村的玉米长得有丈许高，秆有五分粗，从未看见过如此壮大的玉米。见了老乡，若问今年收成怎样，他们马上喜气洋洋地回答道：今年好收成，不下雹子的话，每亩可收担余，今年军民棒子是吃不清呀！

1944年8月2日，刘荣在日记中写道：

> 李专员报告，自从毛主席提出"组织起来"以后，在平西二十个区组织了千余个楼工程，参加者万余人，节省工时一万五千个，军民开荒共两万亩，军队占四分之一，可收万担粮。继之奖励与批评这次到沟线外面背粮民兵中的好坏者，号召背七十斤往往都超过。虽在中午炎日之下，然而会场流溢着愉快心情。"今天为将来的胜利打下了底子。"每一个人都这样想着。

1943年春，昌延联合县根据平北地委指示，深入贯彻中共中央实行精兵简政和开展大生产运动精神，各级党政领导对财政经济一抓开源、二抓节流。大生产运动，对保证物资供应，改善党、政、军、群众生活，克服经济困难，巩固与发展抗日根据地发挥了不可替代的作用。县机关除有计划地帮助群众生产、保卫生产外，还动员机关全体人员抓紧利用战斗间隙尽最大努力开荒生产，开展劳动竞赛，评选劳动模范，同时，发动群众开荒地、垫河滩，积极扩大耕地面积。种地劳力不足就换工互助，敌情紧张就劳武结合，民兵放哨，群众生产，敌来我走，敌走我种，村村联防，互相接应。村与村、户与户、组与组，甚至父与子之间都展开了生产竞赛。敌人大肆修筑封锁沟、封锁墙、堡垒据点、公路、"无人区"和"人圈"时，占掉了大量耕地。仅冀晋、冀中、冀察、冀热辽4个地区统计，从全民族抗战至抗战胜利，敌人碉堡、公路、沟墙等占掉的土地不下140.7万余亩。平郊广大抗日军民开展了平封锁沟、拆封锁墙、挖汽车路，把沟、墙、路占去的土地都种上了庄稼。[①]

---

① 大庄科乡人民政府编著：《为有牺牲壮志酬——平北昌延联合县抗日斗争记事》，线装书局2018年版，第103页。

四、边区文化

　　1938年春，晋察冀边区成立了文化界抗日救国会。此后，从边区到村镇，都设立了相应组织，如边区有文救会，县有县分会，区有区分会，村有文教小组，以团结一切抗日的文化工作者，开展边区新民主主义文化运动，普及并提高边区文化，发展文化抗战力量，对推动边区的文化教育事业起到了不可替代的作用。

　　晋察冀挺进军成立伊始，就非常重视宣传工作，以宋时轮支队的宣传队为基础，于1939年5月1日成立挺进剧社。剧社驻地为三坡的庄头村，开始属挺进军政治部，后相继改属平西军区政治部和冀察军区政治部领导。挺进剧社白天行军，晚上编排节目。社员组成宣传小分队，在村头，在路旁，在各种大小场所，在炮火纷飞的战斗间隙，宣传政治形势，鼓舞战斗士气，成为战时很好的精神食粮。"挺进！挺进！左面是长城燕山。挺进！挺进！右面是渤海平原！敌人要把这块土地当作战略后方，毛主席命令我们在这里坚持抗战。"这首《挺进剧社进行曲》，传遍了根据地每一个角落，鼓舞着广大抗日军民，为打败日本侵略者而英勇战斗。

　　当时的三坡地区非常落后，村民们对新事物既好奇又抵触。但挺进剧社宣传队到达庄头村时，受到了群众热烈欢迎和招待。初期演出的节目几乎全是由中央人民剧社和第120师战斗剧社带来的，非常受指战员和群众欢迎，既给人力量，又供人享受，的的确确是很好的精神食粮和思想武器。①第一场正式演出，是在北平西郊的妙峰山。剧社宣传队的队员们先是向来的群众宣传抗日十大纲领，接着演讲武汉、广州失守后的抗战形势和敌后军民的任务，最后演出了3台戏、7支舞、10余首歌，效果非常好。

　　1939年底，日军飞机疯狂轰炸平西根据地，有时一天会炸10余次。挺

---

　　① 中国人民解放军文艺史料编辑部编:《中国人民解放军文艺史料选编·抗日战争时期（第二册）》，解放军出版社1988年版，第114—116页。

进剧社的同志们仍然坚持巡演，白天一面行军，一面躲避空袭。有一次外出演出，天空下起了鹅毛大雪，队员们背着背包、干粮、手榴弹和演出的道具，在雪地行军100余里才回到宿营地。次日，敌3架飞机突然发起袭击，村里村外火海一片，3名队员和不少群众牺牲。就在这一年，抗日军民曾在明十三陵误俘意大利籍邮局人员巴利蒂，遣返前，他观看了挺进剧社的演出，情不自禁地感慨道："想不到这里有这样强大的抗日部队，还有这样美妙的歌舞。"

1941年6月18日，晋察冀边区文化界抗日救国联合会成立。其宣言谓："我们处在敌人遥远后方的晋察冀边区，虽然战斗紧张频繁，虽然有时隔绝了全国各地的帮助和联系，但是，文化战线的斗争丝毫没有放弃。我们这里是全国模范的抗日民主根据地，在中国共产党的帮助下，在进步的政治条件下，文化工作在抗战以来飞跃地发展了！这里不断尖锐地打击了敌伪的奴役文化和与敌伪勾结的一切封建落后文化，这里实施了足为全国模范的抗战教育和普及教育，并开展了识字运动和文艺娱乐工作，推行社会教育，扫除了相当数量的文盲，普遍地提高了群众的政治文化水平，而理论研究、艺术创作、自然科学和文化各部门，也都不断在获得进步。"

1941年5月，晋察冀军区政治部下发《关于开展部队文艺工作的决定》，其强调："部队文艺工作是指部队中的戏剧、音乐、美术、文学等等活动而言。部队文艺工作是部队政治工作的一个重要部门。它不仅能够帮助部队的政治文化教育与宣传鼓动，调节部队生活，提高部队战斗情绪，而且是密切部队与群众联系及扩大我军影响的有力武器。"要求"分区政治部宣传科设文艺干事一人，在宣传科直接领导下执行上级指示，负责组织领导全分区的文艺工作与俱乐部工作。分区剧社除本身演出创作外，应负责推动、影响与指导全分区部队的文艺活动。团宣传队本身应注意戏剧、歌咏、美术、文艺通信等工作的平衡发展，以影响部队战士文化生活的多样。以连为单位成立戏剧小组与歌咏小组"。

为了在广大指战员中培养作家，《晋察冀日报》发表题为"培养部队中的文艺作家"的文章，提出"单凭几个知识分子文艺家写一些部队题材的作品给战士看是不够的；还必须使每一个战士（至少是一部分）也学会运用自己语言，写出（或讲出）自己的（或集团的）生活、感情与战斗的意志"。为了鼓励初学写作的指战员，军区和几个分区的报纸发表了不少他们的作品。

为了应对日本侵略者"三分军事，七分政治"、企图摧毁敌后抗日根据地的军事、政治、经济、文化的总体战，华北各地开展了一个军民誓约活动，艺术工作者创作了大量通俗、短小的作品，各协会、研究会、剧社、文艺组织活跃起来，很好地推动了文化普及与提升工作。

1943年9月，音乐家曹火星来到涞水县九龙镇山南村工作，在敌人的进攻下，他脑海里迸发出一个代表亿万中国人民心声的最强音：没有共产党就没有中国！几经雕琢，《没有共产党就没有中国》的初稿在山南村诞生，结合当地非常流行的霸王鞭舞蹈形式进行表演，迅速在全国唱响。后来，词曲经《晋察冀日报》传播，很快唱遍了晋察冀抗日根据地，并随着抗日战争和解放战争的节节胜利，传遍了全中国。后来，毛泽东在歌名中加了一个"新"字，使这首歌成为歌颂党的经典之作、真理之歌。

冀东紧靠伪满洲国，是根据地中斗争最残酷、战斗最频繁的地区之一。1938年，冀东部队就成立了文艺宣传队，活跃于冀东抗日战场。1939—1940年，冀东八路军第12、第13团先后组建了小型宣传队，使冀东部队的文艺活动逐步丰富起来，为建立冀东部队的专业文艺团体准备了条件。1942年5月，毛泽东《在延安文艺座谈会上的讲话》发表之后，冀东抗日根据地的广大文艺工作者深受鼓舞。冀东部队对开展部队文艺工作更加重视，时任政治部主任李中权积极主张冀东建立一支专业文艺队伍，以文艺为武器，宣传抗日，激励斗志。这项任务首先落到曾任平西抗日根据地挺进剧社指导员的张茵青和曾经从事过剧社工作的邓子如身上。而后，一些文艺骨干和文化程度较高的干部、战士调入，在地方坚持工作的一批女同志也调来了。一时间，剧社变得热闹起来。4月，戏剧表演艺术家郭东俊和音乐家黄河及美术家尤飞虹从晋察冀军区抗敌剧社调到冀东抗日根据地，同时，抗大二分校文工团的一些专业文艺工作者也先后调来，会集到一起的这时已有40多人，冀东部队文艺工作随之蓬勃开展起来。

1943年7月1日，冀东部队在迁安县西水峪村召开了大会，宣布剧社正式成立。因为剧社活动在敌人心脏，是一支在敌后坚持游击战的文艺新军，所以剧社被命名为"尖兵剧社"。尖兵剧社经常采取分散的方法到战斗一线战斗和演出。每次演出，台上台下都是人山人海，周围村庄的群众有的赶着大车，有的骑着毛驴，大老远地跑来看戏。乡亲们兴奋地说："好家伙！八路军上万人，带着大剧团，到处搭台演戏，宣传打鬼子……"在尖兵剧社的宣传影响下，不少知识分子和青年男女纷纷要求参加八路军，拿枪上战场打日本侵略者。

1943年以后，冀东新长城影社创作了不少反映现实斗争的新影卷，推动了冀东地区皮影戏的改革。

由于他们和战斗连队经常一起战斗、生活，身边就有大量的英雄事迹，所以到1944年便写出了八九个反映冀东英勇的抗日军民的剧本，如《夜深人静时》《沟线上》《三百人一条枪》《长征线上一双鞋》等。晚会演出的节目，几乎都是出席会议的英雄本人的事迹，如《活捉赤本大佐》《四个英雄的故事》。后来，尖兵剧社还帮助各分区成立了5个剧社，从筹组、培训、排练，直到能够独立演出和工作，负责到底，使冀东再也不是一花独放，而是六朵艺花齐放了。①

1944年7月，尖兵剧社和第15分区长城剧社联合演出了歌剧《地狱与人间》。军区首长指示在全民族抗战七周年纪念日赴军区演出。当演出队行至杨家峪时，敌1700余人将仅有百余户的杨家峪包围，第13军分区参谋长才山率10余人掩护队伍撤退，英勇牺牲。

1944年，抗战处于黎明前的最黑暗时期，冀东形势更加残酷和险恶。尖兵剧社社长黄天要求剧社必须更好适应战争形势，使自己更加战斗化、军事化。一年间，剧社演出戏剧58部，歌曲、器乐曲、宣传画、连环画、街头诗等120余件（幅），出版了3期《大众报》、7期《尖兵歌集》和大量供连队、乡村学校排演的文娱材料；行军3600里，直接参加战斗8次，缴获了部分弹药。据时任分区政治部主任的李中权回忆：

---

①　晋察冀文艺研究会编：《文艺战士话当年（十）》，文化艺术出版社1989年版，第26页。六朵艺花，指尖兵剧社和其帮助各分区成立的5个剧社。

尖兵剧社除有时分散到战斗团队外，一般是随政治部活动和参加战斗。1943年5月，在关内丰（润）滦（县）迁（安）地区，为粉碎敌人的"扫荡"，我率政治机关和尖兵剧社北出长城，在喜峰口外无人区之王厂沟，以两个连设伏，歼灭日本关东军春田中队一百余人。尖兵剧社分享了歼灭战胜利的欢乐。1945年9月，我们率各分区三个野战团，解放玉田县城之战，歼灭日寇赖谷大队三百余人，伪军一千八百余人。尖兵剧社在郭东俊、黄河等同志带领下，跟随攻城部队一起入城，抢救伤员，书写标语，进行战地演出，做了大量工作。①

冀东尖兵剧社1945年创作演出的反"人圈"斗争的大型歌剧《地狱与人间》，极大地鼓舞了冀东抗日军民的斗志。

艺术宣传的形式手段多种多样，大家共同克服困难，尽可能做好这件事。当时，平西在只有一盘石印工具的条件下，挺进军政治部还是发行了套色石印《挺进画刊》，除了面向抗日军民外，有时还针对敌占区印发专刊。冀东条件好些，除了漫画、宣传画、水墨画外，木刻配合诗歌也收到了意想不到的效果。由摄影图片所组成的《晋察冀画报》在抗战期间出版了13期，刊用照片近3000幅，在宣传教育和政治攻势方面发挥了重要作用。

音乐也是利器，其作用有时不亚于枪弹。专业的、业余的剧社、宣传队结合战斗、生产实际，创作出许多脍炙人口、接地气的好作品，无论是在前线、在庆典日，还是在敌据点碉堡附近演出，都能收到很好的效果。有些针对伪军伪警的节目，都是以事实为依据，由带队起义的伪军官自演或自述，常常是广场上下人群沸腾，据点里鸦雀无声。甚至连伪军里都流传着一些歌谣，如：

---

① 晋察冀文艺研究会编：《文艺战士话当年（十二）》，文化艺术出版社1989年版，第70页。

亡国奴，真难当，身上少衣，肚里无粮！

扛着破枪站大岗，看着鬼子玩姑娘！

各人都有妻和女，家里上锁也难防。

不知"八路"何时到？"吧嗒"一声让他见阎王！

当官的打来老百姓骂，不如赶早上山去投降！

十渡村等地曾流行这样几首歌，专门针对炮楼的伪军和伪警察：

唉！给我盛碗粥，伸手拿起窝窝头，白菜帮儿没有搁油，臭咸菜咬一口。唉！好难受！不如早日回家喝豆儿粥。

炮楼儿高，封锁沟儿长，寒冷天气没有棉衣裳，披上毯子和麻包，还得去站岗。

汉奸差事干了好久，伤天害理臭名留，回家妻劝儿哭爹娘骂，反正杀敌报报仇。

平北根据地当年流传的一些抗日歌谣，也有专门针对伪军实施心理震慑的，如：

皇协军，皇协军，刀子嘴，豺狼心。

抢姑娘，抢金银，活活气煞人。

一伙妖魔怪，割他的头，剜他的心！

还有专门唱给那些被日军抓去强迫当伪军的青年的歌谣，如：

小青杏，裂牙酸，我和妹妹做针线。

不见针线动，只见泪满面。

妹妹问我哭什么？想起你哥好心酸。

自从鬼子抓他走，编成伪军开前线。

恩爱夫妻给拆散，父母骨肉难团圆。

妹妹说：嫂嫂，嫂嫂，别心酸，

小乌鸦儿过南山，你给哥哥把信传。

就说日本不小沾了（不行了），

快快反正来这边（来边区）。

为妻做好衣和被，等你穿上去抗战。

除文艺工作外，根据地的教育工作也备受重视。

由于日本侵略者的文化侵略，平郊各城镇的学校基本在全民族抗战初期就停办了，教育很薄弱。只有平西办过两期民族革命学校，冀东在大起义后和反攻前夕接管过一些城镇中学。总的来说，战时的学校教育偏重军事、政治，边区政府颁发的小学课本编撰大纲明确要求侧重政治训练，了解国际形势，启发民族国家观念，解释抗战建国纲领等。这对于让青少年从小就关心国家大事，培养正确的三观无疑是非常有益的，但对科学、文化方面的基础知识教育不够。优秀的老师和学校干部，不少都调到了党政军工作岗位。为此，边区政府曾将1940年定为"文化教育年"，县、区、村的财政开支，用于教育的比重不小，老师的工资或津贴费比一般干部都要高，有些县长还兼职高小的校长，许多地方还制定制度，通过会议或短期培训方式来提高老师的质量。

据1942年5月统计，平西中心4个县共有小学近200所，学生7000人。只有涞水和昌宛两县还办有高小，其学龄儿童入学率分别达到53%和64%，明显高于其他地区，房涞涿不足22%，蔚县南山只有13%多。地委专署要求每区建立实验民校3~5所，年底学校增加35%，在校生增加40%，入学率达到70%。这些要求在当时是很高的，但各区都做了大量工作，取得了突飞猛进的成绩。至1944年秋，仅涞水县的小学就发展至100余所；平北的龙宣崇县实现了村村有小学，入学率达到了90%。游击区想方设法开办"游击小学"，"游击教师"们和学生时刻做好上课准备，敌人从前门刚走，他们就在后门集合上课。敌伪控制的地区，除了"两面政权"外，还出现了"两面学校""两面教材"，敌人来了就把他们强制学习的教材摆上桌面，敌人走了就按边区发的教材讲，或者专门讲日寇强制修改或删掉的内容，取得了很好的效果。[①]

　　经过平郊抗日军民的共同努力，文化教育工作取得了一定成绩，许多原来目不识丁的战士和群众也能写会认不少字了，而不少具有一定文化知识基础的人，文化水平得到大幅提升。

[①] 　罗立斌：《八路军挺进军抗战纪事——八年烽火战芦沟》，广西人民出版社1989年版，第483页。

第七章　根据地军民反攻夺取最后胜利

汹涌鲸波万里涛，降幡片片出东瀛。

捷音电闪传寰宇，爆炸雷喧起满城。

艰苦八年完胜利，阴沉一旦复光明。

头颅拼掷宁无价，必死方能庆更生。

——王冷斋[1]

从1943年夏秋之交起，日军在敌后战场尤其是华北敌后战场已经逐渐失去了战场主动权，华北地区的八路军已在部分地区逐步占据局部优势，以冀鲁豫军区实施的卫（河）南战役、第129师发起的林（县）南战役为标志，八路军首先揭开了敌后战场战略反攻的序幕。"他们活动的地区一眼就能看见北平、天津和青岛。"[2]1944年1月1日，中共中央北方局提出，1944年全华北的方针是"团结全华北人民的力量，克服一切困难，坚持华北抗战，坚持抗日根据地，积蓄力量，准备反攻，迎接胜利"。当年，平郊抗日根据地广大军民向日、伪军发动攻势作战，不断攻克据点和县城，收复失地。至下半年，日军不断将分散在边远地区的兵力收缩，壕沟堡垒和集家并村政策已大部分瓦解。1945年，平郊抗日根据地广大军民发起全面反攻，不断攻克平郊地区的据点并收复失地，夺取了平郊抗战的全面胜利。

---

[1]　王冷斋，七七事变时任宛平县县长。新中国成立后，曾任全国政协委员、北京文史馆副馆长、中央文史研究馆馆员。这首诗写于1945年8月10日，诗名为《民国三十四年八月十日晚八时闻爆竹声乃知日敌乞降狂喜书感》。

[2]　[美] H.福尔曼著，熊建华译：《来自红色中国的报告》，济南出版社2006年版，第108页。

一、向北平近郊进逼

1944年，晋察冀广大军民向日军发动全面出击，频繁攻击敌主要铁路交通线，不断攻占县城和消灭敌碉堡据点，在外线实行战略挺进，同时在各内线粉碎日军的报复性"扫荡"，展开了更大规模的攻势作战。

日本侵略者战线拉得过长，加上战争持久，资源严重不足，于是加紧了"搜剿"，如在房山、良乡成立"搜集委员会"，仅1944年小麦收割期间，便从房山县强抢小麦850吨。同年秋，日军还从良乡一批就抓了劳工200余人，这些劳工集中到一定数量后，便交到北平日本劳工总会。劳工在北平被强制剃头、洗澡，然后经塘沽乘船至日本北海道。不少人死于路途之中，有的则死在日本，只有少数活到抗战胜利并成功回国。

1944年5月12日，中共中央晋察冀分局在《关于目前边区形势与工作方针的指示》中，要求各地区利用有利时机，加强对敌斗争，抓紧空隙整训部队，发展生产，进行整风和谨慎的清查特务。指示强调，要积极向敌

1944年5月6日，平西部队收复平西妙峰山，
部队在王母庙前休息

八路军解放妙峰山

后之敌后伸展，并且给各区明确了任务，其中：平北、平西、第10军分区和冀热边区要相互配合，向北平近郊进逼，造成紧围北平的态势，扩大共产党和八路军的影响。平郊各根据地党委认真落实分局指示，积极向敌后拓展。

晋察冀军区确定1944年春夏季对敌斗争方针为："一面坚持巩固区，一面积极向游击区、敌占区伸展。"据此，北岳部队从1月起主动向蔚县、涞源、易县、完县、平山、门头沟、昌平等地出击，至5月攻克和逼退敌据点、碉堡350余个，并先后袭入忻口车站和定襄县城，使一些零星地区连成了较大的根据地。5月上旬至6月底，冀中部队作战百余次，攻克和逼退敌据点、碉堡40余处，歼灭日、伪军1400余人。8月的攻势作战中，解放了肃宁县，袭击了任丘、河间、深泽等20余座县城，袭入长辛店、宛平城，夺取了宛平武器库，获步枪500余支。

1944年7月，为庆祝中国共产党成立二十三周年和全民族抗战七周年，边区广大抗日军民以战斗行动庆祝建党和全民族抗战，广泛开展了攻碉堡和破坏敌交通线的斗争。平郊广大抗日军民结合各种斗争，持续展开攻势作战，给日、伪军以有力打击。

平西地区取得了使敌终止修建大同至塘沽铁路的胜利。敌于1941年起沿永定河右岸兴建据点，准备修筑从门头沟到沙城的铁路——同塘铁路。此铁路一旦修通，将使平西、平北两区的联系变得极为困难，并严重危及晋察冀全区。从动工之日起，平西军民始终在沿线进行袭扰，使工程难以顺利推进。但直到1944年7月，才达成了目的。在持续的争取工作下，珠窝据点内30余名工人发动暴动，活捉了2名日本工头，并争取3名朝鲜籍监工投诚。8月下旬，第11军分区以7个连的兵力，在水关、沿河城、清水涧一线展开破击。9月底，敌迫于无奈炸掉修路设施，运走了修理的机器及一切铁料，放弃了修路计划。

平北支队在外长城地区，拔除独石口、云州堡等据点，并开辟了张家口东北崇礼县大部分地区。骑兵部队已延伸至张北、沽源的坝外草原上。昌延怀地区敌人最突出的据点东山庙、长安岭等，经常陷于八路军和民兵围困之中。7月27日—8月10日，平北支队攻克高丽营据点，逼退了香堂、

八路军攻克平北景陵据点后，向想回家的伪军发放路费

八家、半壁店等据点之敌，攻入昌平明长陵地区，烧毁敌碉堡4座。在宣化、赤城地区也攻克或逼退了敌部分据点。9月，敌出动3000余人"扫荡"大海坨地区，平北军民广泛开展地雷战，5天内炸死日、伪军205人。为配合中心地区反"扫荡"，活跃在平北的武工队深入北苑附近，积极展开政治攻势。到处开群众大会，散传单，写标语，当晋察冀区委员会号召伪军、伪组织人员改过自新的布告贴上了安定门、德胜门的城关时，敌人惊慌失措，立即紧闭城门，派侦缉队到近郊巡逻。9月19日，八路军第40团远程奔袭张家口以东新营子据点，消灭伪蒙疆保安队100余人，敌遂撤出大海坨地区。

整个1944年，平北抗日军民基本占据主动地位，共战斗234次，攻入或逼退敌据点、碉堡59处，毙伤日军近500人、伪军近1050人，俘日、伪军及特务、伪联乡长等520余人，缴获炮2门、掷弹筒2个、轻机枪18挺、步枪579支、枪榴弹筒1个、手枪51支。巩固区由占全部地区11.2%变为22.3%，解放了260多个村庄，使20余万人民摆脱了日、伪统治。12个专署特县，昌延、龙延怀等县制一律取消，重新划为延庆、昌平、崇礼等8个新县制。民兵全年毙伤俘日、伪军503人。仅8—10月，民兵单独作战187次，配合八路军主力作战12次，毙伤俘日、伪军114人，炸伤日、伪军144人，炸死炸伤骡马34头，逼退敌据点3个，破坏公路539公里、桥梁18座、电杆587根、炮楼36座，收电线1157斤，缴获军用品甚多。①

冀东抗日军民在党的一元化领导下，也不断取得胜利。5月5日，第5区队3个连在密云北60里的干河场设伏，痛击敌"讨伐队"2500余人，经4小时激战，毙伤俘敌数十人，缴获轻机枪1挺、步枪38支、子弹4万发。5月12日傍晚，第1区队在葛代坨、代各庄和东、西沙嵩一带设伏，毙伤伪军百余人，俘1100余人。6月3日，日军2个中队和伪满洲军4个大队共千余人，由长城线上的将军关进至平谷县土门、熊儿寨一带宿营，八路军第13团和第2区队乘敌立足未稳，连夜发起强攻，经11小时激战，毙伤伪满洲军500余人，其余敌人狼狈逃窜，打破了敌人继续推行"集家并村"的计划。

6月24日，八路军第13团2个连攻克顺义县东北30余里的别庄据点，毙伤伪中队长以下40余人，俘伪大队长以下37人，缴获轻机枪3挺、长短枪55支。6月25日拂晓，八路军5个连将前往平谷县抢粮的敌人击退后，遭敌1500余人的援军围攻，黄昏后胜利突围，共毙伤日、伪军300余人。7月14日，第5区队3个连袭击密云500余敌，激战4小时，歼日军40余人、伪

1944年冀热辽群英会上被评为保卫家乡的盘山民兵模范班

① 《解放日报》，1945年3月6日。

军10余人，俘敌26人。两天后，第13团2个连同时攻克顺义县以北30里的叶辛庄、龙湾屯据点，俘敌47人，缴获步枪47支、子弹3000余发。

7月15日，八路军主力部队与游击队配合，灵活作战，毙伤日军200余人、伪军300余人。至8月下旬，第11团和特务营连续攻克太平庄、六百户等碉堡21处，并在蓟县、平谷、三河间不断打击小股出犯之敌。在抗日军民的齐心协力下，被敌"蚕食"2年之久的蓟县地区得到恢复，使东起山海关，西至通县、顺义、密云，南至津沽沿海根据地连成一片。

此外，冀东八路军以主力一部开辟了通县以南地区，打通了与冀中的联系。伸至通县至三河公路以南和武清、宝坻、宁河三角地区的武工队，与冀中区进入武清县的武工队会合，一直逼近至天津和北平附近。天津和北平近郊约有400多个村庄30余万人，被开辟为抗日游击区。日、伪占领的城镇和北宁铁路，均处在抗日军民的包围之中。日军第63师团中将野副昌德在笔记中这样写道："日军虽然占有点和线，但处处薄弱，宛如赤色海中漂浮的一串念珠，情况十分严重。"

8月，平谷县民兵大出击，在不长的时间里，烧掉了从峪口到上宅60余里治安壕上的所有炮楼；二区民兵70余人围困了峨眉山据点，20余天后使敌粮尽水绝。9月4日，第13团侦察获悉驻平谷县日、伪军向胡各庄、峨眉

1945年大反攻中，八路军收复平谷县城

山据点运送给养，城内守备空虚，第13团和第2、第6区队主力攻入平谷县城，经过3个多小时激战，攻克城内10余座碉堡，摧毁了日军宪兵队、伪保安联队部和伪县公署、警察局、新民会、配给所，从监狱中释放100余位同胞，生俘伪军中队长以下410余人，缴获步枪110支、子弹1610发、手榴弹400枚，并将缴获的粮食当即分给了群众。待到蓟县、三河的400余名日、伪军赶来增援时，八路军已安全出城。这是自1940年开创冀东抗日游击根据地以来，首次攻入县城的战斗。9月15日，日、伪军1万余人在飞机掩护下，"扫荡"蓟平密地区。第13团和第2、第5、第6区队，在当地民兵武装密切配合下，打退了进犯之敌。9月16日，第13团以2个连兵力袭击通县东南40里的西集镇伪据点，毙伪军148人，伤伪军56人，缴获轻机枪1挺、步枪141支。①

10月下旬，敌人调集伪满洲军6个旅12个团到热河南部，并将原驻长城沿线的伪满洲军4个旅全部向长城以内推进，配合当地日、伪军对冀热边实行"辗转扫荡"。冀热边特委根据实际情况，决心分片坚持地区、分散坚持斗争。敌先以1万余人反复合击蓟平密地区，后又以三千至五千兵力合击宝坻以南、北宁路南和临榆以东地区。11月中旬，又转向丰润、玉田等地"扫荡"。此次反"扫荡"持续至12月底，共攻克据点11处，毙伤日军400余人、伪军670余人，俘日军3人、伪军976人，缴获迫击炮4门、轻重机枪33挺、长短枪1605支、掷弹筒11个、电台2部。

冀中区在青纱帐期间，派出一部兵力，长途奔袭了北平以南的长辛店车站等据点。活跃于大清河北的部队，挺进至北平市南郊的大红门、采育镇一带。8月18日晚，攻克了平津公路上的青云店据点。25日夜，袭击了长辛店伪宛平县政府武器库，缴获步枪500余支。

9月，鉴于根据地范围扩大和斗争形势发展需要，根据中共中央指示精神，晋察冀抗日根据地成立了冀晋、冀察、冀中、冀热辽4个区党委、行署和二级军区。冀晋军区由第2、第3、第4、第5军分区组成，司令员赵尔

陆，政治委员兼区党委书记王平；冀察军区由第1、第11、第12、第13军分区组成，司令员郭天民，政治委员兼区党委书记刘道生；冀中军区由第6、第7、第8、第9、第10军分区组成，军区司令员杨成武，政治委员兼区党委书记林铁；冀热辽军区由冀热区改组而来，辖第14、第15、第16、第17、第18军分区，司令员兼政治委员兼区党委书记李运昌。

据聂荣臻回忆，4个区党委和二级军区建立以后，各项工作的组织实施都由二级领导机构负责，晋察冀分局和军区则主要负责方针和计划的制订，以及检查实施的情形。各区按照分局和军区的统一部署，连续向日、伪军展开攻势行动，使整个晋察冀抗日根据地出现了迅猛扩大的新局面。其中，冀察区打开了察北、热西、平西的局面，与冀晋解放区连成一片，敌人被压缩在张家口和铁路沿线以及少数城镇里，出现了空前有利的形势；冀热辽区经过1945年春季的反"扫荡"，在夏季攻势中挺进热河和辽西，在锦热路南北开辟了广大地区。[①]

时任晋察冀分局代理书记、军区代理司令员、政治委员程子华在回忆录中，对成立4个区党委和二级军区后，平西、平北、冀东等地区的攻势行动进行了概述：

> 这一地区[②]的斗争比较艰苦和复杂，至1944年5月，除热南游击区缩小外，基本区恢复，滦东、路南工作开展，总的行政区域扩大了，部队壮大了一倍，装备也比较好，我军的活动区域，东至锦州境内，西至密云、通州，北至热河的凌源，南至渤海。
>
> 1944年夏季以后，晋察冀抗日根据地逐步显现出全面地猛烈地发展扩大的新局面。……9月，鉴于地区扩大和斗争形势发展的需要，中央决定成立了冀晋、冀察、冀中、冀热辽四个区党委、军区和行署。
>
> 这一时期，北岳各军分区早在5月已向敌发起攻势，接连袭击

---

① 聂荣臻：《聂荣臻回忆录》，解放军出版社1984年版，第568页。
② 指冀热辽地区。

了保定、灵丘等县的城关，并袭入定襄县城，活捉了伪县长……

在平西地区迫使敌停修大同至塘沽铁路。在察南越过桑干河建立了游击根据地，并在宣化、涿鹿开辟了一批村庄。在雁北进到广灵北山、浑源北山和桑干河北开辟工作。

平北地区逼退后城和外长城线上的独石口、云洲堡、狮子沟等据点后，开辟了张家口东北崇礼县的大部地区，平北支队袭击明十三陵的长陵，烧毁碉堡四座。活动在北平郊区的武工队开展政治攻势，一直达到北苑附近。

在冀东，我军民一方面积极反"扫荡"，另一方面趁敌伪收缩兵力，收复据点，打破我基本地区被分割的局面，许多块游击根据地连成一片。到9月，冀热察边地区已发展成大块的游击根据地，共有21个县政权，在9700多个村庄、包括540多万人口的地区，有了我们的工作。①

1944年的攻势作战中，晋察冀解放区共毙伤日、伪军2.29万余人，俘虏2.22万余人，攻克和逼退敌人据点和碉堡1677个，解放村庄9917个、人口758万，扩大了北岳区，巩固了平西区与平北区，冀中区恢复了1942年五一反"扫荡"前的局面，还有了很大的发展。②

据曾任晋察冀军区副参谋长的耿飚回忆，1944年11月13日，他带领美军观察组抵达晋察冀军区驻地阜平，出任军区副参谋长兼联络部部长和司令部情报处长，与程子华一起主持军区工作。

金顶妙峰山上的八路军哨兵

① 程子华：《程子华回忆录》，中央文献出版社2015年版，第201—202页。
② 中共中央党史研究室第一研究部编：《中华民族抗日战争史1931—1945》，中共党史出版社2016年版，第477页。

毛泽东让他们注意做城市工作，向北平、天津、唐山、张家口、保定等地派出侦察、情报人员。当时，晋察冀各部门都派出了地下工作者，分别由潘自力（城工部）、许建国（社会部）、刘仁（联络地下党员）负责，任务是发动工人运动，搜集日伪情报，瓦解敌军士气，为反攻做准备。

二、攻势作战

1944年12月18日，毛泽东电示晋察冀军区代司令员兼政治委员程子华："希望你们努力向雁北、绥东、察哈尔、热河及冀东敌占区发展，扩大解放区。同时努力从事城市工作。"[①]

1945年1月，晋察冀军区根据毛泽东关于扩大解放区的指示，制订了《1945年扩大解放区方案》，明确5月前主要是挤占边沿区日军据点，5月后展开大的战役。

1945年初，世界反法西斯战争处在最后胜利的前夜。德国法西斯即将覆灭，日本法西斯仍在负隅顽抗。苏联、美国、英国三国首脑斯大林、罗斯福和丘吉尔于2月4—11日在雅尔塔达成"在德国投降及欧洲战争结束后2个月或3个月内苏联将参加同盟国方面对日作战"协议，秘密签订《雅尔塔协定》（Yalta Agreement）。客观地讲，该协定对加速日本法西斯灭亡有着重要作用，但是其将中国排除在外来安排涉及中国主权和利益的重大事项，是少数大国推行强权政治的表现。得知《雅尔塔协定》内容后，连蒋介石都在日记中感慨："美、英、俄三国领袖黑海会议宣言发表后，世界未来之局势仍陷入于此次大战前，即第一次大战后之历史称霸与竞争之覆辙矣。鸣呼，未知人类何日得有光明与安息。"[②]

为避免国民党垄断参加旧金山会议的中国代表团，2月25日，周恩来为中共中央起草给王若飞的指示：蒋介石目前的方针仍是玩弄民主外衣，坚

---

① 《毛泽东军事文集》编写组编：《毛泽东军事文集》（第二卷），军事科学出版社、中央文献出版社1993年版，第749页。

② 美国斯坦福大学胡佛研究所馆藏：《蒋中正日记》（1945），第30页。

持独裁实质，加上国际国内其他一些原因，我逼蒋让步的条件没有成熟，不能指望国共谈判短期内会获得成功，"而只能运用公开谈判的形式，援助大后方民主运动的发展"。3月7日，周恩来致函国民党代表王世杰，声明：国民党一手垄断旧金山会议代表团，不但不公平、不合理，而且表示了分裂的立场。提出代表团应有中共和民盟代表，中共由周恩来、董必武、秦邦宪参加。①国民党当局迫于各界强大压力，最后做出了让步，董必武入选。董必武除参会外，经常往返于旧金山、纽约、华盛顿之间，发表广播谈话介绍中国共产党抗日救国主张。他让助手章汉夫、陈家康和在美工作的共产党员徐永瑛等，用英文撰写《中国解放区实录》，在各代表团、记者和美国民众中广为散播，介绍中国共产党的政治纲领、人民军队的抗日战绩、抗日根据地建设的伟大成就等。

而蒋介石对于中共代表的加入，"始则觉甚枉屈，但结果则影响良好。乃知能忍耐能吃亏，只要有志意，有目的，则必收良效也，此又多得一经历矣"②。蒋介石在4月5日的日记中写下："速拟剿共方案（各战区）。"

1945年2月28日，晋察冀军区发布《1945年扩大解放区方案》，提出除了随时准备进行反"扫荡"，在进攻方面应该逐渐向外扩大，并与主力的战役行动相配合，开辟地区。该方案要求：冀察应开辟平绥路南北工作，除继续加强武工队工作外，准备于5月初在察南进行战役行动，使冀晋、冀察的新开辟地区相连接，第13军分区与平北相连接，开辟张家口、张北以西地区，减轻敌由西南对平北之压力，便于其向热河发展。平西东南地区工作应继续发展，逼退平汉路和平郊平北敌，对伪满洲军不断用小的胜利打击之，并对之开展内线工作和政治攻势。同时要求，冀中继续扩大第10军分区局面，开辟北宁路北之武清、大兴工作，以实现完全控制北宁路，使平津段之冀中与冀东完全联系起来，减少冀东对南边的顾虑，使冀热辽能全部向伪满发展。

据此，晋察冀军区发动春季攻势，各分区先后光复了任丘、河间、新

① 中共中央文献研究室编：《周恩来年谱（1898—1949）》（修订本），中央文献出版社2020年版，第602—604页。

② 美国斯坦福大学胡佛研究所馆藏：《蒋中正日记》（1945），第50页。

镇、饶阳、安平、武强、深泽、灵丘等县城，威逼北平，并重新掌握了紫荆关要隘。①1945年3月7日，宛平支队攻克栗园据点，该据点距卢沟桥8里，距北平仅40里，军事地位非常重要。当宛平支队逼近碉堡时，伪军拼死抵抗，激战1小时左右，伪军子弹打光，被全部生俘。此战缴获步枪20余支，手枪1支，其他军用品甚多。②当月，昌宛怀县游击队袭击南口镇，占领了伪警察所，俘虏伪警5人，缴获步枪5支、子弹100余发。

3月17日，晋察冀军区政治部下达《1945年军区部队政治工作方针》，提出："扩大解放区，是毛主席在《一九四五年的任务》中指示给我们的第一项任务，本军区范围内，解放区附近，或其较远之处，还有许多被敌占领而又守备薄弱的地方，我们的军队应该进攻这些地方，消灭敌伪，扩大解放区，缩小敌占区，迫使敌人处于极端狭窄的城市与交通要道之中，被我们包围得紧紧的，等到各方面的条件成熟了，就将敌人完全驱逐出去。"

4月15日，昌平、南口日、伪军到德胜口、果庄等地进行"讨伐"，八路军第10团和地方武装协同作战，歼灭日、伪军100余人，缴获机枪3挺、长短枪150余支。

1945年4月23日—6月11日，中国共产党在延安召开第七次全国代表大会，正式向全党提出以游击战为主向以正规战为主的军事战略转变问题。毛泽东在大会上号召解放区军民，"应向一切被敌伪占领而又可能攻克的地方，发动广泛的进攻，借以扩大解放区，缩小沦陷区"。朱德在《论解放区战场》的军事报告中指出："八路军、新四军要准备在抗战后期实行从抗日游击战争到抗日正规战争的战略转变。现在已临到在实际工作上逐渐去准备实现的时机了。我们全军干部必须善于在思想上、工作上准备实行这种转变，以迎接这抗日大反攻的战斗。"他要求在现有基础上加强正规兵团、地方兵团和民兵、自卫队（军）的训练；提高军事技术，特别是炮兵的技术和现代战争技术，加强指挥机关，提高参谋工作、政治工作和后勤工作水平，使之能适应现阶段和未来全面反攻的需要。会议一致同意朱德的军

---

① 耿飚:《耿飚回忆录》，解放军出版社1991年版，第375页。

② 《晋察冀日报》，1945年3月20日。

事报告，并做出《关于军事问题的决议（草案）》，其指出：今后全党在解放区的军事任务"是动员军队与人民，从各方面来准备大反攻及准备战略上由以游击战为主到以运动战为主的转变"①。这次会议上，毛泽东在《论联合政府》的书面政治报告中特别指出："我们的军队已发展到了九十一万人，乡村中不脱离生产的民兵发展到了二百二十万人以上……按其所抗击的日军和伪军的数量及其所担负的战场的广大说来，按其战斗力说来，按其有广大的人民配合作战说来，按其政治质量及其内部统一团结等项情况说来，它已经成了中国抗日战争的主力军。"党的七大对于最终打败日本侵略者，夺取新民主主义革命的胜利具有重大指导意义。

4月25日，旧金山会议开幕，美国、英国、法国、苏联和中国等50余个国家的282位代表参会。中国共派出了10名正式代表，39位正式代表、顾问、专门委员分别参加了旧金山会议的正式机构"指导委员会""执行委员会""调整委员会""法律专家委员会"等。经过两个月的激烈争论和反复磋商，通过了《联合国宪章》。中国荣幸地成为第一个在《联合国宪章》上签字的国家。

5月8日，法西斯德国无条件投降。欧洲大陆已经开始庆祝反法西斯战争胜利的时候，中国还在继续遭受日本侵略者的残暴践踏。同月，八路军和地方武装攻打小汤山镇，捣毁伪警察所后撤出；昌顺县游击队进入昌平县城，俘敌哨兵3人，缴枪3支。7月，独立第7团攻占阳坊镇，毙伤日、伪军30余人，俘150余人，缴获军用物资甚多；昌宛怀县大队在平绥铁路关沟段，炸毁敌军用火车1列；昌宛怀三区游击队围困禾子涧村敌人据点，迫使敌人从据点撤退。

6月2日，斋堂、军响据点及东、西胡林碉堡内的日、伪军，在八路军和民兵围困下，烧毁最后一个炮楼后仓皇撤退。在此之前，斋堂的敌人感到"草木皆兵，遍地是雷"，电话线早已被八路军和民兵切断，他们便写信求援，称"我们这里的敌情极为严重……赶快来援兵，否则没法支持"！

---

① 中国人民解放军历史资料丛书编审委员会编：《八路军·文献》，解放军出版社1994年版，第1087页。

八路军主力乘胜追击，将敌包围于斋堂至东、西胡林间的河滩里，经猛攻毙伤日军小队长以下40余人，伪指导班80余人投诚。斋堂据点是敌人于1940年秋反"扫荡"后同杜家庄、塔河等据点同期建立的，是日、伪军在平西解放区腹地打下的一枚钉子，每次"扫荡"都以此为主要出发地。在抗日军民打击下，杜家庄、塔河据点日、伪军于1944年春先后撤退。1944年11月以来，八路军与民兵对该据点进行了3个多月的进攻与围困，敌伤亡数十人，恐惧异常，遂撤出斋堂，被蹂躏4年之久的斋堂川终得解放。[①]

挺进军进至平西，解放西斋堂里

斋堂川离北平只有130里，这里的据点拔除后，平西和平北解放区连成了一片，解放区自北平扩展了700余平方公里，北平城内之敌和日、伪在华北占据的最大产煤区之一的门头沟受到八路军严重威胁。

7月11—16日，晋察冀军区第11军分区八路军对平西房山西北煤矿发起攻势作战，相继攻克敌南窑、长操、花港、北窑、红煤长、长沟峪、岭

———————
① 《晋察冀日报》，1945年4月6日。

南等9个据点，击退敌300余人的两次增援，将房山西北矿区完全攻克。此战毙伤日、伪军50余人，俘伪房山县保安联队中队长以下73人，缴获平射炮1门、枪榴弹筒3个、枪88支、弹药2800余发，其他军用品甚多。平西八路军部队乘胜追击，先后攻克横流水、南车营、半壁、冲堂、河北、拴马衣等8个据点。7月17日晚还一度攻入房山县城，攻克县城中9个碉堡中的8个。

当时，房山城内驻有日军40余人、伪军约200人。城的四周有二丈多高的城墙环绕，城外有护城河作屏障，城墙上筑有很高的碉堡，城墙下构筑了地堡，防御体系完善。强攻难度较大，智取则可以减少伤亡，并达成目标。于是，第7团于7月15日秘密进到房山县城西北约50里的长沟峪，严密封锁消息，积极进行攻打房山的准备。次日，第7团干部和侦察员化装为商人、脚夫和卖山货的山民，趁着房山大集混进了房山城关，对敌情进行侦察。原来，这里的敌军频遭打击，士气很低下，精神高度紧张，日军全部集中住在城中心的城隍庙，城门警戒全让伪军负责。伪军认为房山距离北平城很近，西南还紧靠周口店日军的大据点，所以八路军不敢攻打县城，于是城外没有警戒，城墙上仅安排几名哨兵巡逻。时任第11军分区副政委李水清和团长王茂全研究决定，于次日发动奇袭。7月17日黄昏，第7团从长沟峪出发，沿山间小路奔袭房山。在距房山10余里的一个小村庄，派人联系准备云梯的人，几十名民兵和民工在老村长带领下也跑步赶到，百姓们都起来做干粮，准备迎接部队凯旋。凌晨1时，到达房山城下，三连迅速登上城头，夺取了北门，攻占了北门城上的碉堡，毙伤俘伪军60余人。差不多同一时间，一连也在西南角登城，并立即杀入城内，伪军争相逃命，日军也不敢出炮楼反击。三连7班奉命炸毁了发电厂。汉奸孔宪江和他的手枪队被八路军碰个正着，全被击毙。考虑到日军增援部队天亮会出动，八路军没有大炮，靠炸药包炸日军的高大碉堡难度大，时间也不允许，遂决定撤出县城。据李水清回忆：

　　　　敌人的仓库被打开了，里面装满了布匹、食盐、药品、香烟和肥皂，干部战士和民兵、民工一齐涌进仓库，背的背，扛的扛，挑的挑，浩浩荡荡地出了城。

一抹朝霞出现在东方天际。我们部队和民兵、民工，押着近百名俘虏，满载着大批战利品，披着金色的霞光，登上了房山城北高地。我站在高处，俯瞰房山县城，但见房山城内一片狼藉，被烧毁的炮楼还在冒着滚滚浓烟。从周口店赶来增援的日军汽车队，在远处公路上瞎哼哼。走在我身边的一个战士双手作喇叭，向远处的敌人大声喊："别送了，快去为孔宪江吊丧吧！"行进的队列中顿时爆发了一阵胜利的欢笑。

太阳升起来了，沿途的人民群众听到八路军夜里攻下房山城，打死大汉奸孔宪江的消息，人人奔走相告，互相祝贺。我们刚刚登上山梁，就遇到了抬着猪肉、羊肉前来慰问的群众队伍。部队经过的村庄，群众纷纷涌上村头、路口，慰问子弟兵。回到根据地后，接连几天，前来慰问的群众队伍还络绎不绝。军民共同祝贺胜利，欢歌笑语满山岗。[①]

此外，冀中军区第11军分区帮助地方建立了万全、尚义等县人民政权，使冀察、冀晋新解放区连成一片，打开了察北、热西、平西的局面。其间，冀察军区部队迎来了大发展时期，由1万人逐步发展至约5万人。

在平北，各部队根据平北地委提出的方针任务，积极开展政治攻势，广泛宣传抗战形势与任务，积极争取伪军反正，加强军事斗争，封锁和攻击敌据点、碉堡。

1945年4月5日，中共平北地委书记兼军分区政委段苏权指挥军分区4个连，于延庆县南梁地区，将袭击军分区领导机关驻地的300余日、伪军击溃。敌死伤数十人，受伤的军医官都丢下不管，丢弃伤员这种事情在日军以往作战中是少有的现象。从5月上旬开始至7月下旬，组织了两期战役出击，取得重大胜利。其中，第一期战役于5月15—25日进行，旨在进一步

---

① 星火燎原编辑部编：《星火燎原》（丛书之十），解放军出版社1989年版，第529—534页。

扩大平北根据地的中心区域，使中心根据地连成一片。这期战役共攻克收复延庆县境内小张家口等4个据点，逼退据点12个，解放村庄279个，基本打破了中心地带根据地分割的不利形势。第二期战役于5月25日—7月20日进行，重点在中心区龙关、赤城、后城一线，迫使伪满后退。这期战役攻克逼退据点21处。①7月1—5日，攻克崇礼，逼退新营子庄，昌平的大庄科、黄花城、二道门和延庆的四海、永宁。后又逼退密云的马营、守营等地，攻入南口车站、宣化南关。此间，阳坊镇日军被八路军逼退，撤出阳坊据点。7月中旬，昌宛怀县政府在阳坊村召开群众大会，宣布成立中共阳坊镇委和镇人民政府。8月15日，小汤山据点的日、伪军撤出，小汤山镇重新回到人民手中。

与平西、平北地区相比，冀热辽区的困难更多一些。1945年1月，敌人调集1.5万人的伪满洲军队向冀东发动进攻，为了打击、瓦解与争取伪军，粉碎敌"集家并村"政策，巩固基本区，抗日军民对日、伪军进行了坚决回击。1月15日，冀热辽区委员会发布《关于目前对敌斗争的决定》，其中的一条重要内容为："十四分区除恢复开辟热南工作外，应恢复盘山前及加强顺义、通县、三河南部工作。"2月12日—5月底，冀热区先后组织3期战役，共作战230余次，毙伤俘日、伪军5035人，彻底粉碎了敌在关内制造无人区的计划。此后，进行了扩大解放区的热辽战役，一面向敌占领区出击，一面派出3个北进支队向热南、辽西挺进，打破"人圈"，收复被敌"蚕食"地区。至7月，不仅恢复了大部分被"蚕食"地区，并发展了一些新区，县级抗日政权由25个发展为31个，武装部队发展至3万余人。

7月26日，中、美、英三国政府发表《中美英三国促令日本投降之波茨坦公告》(简称《波茨坦公告》)，第十三条明确要求："日本政府立即宣布所有日本武装部队无条件投降，并对此种行动诚意实行予以适当之各项保证。除此一途，日本即将迅速完全毁灭。"②然而，日本首相铃木贯太郎却于28日在记者招待会上宣称"不理睬波茨坦公告"，强调"要把战争进行到底"。30

---

① 北京市政协文史和学习委员会编：《北京抗战史料选编·第三卷：抗战时期的北平》，北京出版社2015年版，第180页。

② 《反法西斯战争文献》，世界知识出版社1955年版，第299页。

日，日本《昭南新闻》狂妄地宣称："如果敌人想结束战争，那么，让他们向日本投降吧！指望日本向他们投降的想法是荒谬的。"8月6日，美军原子弹"小男孩"在广岛上空爆炸。8月8日晚，苏联根据雅尔塔会议精神，忠于同盟国义务，宣布从9日起与日本进入战争状态。9日0时10分，150余万名苏军从东、北、西3个方向，同时向日本关东军发动突然袭击。同日，美军第2枚原子弹"胖子"在日本长崎上空爆炸。客观地讲，苏联出兵日本关东军和美国对日本本土发动核袭击，对日本帝国主义的投降起到了加速作用。

在此形势下，毛泽东于8月9日发表《对日寇的最后一战》，指出："对日战争已处在最后阶段，最后地战胜日本侵略者及其一切走狗的时间已经到来了。在这种情况下，中国人民的一切抗日力量应举行全国规模的反攻，密切而有效地配合苏联及其他同盟国作战。八路军、新四军及其他人民军队，应在一切可能条件下，对于一切不愿意投降的侵略者及其走狗实行广泛的进攻，歼灭这些敌人的力量，夺取其武器和资财，猛烈地扩大解放区，缩小沦陷区。"[①]同日，朱德在中共七届一中全会第二次会议上发言指出：准备反攻现已成为实际，要准备90个团，每个团要有一个炮兵连，以解决敌人的堡垒。要配备好老干部，还要在部队里配备1/3的老兵，对民兵要多发些枪。要多造炸药。要多动员点人参军，打仗主要靠士兵和粮食，吃饭问题要解决好。[②]

8月10日，日本政府向同盟国发出乞降照会。当天傍晚，设在重庆的盟军总部收听到东京发出的英语国际广播，称日本接受《波茨坦公告》，宣布投降。然而，日军大本营却仍然命令各地日军坚持作战。为歼灭负隅顽抗的日军，中共中央指示各中央局、分局和各区党委：立即布置动员一切力量向日、伪军发动广泛的进攻，以正规部队占领大城市和要道，以游击队民兵占领小城市。同日24时至11日18时，朱德总司令发布关于受降和对日展开全面反攻等七道命令。中国抗日战争进入全面反攻阶段。其中，第一道命令要求各解放区抗日武装部队向其附近各城镇交通要道之敌人军队及其

---

① 《毛泽东选集》(一卷本)，人民出版社1964年版，第1111页。

② 中共中央文献研究室编：《朱德年谱》，人民出版社1986年版，第273页。

指挥机关送出通牒，限其于一定时间向我作战部队交出全部武装，在缴械后，我军当依优待俘虏条例给以生命安全之保护；各解放区任何抗日武装部队均得向其附近之一切伪军、伪政权送去通牒，限其于敌寇投降签字前，率部反正，听候编遣，过期即须全部交出武装；各解放区所有抗日武装部队，如遇敌武装部队拒绝投降缴械，即应予以坚决消灭。第二道命令是要求驻河北、热河、辽宁边境的李运昌所部，立即向辽宁、吉林进发，与兄弟部队共同配合苏联红军作战。

当日，蒋介石却发布三道命令：令第18集团军"原地驻防待命"，不许"擅自行动"[①]；令伪军"负责维持地方治安"，等待国民党军收编；令国民党军部队"加紧作战，积极推进，勿稍松懈"，妄图独吞抗战胜利果实。人们很快发现，平津地区的汉奸和叛国者几乎都没有受到严惩，大部分伪军摇身一变成了国民党军；一些伪军的将领还被任命为国民党军将领，许多汉奸和叛国者脱下原来的制服，很快便在国民党政府机关谋得新职。这让人们怎能相信国民党政府？

8月11日，毛泽东为中共中央起草《中央关于日本投降后我党任务的决定》，指出：

> 目前阶段，应集中主要力量迫使敌伪向我投降，不投降者，按具体情况发动进攻，逐一消灭之，猛力扩大解放区，占领一切可能与必须占领的大小城市与交通要道，夺取武器与资源，并放手武装基本群众，不应稍有犹豫。为此目的，各地应将我军大部迅速集中，脱离分散游击状态，分甲乙丙三等组成团或旅或师，变成超地方性的正规兵团，集中行动，以便在解决敌伪时保证我军取得胜利……
>
> 迅速加强城市工作，特别加强我党可能夺取与必须夺取的那些城市的工作，派大批有能力的干部到这些城市里去，迅速学会

---

① 台湾"国防部""史政局"编：《中日战争史略》，正中书局1968年版，第504页。

管理城市中财政、金融、经济工作……①

根据中共中央指示和延安总部命令，晋察冀军区司令员兼政治委员聂荣臻于8月10日在延安电令中共晋察冀分局和军区领导：全军区部队立即部署，向北平、天津、保定、石门②、大同、阳泉、张家口、唐山、山海关前进，准备接受日、伪军投降，如日寇继续抵抗，则依情况发动广泛的进攻，配合苏军作战。冀东立即抽出3个主力团组成纵队，由冀热辽军区司令员兼政治委员李运昌率部立即向辽宁前进，相机发动进攻，尽可能占领最广大地区，准备与苏联红军会师。

晋察冀分局和军区决定：以冀察冀军区主力在冀中、冀热辽军区各一部配合下夺取北平；以冀察军区一部兵力夺取张家口、张北等城，配合南下的苏蒙军作战；以冀晋军区部队夺取大同、丰镇、集宁、商都等城，并配合晋绥、冀中军区部队夺取太原、石门、保定等城；以冀中军区主力夺取天津、塘沽等地；以冀热辽军区主力进军东北，一部配合地方武装夺取唐山、秦皇岛等地。

8月11日，晋察冀军区副政治委员程子华、军区副参谋长耿飚就地区任务划分致电各军区，指出"攻取北平改由冀察完全负责，并令郭③兼北平卫戍司令。由冀中抽调一个团之兵力驻于十分区平南地区，归郭指挥，十四分区在北平附近之部队，亦属郭指挥"。同日，晋察冀军区奉朱德总司令命令，向日本华北方面军司令官下村定发出最后通牒，限期在48小时内无条件投降，交出全部武器、物资，依照所指定的地点分别集中，听候处置遣送。

8月12日，向北平进军的部队已进到长辛店、丰台、南苑、通县一带，对北平形成了三面包围之势。

日军拒降后，晋察冀军区于12日开始大反攻作战，各部队迅速逼近指

---

① 《毛泽东军事文集》编写组编：《毛泽东军事文集》(第三卷)，军事科学出版社、中央文献出版社1993年版，第1—2页。

② 石门，今石家庄。

③ 郭，指郭天民，时任冀察军区司令员。

晋察冀军区部队攻克西山碧云寺

定的进攻目标。冀察军区第1、第11军分区部队和冀中军区第10军分区及冀热辽军区第14军分区部队一部，由冀察军区司令员郭天民、政委刘道生统一指挥，从东、西、南三面向北平逼近，准备里应外合解放北平城。在广大人民群众的大力支援下，第14军分区一部于8月20日攻占通县飞机场，另一部于23日攻入顺义县城，经一夜激战，歼灭日、伪军500余人，而后又掩护民兵破坏了从古北口至通县的铁路；第1、第11军分区部队主力从西南面向北平攻击前进，连克清水涧、大台、军庄、门头沟、香山、妙峰山、十字道、清河镇等据点，推进到长辛店、丰台附近；第10军分区一部进至南苑等地。至此，八路军对北平构成了包围态势。与此同时，冀中军区部队切断了平津间日伪的交通线，北平成为孤城。[①]

三、"里应外合"

抗日战争时期，中国共产党始终把敌占区的城市工作作为一项重要的战略任务，加强了对敌占区城市工作的领导。八路军转入全面反攻后，敌占区地下党组织，尤其是城市中的地下党组织，积极开展工作，为解放城市、收复国土做出了重大贡献。

1944年6月，中共中央根据战争形势发展，做出大力开展城市工作的

---

① 军事科学院军事历史研究部编著：《中国抗日战争史》下卷，解放军出版社1995年版，第573—575页。

决定。6月5日下发的《中共中央关于城市工作的指示》指出："不占领大城市与交通要道，不能驱逐日寇出中国，不争取在日寇压迫下的千百万劳动群众与市民群众，瓦解伪军、伪组织，并准备武装起义，就不能配合军队与农村占领大城市与交通要道。过去人们以为从大城市与交通要道驱逐日寇的任务，似乎只有国民党才能胜任，现在必须要改变此种观点。""要进行教育，使广大干部完全了解由我党领导里应外合地占领大城市与交通要道，以便最后驱逐日寇的可能性、必要性与重要性，没有此种思想教育，是不能动员全党行动的。"此后，中共中央发出指示，要求地委以上各级党组织须立即建立城市工作部，在党委与上级城市工作部领导下专门负责管理城市及交通要道的千百万群众，瓦解伪军、伪警，以准备起义的艰巨工作。据此，晋察冀分局于当年9月以原城市工作委员会为基础组建城市工作部，分局委员刘仁任部长。接着又任命张淮三为秘书长，佘涤清负责组织派遣，杨伯箴负责教育培训，陆禹负责调查研究。

10月10日，晋察冀分局城工部下发刘仁起草的《关于城市工作的计划、组织与工作方法的补充指示》，就党的领导、组织形式、组织发展以及群众组织与群众工作等问题做出明确规定。随后，晋察、冀中、冀热辽区党委、地委、县委都陆续成立城工部，加强了对北平地下工作的领导。11月，刘仁向分局报告：分局城工部直接领导下的城市党组织包括北平、天津、唐山、井陉、塘沽、太原、榆次等城市以及北宁、平绥铁路等处的党员已经有300余人，联系进步群众700余人。其中北平市有地下党员98人，联系群众约200人。①随着城市内工作局面的扩大，回根据地学习的人员迅速增加，刘仁抽调了一些干部加强机关工作。城工部上上下下都把自己的工作和争取抗战胜利、解放城市的总任务联系起来，对于从敌占区回来的同志以热情接待，使同志们感觉像回到家一样温暖。

11月2日，中共冀察区党委召开会议，专门讨论开展城市工作问题。会议明确"发展共产党的组织，争取千百万群众，争取伪军、伪警，准备武装起义，配合我军夺取城市与交通要道"是当时开展城市工作最重要的唯

---

① 中共北京市委《刘仁传》编写组编:《刘仁传》，北京出版社2000年版，第92页。

一任务。冀察区城工部部长武光等人制定的方针是：伪军、伪警是城市武装起义不可忽视的必须争取的重要力量，工人、苦力是城市武装起义的主力军。会议高度重视北平的城市工作，并进行了明确分工：平西地委的工作重点是北平、门头沟、长辛店；平北地委的工作重点是北平、张家口、南口；察南地委的工作重点是张家口、大同；一地委（保定西北满城、易县等）的工作重点是保定、北平。区党委除领导各地委城工部开展工作外，自己直接的工作重点首先是北平，其次是保定、天津和张家口。

会议确定了抽调干部的原则，即只要适合做城市工作的干部，不论在军队还是地方的，可能的条件下，尽量抽调他们做城市工作。为确保此项工作顺利，各级党委还普遍进行了干部调查、训练，并分批将合适的人选派到了北平。11月15日，中共冀察区党委召开第一次城市工作会议，布置了各地委、县委对北平及有关城市和要道的工作。中共冀察区委城工部部长武光在会议结束前提出两点：一是夺取大城市与交通要道是我党的历史任务；二是"里应外合"的思想是我党夺取城市与交通要道的根本思想。

为了使部队更好地理解和执行"里应外合"方针，晋察冀军区于1945年3月专门下发攻克任丘、肃宁、深泽、襄城、武强、繁峙等县城的战例，介绍了经验教训。

1945年4月10日，中共冀察区党委召开第二次城市工作会议，主要是全面检查总结了北平等几个大中城市的城市工作，强调派遣和发展组织的新任务（主要是要求大幅增加数量），以及完成此类任务对夺取大城市的重要意义。[①]

随着世界反法西斯战争的胜利推进，党的七大召开前后，城市工作也达到了高潮。1945年7月，刘仁提请分局讨论城市工作，下发《关于城市工作的指示》，要求重视城市工作，加速派遣人员进入北平等敌占城市，扩大对敌占城市及交通要道工人、贫民及其他阶层和数十万伪军、伪警的宣传和争取工作，迎接对日全面反攻的到来。

中共中央于8月10日发出《关于苏联参战后准备进占城市和交通要道的

---

① 武光：《冬夜战歌（修订版）》，北京航空航天大学出版社2009年版，第247页。

指示》。随后，致电各中央局和中央分局，对发动武装起义做出具体指示，要求晋察冀分局主要是在北平、天津迅速部署城内人民的武装起义，不失时机地配合八路军夺取这些城市。分局召开紧急会议，根据中共中央"迅速占领所有被我包围的力所能及的大小城市、交通要道"等相关指示，确定城市地下党的任务和工作部署，决定以刘仁为首的分局城工部主要面向北平。8月初，中共北平地下党组织在平郊抗日根据地紧密配合下，进行武装起义准备。

8月11日，刘仁派负责工人工作、铁路工作的两名同志分别带领几名干部出发，与区党委联系在平西设立交通站，而后进入北平市区，向工人和铁路系统党组织传达任务，同时派在城工部学习的少量骨干返回北平市。最后，机关、北平各大、中学校学生党员和群众100余人也分批经平西根据地进入北平。

晋察冀分局城工部和晋冀区、冀中区、冀热辽区党委城工部陆续向北平派遣了冀真、祝玉珩、袁晋修、董杰、万一、石梅、王凯、白文、刘屹夫、王继之、常梦龙、张青季等一大批干部。其他部门也各向平郊派出了一些干部，如平北地委城工部派伊敏任南口地区工委书记，晋察冀一分区地委城工部派李世英到长辛店发展党组织。各级城工部通过根据地人民和北平人民之间的关系往来北平开展工作。门头沟煤矿、石景山制铁厂、燕京造纸厂、北支①枪厂、军需被服厂、手工作坊、商店店员、苦力工人、伪军、伪警中，都发展了党员或团结了抗日分子，壮大了抗日力量。至抗战胜利前夕，北平地下党员约400人，并在党周围团结了一大批积极分子。②据北平地下党员张大中回忆：

> 日本宣布投降后，刘仁同志立即派我带领正在城工部学习的100多北平地下党员和进步群众，冒雨急行军赶回北平，做准备解放北平的工作。这些同志回到北平后，依靠北平地下党组织，加紧

---

① 北支，日本侵略者对中国华北地区的蔑称。
② 张大中、安捷主编：《没有硝烟的战场——中国共产党领导的北平地下抗日斗争纪实》，京华出版社1997年版，第26页。

工作，发动群众组织了全市的宣传攻势，一夜之间把八路军的布告和传单贴满了北平城，同时搜集武器，准备组织地下军，并通过上层统战关系，发动部分伪军反正，配合人民军队解放北平。①

8月15日，晋察冀军区司令员兼政治委员聂荣臻、副司令员萧克、副政治委员刘澜涛电示代司令员兼代政治委员程子华、副参谋长耿飚：苏蒙联军"可能趋进张家口，望郭天民率部配合苏、蒙军首先占领张家口，并令平北骑兵沿张（家口）库（伦）大道与蒙军联络"。程子华、耿飚于当天将军区首长的指示转给了冀察军区司令员郭天民、党委书记兼政治委员刘道生，收复北平、张家口的工作箭在弦上。据刘道生回忆：

> 当时，我和军区参谋长易耀彩在十二分区检查指导工作，因此，在军区主持工作的郭天民司令员收到晋察冀军区首长的电令后，立即给我和易耀彩发电报，要我们立即赶回军区驻地，同时指示部队立即投入收复张家口的各项战斗准备工作。郭天民同志并电令十二分区司令员詹大南和政委段苏权率分区主力部队迫近张家口；分区副司令员钟辉琨和平北地委副书记陆平指挥各县支队围逼各县城；同时令钟辉琨率新编第六团在宣化至南口之间破坏铁路，以便断敌退路，迫敌投降。
>
> 8月12日晚，我和易耀彩收到郭天民司令员的加急电报后，立即带了十多名干部飞马上路。我们于15日上午赶回军区驻地——河北涞水县李各庄。当晚，由我主持了冀察区党委紧急会议，认真研究了如何坚决贯彻执行晋察冀军区首长的指示，接收北平和收复张家口等问题。最后决定，坚决遵照中央军委和晋察冀军区的指示，与冀中、冀晋、冀热辽军区相呼应，力争和平接收北平和收复张家口。②

---

① 中国人民政治协商会议北京市委员会文史资料研究委员会编：《北平地下党斗争史料》，北京出版社1988年版，第320—321页。

② 刘道生：《刘道生回忆录》，海潮出版社1992年版，第114页。

此次会议明确：郭天民、刘道生率第1、第11军分区部队为南线，接收北平；军区参谋长易耀彩率第12、第13军分区部队为北线，收复张家口。郭天民连续几昼夜没有休息，带领机关紧急制订行动计划。[1]各参战部队闻令而动，迅速向张家口和北平开进。8月20日，毛泽东电示程子华、耿飚、贺龙等，强调：苏联红军南下，全军区主力的任务是配合苏联红军夺取张家口、北平、天津、保定、石家庄、沧州、唐山、山海关、锦州、朝阳、承德、沽源、大同。同日中共中央向晋察冀分局等发出指示，明确"对于北平、天津、唐山、保定、石家庄，你们应迅速布置城内人民的武装起义，便于不失时机配合攻城我军实行起义，夺取这些城市，主要是平津"。

晋察冀军区司令部根据中共中央和八路军总部命令，派主力部队向北平方向推进，争取解放北平。晋察冀军区司令部派杜文敏、韩庄、孙国梁与"日本反战同盟"代表到北平，向华北日军司令部送交了命令，要求其向八路军投降。

本来，北平、天津、唐山、张家口、承德等城市在内的华北地区，理应由八路军来接收。因为当时平西、平北、大青山、燕山南北等广大地区，都是中国共产党领导广大抗日军民创建的根据地和游击区，八路军早就将北平四面八方包围起来了。但蒋介石为了独吞胜利果实，竟让伪军"切实负责维持地方治安"，并阻止日军向中国共产党领导的抗日武装投降。据萧克回忆，冀中区党委当时派人进入北平城内，找到日本驻军最高司令官，要其向八路军投降，"日本人显出很委屈的样子说，他接到命令，不能向八路军投降，要等国民党军队来受降"[2]。

8月17日，程子华发电请示中央及聂荣臻，提出"为便于直接指挥以求更迅速夺取平津，以及作好占领后的领导工作，晋察冀分局、军区拟在各军区电台直接与中央取得联络，一周内向平津方面前进"。但这时，北平日、伪军警机关组成了北平市治安委员会，负责维持治安。美国政府直接

---

① 中国人民解放军《中国人民解放军高级将领传》编审委员会、中国中共党史人物研究会《中国人民解放军高级将领传》编撰委员会编：《中国人民解放军高级将领传（第11卷）》，解放军出版社2006年版，第247页。

② 萧克：《萧克回忆录》，解放军出版社1997年版，第326页。

插手，出动飞机将国民党部队运进北平。在此情况下，里应外合解放北平的目标已难以达成。

随着国民党接收大员和大批军警、宪兵、特务被空运至北平，并与日军、伪军相勾结，在短期内里应外合解放北平的可能性基本不存在了。这种情况在其他地区也存在。中共中央和中央军委遂决定改变夺取大城市及交通要道的作战方针。8月20日，中共中央决定，撤销中共中央北方局，分别成立中共中央晋察冀局和中共中央晋冀鲁豫局。22日指示各地：以相当兵力威胁大城市及要道，使敌伪向大城市要道集中，以必要兵力着重于夺取中小城市及广大农村。中央军委还命令华北各战略区破坏所有铁路，以利于围困大城市，夺取小城市，增加国民党抢夺胜利果实的困难。中共中央晋察冀局和晋察冀军区遂调整了反攻部署，除挺进东北、热河的部队在察哈尔省方面执行任务的部队仍按原计划行动外，其余部队于24日放弃对北平、天津、唐山、石家庄等大中城市的进攻，回师内地和解放区边缘，攻取日、伪军攻占的中小城市。

由于北平城内的共产党员不了解形势变化，还以为八路军很快就可攻进北平城内，于是另外派人出城联系。8月21日，张大中到达北平后，同北平地下党同志部署了准备迎接北平解放的具体工作。据他回忆：

> 当时，党员的情绪非常高涨，夜以继日地开展工作，许多进步人士向我们靠拢，但更多的人对于北平形势的发展仍在观望，31日，地下党组织发动党员在北平的主要街道、工厂、学校张贴了3000多份郭天民司令员署名的布告和新华社对时局的评论。刘仁派王苏、魏焉通过地下党组织从清河军官学校、石景山制铁所守备队夺取了11挺机枪、1000多支步枪。
>
> 1945年8月20日，中央晋察冀分局改为晋察冀中央局，同年9月成立了中共北平市委（驻北平西郊的普照寺、大觉寺、温泉一带），刘仁任书记，武光任副书记兼组织部长，周小舟任宣传部长，甘春雷为军事部长。
>
> 1945年8月，国民党蒋介石政府发布了违反民族利益的错误命

令，要八路军"原地驻防待命"，不准攻击日伪军，收复国土，而要日伪军就地"维持治安"，继续残害中国人民。形势急剧变化，晋察冀军区司令部根据八路军总部的指示，暂时放弃解放北平，指挥主力部队转向解放中小城市。8月23日，解放张家口。12月，中共北平市委从北平西郊迁到张家口。

8月20日，进攻张家口的战斗打响。为防敌向北平逃跑，一部分兵力负责破坏张家口至北平的铁路。22日上午11时左右，从大同方向撤下来的大批日军乘火车到达张家口，敌以装甲车开道，企图通过张家口车站向北平撤退。八路军指战员打退敌10多次冲锋，阻敌于车站西边无法前行。最终，敌凭借装甲车、大炮掩护步兵冲击，为避免大的牺牲，八路军稍向后撤，敌乘机夺路南逃。

在此前后，热西地委书记兼支队政治委员吴涛指挥新编第4团在沙河镇北伏击南口至北平的日军，缴获2辆卡车。延庆民兵在岔道炸毁敌1列火车。第12军分区副司令员钟辉琨和平北地委副书记陆平等，指挥新编第6团和延庆支队等广泛出击，破坏了怀来至康庄的铁路和公路大桥，占领了沙城等城镇，肃清了张家口部分外围之敌。

8月23日，冀察军区部队解放了张家口市。当日，冀热辽第14军分区活动在北平近郊的部队，在主力部队尚未到达前，攻占了通县机场，在民兵配合下破坏了古北口至通县的铁路。冀察军区南线部队已歼灭通县、顺义等地顽抗的日、伪军500余人，进到丰台、南苑一带，并向北平逼近。署名"北平卫戍区司令郭天民"的公告也贴到了北平城内。随后，冀中第10军分区部队从北平南面进逼至北平城下。驻北平的日军早已和国民党政府勾连，他们拒不向八路军投降。郭天民与刘道生见接管北平已无可能，遂率部连夜赶到张家口，向聂荣臻进行汇报。

至8月底左右，中共北平市委的几位负责同志先后到达平西的莲花寺、大觉寺、南安河、北安河、温泉一带。很快建起了北平市委机关，搭设了电台。然而，市政府、卫戍区司令部、市公安局都还没有建立起来。仅有少量警卫部队，主力部队也尚未进驻。此时的形势又有了新发展，但北平市委的工作重点仍是继续调集干部，积极为入城接管北平做准备。9月中旬，集中千名左右的干部，在温泉中学礼堂召开北平市委首次干部会，以准备进城做好接管工作。会议的要点之一是，加强平郊党、政、群的发展与建设工作，用一切方法在平郊建立市委领导下的公开的地方武装，积极活动，向城市压缩。

9月初，八路军前方总部情报处派曾任抗日军政大学六分校教育长兼训练部部长的姚继鸣，到北平向北平情报站王鉴平（当时的掩护身份是伪北平警察上校队长）传达指示，根据新形势的需要，决定将前总派遣北平的情报站移交给中共晋察冀中央局城工部领导。姚继鸣是地地道道的北平人，还是一位身经百战、阅历丰富的干部。他在日本宣布投降、北平街上贴满了《告北平市民书》让日本人向八路军投降的情况下，做出了一个勇敢抉择：亲自会见伪华北政务委员会委员长、大汉奸王荫泰。据姚继鸣的儿子姚强在纪念父亲的文章中写道：

> 在德国医院，他秘密与王荫泰会见一个多小时，达成了协议：一、王荫泰以原华北政务委员会委员长身份，召集驻北平国内外新闻机构特派员出席记者招待会，宣布华北伪政权待命投降。二、由八路军派出一名代表进驻原华北政务委员会，联络洽谈伪军投降事宜。三、此次会晤后，有关联络任务由原华北政务委员会外务局副局长李殿臣负责。后因形势突变，我军未能收复北平。这个历史事实是鲜为人知的。①

姚继鸣还向王鉴平传达了聂荣臻司令员的命令：任命王鉴平为北平地下军总指挥。下辖3个支队。自此，王鉴平领导的北平情报站，包括地下党员、外围组织成员、积极分子等，按照分工，全力转入准备武装起义的工作，以配合八路军攻打日、伪军，解放北平。经过紧张细致的准备工作，3个支队已经筹备完毕，其中第1支队以王鉴平领导的警察第7队为基础，联合第5、

---

① 姚强：《充满激情的一生——怀念父亲姚继鸣》，载《广东党史》2003年第1期。

第6队，负责监视大汉奸、国民党特务，保护北平重要建筑和仓库等目标；第2支队以警察局内第5分局为基础，负责在德胜门地区配合八路军攻城；第3支队以兵器厂为基础，发动伪宪兵学校、伪宪兵第1团官兵，负责在朝阳门、东直门地区配合八路军，并给晋察冀中央局城工部抢修一批枪械。[①]

9月15日，张大中到平西向刘仁汇报说，他们于8月21日回到北平城内后，不了解形势的变化，以为八路军很快可以进城，因此将地下党员之间的联系打通，并与冀南、太行派来的一些同志联合在一起，成立了"人民解放联盟""北平学生联合会"等组织，按学校建立起统一的领导系统，发动党员和进步群众在城内广泛散发传单。刘仁一下子意识到了问题的严重性：如果形势没有变，里应外合进行得很顺利，那还好说；但现在形势变了，八路军也没有进入北平城内，党员之间的联系却被打通了，一旦某个环节出现了问题，就有可能导致全军覆没。他严肃批评了张大中，并让他立即回到北平城内，重新调整组织，尽可能恢复原来单线联系的状况。万幸的是，由于处理及时，国民党此时也无暇顾及，所以地下党组织没有受到什么损失。[②]

日本天皇宣布投降后，日军并没有立即放下武器。为了防止日军狗急跳墙，在北平城内制造屠杀，同时也担心国民党抢占北平，经上级批准，北平市委决定与日军代表谈判。最终将谈判的地点定在莲花寺。到了谈判那天，八路军从莲花寺一直布防到了温泉村以东。日军谈判代表为日本华北方面军司令官根本博，中共代表有刘仁、甘春雷、韩庄。我方提出要日军开出北平城外，向八路军缴械。日军以种种借口拒绝，反而提出要求，让八路军开进北平城内，在城内缴械。谈判未果。事实上，日本侵略者早已与蒋介石达成秘密协议，日、伪军不向八路军缴械。

国民党在北平站住了脚后，在平郊的势力也逐渐扩大，北平市委出于安全考虑，先后将市委机关转移至羊坊镇西山沟里的瓦窑及其以西的村子。1945年12月底，转移至张家口，继续开展城市工作，组织训练班，为北平

---

① 赵勇田：《小八路军日记》，解放军文艺出版社1993年版，第327页。
② 中共北京市委《刘仁传》编写组编：《刘仁传》，北京出版社2000年版，第97—98页。

或其他解放区培养骨干。

虽然"里应外合"解放北平的任务没有实现，但北平地下党经受了磨炼和严峻考验，积累了斗争经验，壮大了队伍，在北京大学、师范大学、辅仁大学、中国大学、艺术专科学校等所有高等院校，在师大附中、河北高中、育英、汇文、志成等中学，以及北平电话局、铁路局等工厂企业和一些医院、文化、商业、服务行业中，都建立了党的组织，为解放战争时期在北平开辟反蒋反美的第二条战线，开展大规模反蒋反美的革命群众运动，和平解放北平，打下了坚实的组织基础、群众基础。

四、欢庆胜利

1945年8月8日和8月10日，潜伏在伪北平广播电台的中共地下党员监听到苏联对日宣战、日本被迫发出乞降照会的消息。中共晋察冀分局城工部宋汝棼、饶毓菩、李子才等人印制500多份《告北平青年书》，于12日深夜，秘密张贴在古都街头，将抗战即将胜利的消息告诉北平市民。北平的报纸竞相报道抗战胜利的消息，发表评论员文章。抗战胜利了！古城沸腾了！饱尝战争苦难的人民激动万分，人民敲锣打鼓走上街头，欢庆胜利。不论城内还是平郊，到处都洋溢着欢歌笑语。

8月15日下午2时，日本宣布无条件投降的广播稿被译成中文，在伪北平广播电台播放出来。北平城里，人们欢呼雀跃，高呼："胜利啦！"天安门前竖起大木牌，上书"还我河山"。晚上市民提灯逛街，学生锣鼓巡游，庆祝胜利。北平城内的日军和日本人，再也没有以往的那种飞扬跋扈和暴戾，有的抱头大哭，有的剖腹自杀，有的仓皇逃命。那些依靠日本侵略者为非作歹的伪军，见大势已去，有的四散逃命，有的摇身一变成了国民党军。据当时还是北平四存小学一年级学生的罗澍伟回忆：

我记得8月15日那天，是从西四北大街路东的一家旧金山委托店的收音机里得到日本投降的消息的，顿时北平这座古城真的沸腾起来了。东四牌楼一带本是北平的繁华区之一，可在日伪统治下，商业萧疏，民生凋敝，街上行人疏疏落落。日本一投降，万马齐喑的古都立刻精神焕发，没有人组织，没有人号召，却"忽如一夜春风来，千树万树梨花开"，各个商家瞬间挂起了"青天白日满地红"的国旗，大街小巷，锣鼓喧天，鞭炮齐鸣；见了面，人人精神焕发，笑逐颜开，好像天上的太阳一下子也亮了许多。那天父亲特别高兴，带我去了东单、王府井；后来又带我去了前门外、西单、西四、鼓楼，才知道全城都是如此。

我家对面，住的是一户日本人，过去见到这家人，我们一帮孩子都远远地躲着走，生怕惹事；现在相反了，这家人走在街上个个都低着头，有意识地趋避中国人。这在我幼小的心灵里种下了终生难忘的印记，国之不存，家，又将如何呢？①

抗战胜利时，仅有8岁的市民刘冶生见证了北平城内人民群众欢庆的场景，这令他终生难以忘怀：

抗战胜利那年我8岁，我们家就住在西单闹市区的胡同里。8月15日那天早晨，还看到街头有日本宪兵。到大约中午11点多钟的时候，收音机里传出了日本投降的消息。当时就看到大人们奔走相告，胡同里立刻热闹了起来。下午再到街上时发现，日本宪兵全都不见了，街上贴满了标语，人们个个兴高采烈。当时北京的胡同里住着不少日本人，往日看他们耀武扬威，这时候可全成了过街老鼠——人人喊打。②

得到抗战胜利的消息后，八路军晋察冀军区命令作战值班员用电话、电台通知各部队，层层传达日本正式宣布投降的好消息。分散在北平城外

---

① 《民间影像》编：《我的1945：抗战胜利回忆录》，同济大学出版社2017年版，第491页。

② 曹磊：《1945》，河南文艺出版社2015年版，第133页。

的各部队，为了第一时间让抗日根据地的群众分享抗战胜利的喜悦，立即派人将消息传递给根据地政府机关和各村村干部。村干部们欣喜若狂，纷纷爬上高处的屋顶，大喊："鬼子投降了！抗战胜利了！"平郊根据地彻底沸腾了。在平西、平北、冀东和平南地区，群众奔走相告，欢呼相拥，脸上挂着欢喜的泪水。晚上，群众点燃火把，跑旱船、扭秧歌，比过年过节还要热闹。

据家住旧鼓楼大街117号（现41号）的民俗学家常人春回忆，他这一生经历过很多惊天动地的大事，头一件就是日本投降。1945年8月15日是阴历七月初八，老北京有过七月十五中元节的习俗，也就是所谓的"盂兰盆会"。而这一年的中元节，成了一个庆祝胜利的节日：

> 群众自发的庆祝活动我都看见了。街上当时马上就沸腾了，大人小孩都往街上跑，大家纷纷喊："好啊！日本投降啦！我们胜利啦！"老百姓都拿着红棉纸糊的五色旗、米字旗、星条旗，全部走到了街上。
>
> 百姓们都糊了写着"庆祝胜利"等字样的灯笼，提灯逛街。学校的学生们临时组织起来，指着大海棠叶形状的中国版图灯（因当时包括外蒙古，所以是海棠叶形状），还有中美苏的胜利灯，总共好几百盏，敲锣打鼓地游街。队伍后边，押着装扮的日本战犯，游街示众，十分庄严。
>
> 那时候，撒传单的、贴标语的、拿旗帜灯笼游行的，挤得街上走也走不动。街道两边的商店，都加大音量，放中山公园、北海公园追悼8年抗战阵亡将士法会济孤焰口的实况直播。
>
> 日本投降后，日本人穿的和服出现在鬼市上，要饭的编数来宝唱道："防空壕没用着，日本投降卖大袍！"有个人贪图便宜买了条日本人穿的土黄军裤，到一个卖炒肝的小摊上，吃完就走。掌柜的叫住说："哎，我说那位，您给钱了吗？"那人说，这会儿没带，一会儿拿来。掌柜的当即回了一句："告你少来这套，日本投

降了您还不知道吗？就您这条裤子吓不了谁！"①

亲眼见证日军投降仪式的抗战老兵赵勇田②，2014年接受采访时口述了
这段终生难忘的经历：

8月15日，日本政府正式宣布无条件投降。那天深夜，正在熟
睡中的我忽然听到北平街头有鞭炮声，继而传来阵阵锣鼓声。等
我到门口一望，街上有人奔跑着大声呼喊："日本投降了！"街头
巷尾很快挤满了人，大家眉开眼笑，欣喜若狂，不少人激动得热
泪盈眶。当晚，我和房东张玉昌在他家的炕头上点着煤油灯畅谈
胜利，兴奋得一夜未眠。还写了一首打油诗表达内心的喜悦：八
年抗战有指望，全国军民乐洋洋。我和房东心高兴，煤油灯下喜
若狂。

抗日战争整整打了八年，终于守得云开见月明，取得了胜利。
那盏煤油灯我一直保存到现在，有时还会将它点燃，因为它既是
胜利的曙光，又是一盏警示灯，告诫我不要遗忘那段历史。③

据时任冀热辽军区第16军分区司令员的曾克林回忆，在其率部出关后
20多天的时候，传来了日本无条件投降的消息，顿时，抗日根据地一片欢
腾。干部战士互相拥抱，敲锣打鼓，扭起了秧歌。民兵们鸣枪庆祝。群众
燃放鞭炮。许多人流下了喜悦的泪水。④

第16军分区侦察参谋兼侦察连长董占林回忆，8月18日，八路军攻打
下樊各庄据点并在群众强烈要求下处决了人称"活阎王"的翻译官后，军分
区参谋长王珩向聚集的上千名群众宣布："同志们，乡亲们！我来给大家宣

---

① 《新京报》编：《抗战北平纪事》，中国画报出版社2006年版，第212页。
② 赵勇田，1925年出生，1938年6月参加革命工作，12月加入中国共产党。1939年1月
参加八路军。抗战初期在冀中区党委任黄敬书记机要通信员。后调入八路军总部情报处工作。
③ 光炜、周进主编：《亲历抗战：20位抗日老兵口述》，新华出版社2014年版，第
93页。
④ 曾克林：《戎马生涯的回忆》，解放军出版社1992年版，第187页。

布一个最大的喜讯——鬼子投降了！日本天皇在8月14日已经宣布向中、苏、美、英无条件投降了！"这一声喊，如同二月寒春里响起的惊雷，人们都被振奋得跳荡起来，男女老少都高兴得不知说什么好，只顾咧着嘴一个劲地笑啊，拉着手一个劲地跳啊，脸上都淌着两行情不自禁的喜泪。樊各庄沸腾起来了，整个冀东、华北、全中国都沉浸在抗战胜利的喜悦之中……①

当时冀东人民庆祝抗战胜利，将8县县名巧妙引入对联：

　　　密云布雨，引三河，灌玉田，万年丰润。
　　　平谷移山，填静海，建乐亭，百业兴隆。

抗战胜利的消息传到平三蓟联合县各村，到处传来锣鼓声、歌唱声。丫髻山、峪口镇的敌人向密云逃窜而去。峪口镇附近村庄的数千名群众集会，点燃了敌人遗弃的炮楼，唱起了胜利的歌曲。第14专署下令，8月18—20日全区人民休假3天。每天早晨8点击鼓10分钟，晚上鸣钟30响。假期3天里，人们穿上最好的衣服，村村开了庆祝大会。

日本宣告投降后，蒋介石一面派第11战区司令长官孙连仲率所部进驻北平，一面电令李宗仁任北平行辕主任。平津地区日军投降部队，第118师团、第9独立师团，集中地点在天津；第3骑兵旅团、第2独立骑兵旅团、第8独立旅团、第3独立骑兵团，集中地点在北平；第7独立骑兵团，集中地点在保定。第1独立旅团、第2独立旅团，集中地点在石家庄。投降地点在北平。

1945年10月10日，孙连仲在北平故宫太和殿接受侵华日军华北派遣军司令官根本博投降。这一天是北平200万市民永久难忘的一天。上午7时许，风和日丽，秋高气爽，天安门、午门、东华门外，已经围满了10多万民众，随后，各团体代表相继入场。受降大典礼堂布置在太和殿石阶上，极为庄严，四周高悬中美英苏盟国国旗并扎以金色"凯"字。10时整，孙连仲于军乐悠扬声中偕随员走出太和殿，立于受降礼堂正中，司仪上台高喊，引导日军投降代表。日军代表所过之处，市民群情激愤。签字后，日

---

① 董占林：《军旅春秋》，甘肃人民出版社1991年版，第53页。

本投降代表依次呈缴军刀，放置于签字桌上。

受降仪式前后经历不到一个小时，但对于北平人民来说是生平最难忘的一刻。受降仪式举行过程中，老百姓不能进入太和殿广场。仪式举行完毕、军队撤走后，老百姓一拥而入，在广场上欢呼雀跃，有的还拍照留念。当晚，景山上矗立起巨大的彩色牌坊，在五颜六色的灯光照耀下，几乎全北平城都能看到它的轮廓，加上探照灯的光柱，把北平的夜空装扮得十分美丽。

赵勇田在太和殿广场一角目睹了受降仪式的全过程，当晚，他在住所写下了一首小诗《凯歌庆良宵》：

> 长城外，黄河边，烽火连天。
> 倭寇枪下哭声惨，尸骨成堆山。
> 沧桑事，一瞬间，神州崛起。
> 凯歌阵阵庆良宵，万民得平安！①

---

① 赵勇田：《小八路军日记》，解放军文艺出版社1993年版，第339页。

参考书目

1.全国中共党史研究会编:《抗日民主根据地与敌后游击战争》,中共党史资料出版社1987年版。

2.胡德坤:《七七事变》,解放军出版社1987年版。

3.军事科学院军事历史研究部编著:《中国人民解放军战史第二卷·抗日战争时期》,军事科学出版社1987年版。

4.徐平主编:《侵华日军通览(1931—1945)》,解放军出版社2012年版。

5.中共中央文献研究室朱德研究组编著:《朱德1886—1976》,四川人民出版社2009年版。

6.中共中央文献研究室编:《毛泽东年谱修订本1893—1949(上卷)》,中央文献出版社1993年版。

7.《毛泽东军事文集》编写组编:《毛泽东军事文集》(第二卷),军事科学出版社、中央文献出版社1993年版。

8.徐向前:《徐向前回忆录》,解放军出版社2007年版。

9.中共中央文献研究室编:《朱德年谱》(新编本),中央文献出版社2006年版。

10.《毛泽东文集》第二卷,人民出版社1993年版。

11.杨成武:《杨成武回忆录》,解放军出版社2014年版。

12.刘源:《梦回万里 卫黄保华——漫忆父亲刘少奇与国防、军事、军队》,人民出版社2018年版。

13.岳思平:《八路军史》,江苏人民出版社2017年版。

14.《毛泽东选集》第一卷,人民出版社1991年版。

15.王宗槐:《王宗槐回忆录》,解放军出版社1995年版。

16.《聂荣臻传》编写组:《聂荣臻传》,当代中国出版社2015年版。

17.冉淮舟、刘绳:《奇特的战场——晋察冀抗战史话》,天津人民出版社1990年版。

18.〔美〕霍尔多·汉森:《中国抗战纪事》,解放军文艺出版社2017年版。

19.梁山松、林建良、吕建伟编:《烽火晋察冀:刘荣抗战日记选》,中国文史出版社2015年版。

20.中国军事百科全书编审委员会编:《中国军事百科全书(第二版)》(军事历史Ⅰ),中国大百科全书出版社2014年版。

21.《晋察冀边区军政民代表大会宣言》,1938年1月14日。转引自《晋察冀抗日根据地史料选编》上册,河北人民出版社1983年版。

22.谢忠厚、肖银成:《晋察冀抗日根据地史》,改革出版社1992年版。

23.河北省社会科学院历史研究所、河北省档案馆等编:《晋察冀抗日根据地史料选编》上册,河北人民出版社1983年版。

24.〔英〕林迈可:《八路军抗日根据地见闻——一个英国人不平凡经历的记述》,国际文化出版公司1987年版。

25.中共北京市委党史研究室、房山区党史区志办公室编:《平西抗日根据地历史》,北京出版社2015年版。

26.《李运昌回忆录》编写组编:《李运昌回忆录》,法律出版社2006年版。

27.中共唐山市委党史办公室编:《纪念冀东人民抗日暴动》,1988年3月。

28.中共北京市委党史研究室编:《北平抗战简史》,北京出版社2015年版。

29.晋察冀人民抗日斗争史编委会平西分会:《平西地区抗日战争时期历史资料选编》第一辑,国防大学出版社。

30.中共河北省党史研究室编:《冀热察抗日根据地》,中共党史出版社1996年版。

31.中共中央文献研究室编:《刘少奇年谱(1898—1969)》(上卷),中央文献出版社1996年版。

32.星火燎原编辑部编:《星火燎原》(丛书之十),解放军出版社1989

年版。

33.杨博民、刘清扬:《游击战在河北》,全民出版社1938年版。

34.任远:《红色特工记忆往事》,金城出版社2011年版。

35.中共北京市委党史研究室、中共房山区委党史办公室:《房山革命史》,北京出版社1994年版。

36.北京市档案馆编:《绝对真相:日本侵华期间档案史料选》,新华出版社2005年版。

37.迅雷编:《战场上的鲜花》,全民出版社1938年版。

38.中国抗日战争军事史料丛书编审委员会编:《八路军回忆史料(3)》,解放军出版社2015年版。

39.梁湘汉、赵庚奇编著:《北京地区抗战史料——纪念伟大的抗日民族解放战争五十周年》,紫禁城出版社1986年版。

40.拓荒:《今日的将领》,统一出版社1939年版。

41.胡朋、胡可:《敌后纪事》,大众文艺出版社1997年版。

42.方明编著:《抵抗中的中国——外国记者亲历的中国抗战》,团结出版社2017年版。

43.戚霞编:《目前各地的抗日游击战》,大众出版社1938年版。

44.李德仲、张雷主编:《燕山儿女》,华夏出版社1987年版。

45.《中国人民解放军高级将领传》编审委员会编:《中国人民解放军高级将领传(第16卷)》,解放军出版社2013年版。

46.〔波兰〕爱泼斯坦:《人民之战》,上海科学技术文献出版社2015年版。

47.《中国共产党北京市组织史资料(1921—1987)》,人民出版社1992年版。

48.熊怀济:《天地有正气——草岚子监狱斗争与"六十一人案"》,北京出版社1982年版。

49.北京市门头沟区博物馆编:《平西抗战组歌》,学苑出版社2011年版。

50.军事科学院编:《邓华纪念文集》,军事科学出版社2010年版。

51.隗合甫主编:《平西烽火》,国防大学出版社2000年版。

52.罗印文:《邓华将军传》,中共中央党校出版社1995年版。

53.中国人民解放军历史资料丛书编审委员会编:《八路军·文献》,解放军出版社1994年版。

54.军事科学院宋时轮纪念文集编辑组编:《武功文事彪炳青史——缅怀宋时轮将军》,军事科学出版社1997年版。

55.罗立斌:《八路军挺进军抗战纪事——八年烽火战芦沟》,广西人民出版社1989年版。

56.宋崇实:《虎将宋时轮》,知识产权出版社2013年版。

57.军事科学院军队建设研究部:《宋时轮传》,军事科学出版社2007年版。

58.《抗战英魂录:八路军为国捐躯的将领（上册）》,陕西人民出版社2015年版。

59.萧克:《萧克回忆录》,解放军出版社1997年版。

60.《我们的父亲和母亲——记老红军刘显宜和松伟》,黄河出版社2011年版。

61.中共河北省委党史研究室编:《冀热察抗日根据地》,中共党史出版社1996年版。

62.中共北京市委党史研究室编:《烽火中的青春:抗日战争时期北平女学生口述》,中共党史出版社2015年版。

63.《百团大战历史文献资料选编》编审组编:《百团大战历史文献资料选编》,解放军出版社1991年版。

64.中国中共党史人物研究会:《中共党史人物传:精选本·军事卷》,中共党史出版社2010年版。

65.孟广臣、高德强主编:《海坨风云（2）:平北抗日战争纪念馆》,奥林匹克出版社2001年版。

66.中共北京市委党史研究室、中共延庆县委党史办公室编:《延庆革命史》,北京出版社1991年版。

67.中共陕西省委党史研究室编:《陕西抗战人物纪事》,陕西人民出版社2015年版。

68.中共延庆县委党史办公室、延庆县民政局编：《延庆英烈传（第一辑）》。

69.中共北京市委党史研究室编：《北京地区抗日运动史料汇编》（第六辑），北京燕山出版社2001年版。

70.中国人民解放军历史资料丛书编审委员会编：《八路军回忆史料（3）》，解放军出版社1991年版。

71.河北省晋察冀根据地遗址修复与历史研究促进会、中共河北省委党史研究室、河北省社会科学院编：《河北抗战"三亲"实录（上）》，河北少年儿童出版社2005年版。

72.大庄科乡人民政府编：《为有牺牲壮志酬——平北昌延联合县抗日斗争记事》，线装书局2018年版。

73.金肇野：《血沃长城》，当代世界出版社1995年版。

74.《中国人民解放军高级将领传》编撰委员会编：《中国人民解放军高级将领传·第31卷》，解放军出版社2013年版。

75.中共中央文献研究室、刘少奇研究组编著：《刘少奇》（开国领袖画传系列），辽宁人民出版社2016年版。

76.中共唐山市委党史研究室编：《冀东革命史》，中共党史出版社1993年版。

77.冀热辽人民抗日斗争史研究会编辑室编：《冀热辽人民抗日斗争·文献·回忆录》（第一辑），天津人民出版社1985年版。

78.中共北京市委党史研究室、中共平谷县委党史办公室编：《平谷革命史》，北京出版社1991年版。

79.曾克林：《曾克林将军自述》，辽宁人民出版社1997年版。

80.中共北京市委党史研究室编：《北京地区抗日运动史料汇编》（第五辑），中国文史出版社1992年版。

81.陶江主编：《娄平纪念文集》，南开大学出版社2010年版。

82.聂荣臻：《聂荣臻回忆录》（中），战士出版社1983年版。

83.张明远：《我的回忆》，中共党史出版社2004年版。

84.刘道生：《刘道生回忆录》，海潮出版社1992年版。

85.平西抗日斗争史编写组、中法大学校友会编委会编:《平西儿女革命回忆录（上集）》，光明日报出版社1986年版。

86.李中权:《李中权征程记》，华夏出版社1995年版。

87.中央档案馆、中国第二历史档案馆、吉林省社会科学院合编:《日本帝国主义侵华档案资料选编——华北大"扫荡"》，中华书局1998年版。

88.武光:《钢是自我炼成的——为国冒死闯敌后》，中国文化传播出版社2010年版。

89.平北抗日斗争史调研组:《巍巍海坨山——平北人民抗日斗争纪实（一）》，1989年版。

90.陈建辉主编:《人间地狱"无人区"》，中央编译出版社2005年版。

91.仓夷:《时代的浪花》，新华出版社1986年版。

92.北京市政协文史和学习委员会编:《北京抗战史料选编·第二卷:抗战时期的北平》，北京出版社2015年版。

93.中共北京市委党史研究室编:《侵华日军在北京地区的暴行》，知识出版社1995年版。

94.居之芬、庄建平编:《日本掠夺华北强制劳工档案史料集》（下），社会科学文献出版社2003年版。

95.董占林:《军旅春秋》，甘肃人民出版社1991年版。

96.中共河北省委党史研究室编:《长城线上千里无人区》（第二卷），中央编译出版社2005年版。

97.新华社解放军分社、北京青年报编:《我的见证》，解放军文艺出版社2005年版。

98.中共北京市委党史研究室、中共通县委党史办公室编:《通县革命史》，北京出版社1994年版。

99.巩玉然:《峥嵘岁月——巩玉然革命历史回忆录》，黄河出版社2002年版。

100.吕正操:《冀中回忆录》，解放军出版社1984年版。

101.《中共中央北方局》资料丛书编审委员会编:《中共中央北方局·抗日战争时期卷》（下册），中共党史出版社1999年版。

102.《晋察冀抗日根据地》史料丛书编审委员会、中央档案馆编:《晋察冀抗日根据地·第一册》(文献选编下),中央党史资料出版社1989年版。

103.黄文主、赵振军主编:《抗日根据地军民大生产运动》,军事谊文出版社1993年版。

104.中国人民解放军文艺史料编辑部编:《中国人民解放军文艺史料选编·抗日战争时期(第二册)》,解放军出版社1988年版。

105.岳思平:《八路军史》,江苏人民出版社2017年版。

106.中共中央党研究室第一研究部编:《中华民族抗日战争史1931—1945》,中共党史出版社2016年版。

107.程子华:《程子华回忆录》,中央文献出版社2015年版。

108.耿飚:《耿飚回忆录》,解放军出版社1991年版。

109.《反法西斯战争文献》,世界知识出版社1995年版。

110.中共北京市委《刘仁传》编写组编:《刘仁传》,北京出版社2000年版。

111.武光:《冬夜战歌(修订版)》,北京航空航天大学出版社2009年版。

112.张大中、安捷主编:《没有硝烟的战场——中国共产党领导的北平地下抗日斗争纪实》,京华出版社1997年版。

113.中国人民政治协商会议北京市委员会文史资料研究委员会编:《北平地下党斗争史料》,北京出版社1988年版。

114.赵勇田:《小八路军日记》,解放军文艺出版社1993年版。

115.《民间影像》编:《我的1945:抗战胜利回忆录》,同济大学出版社2017年版。

116.曹磊:《1945》,河南文艺出版社2015年版。

117.《新京报》编:《抗战北平纪事》,中国画报出版社2006年版。

118.光炜、周进主编:《亲历抗战:20位抗日老兵口述》,新华出版社2014年版。

119.中央档案馆编:《中国受降档案(下)》,中国文史出版社2015年版。

结束语

平郊抗日根据地作为华北抗战的重要战略支点、晋察冀边区的屏障和护卫、八路军挺进东北的堡垒阵地，在华北最前线树起了一面抗日斗争的旗帜，像把尖刀插进华北敌人的心脏，打击和牵制了大量日、伪军，沟通了根据地与平津敌占区的联系，为夺取抗日战争的最后胜利做出了重大贡献，书写了中国人民抗日斗争史上的光辉一页。

平郊抗战的伟大胜利，离不开中国共产党的坚强领导，离不开军政素质过硬、作风优良的人民军队、地方部队和人民武装，离不开巩固的抗日根据地，离不开平郊人民的全力支持。

前事不忘，后事之师。2020年9月3日，习近平总书记在纪念中国人民抗日战争暨世界反法西斯战争胜利75周年座谈会上发表重要讲话，指出："伟大抗战精神，是中国人民弥足珍贵的精神财富，将永远激励中国人民克服一切艰难险阻、为实现中华民族伟大复兴而奋斗。"

平郊抗战的硝烟早已散去，但平郊军民团结一心、自强不息、毁家纾难、英勇奋战的图景，将成为永恒的记忆；平郊抗日根据地的历史和在这片土地上牺牲的英烈们，应该被更多的人所熟知并铭记。愿此书能将平郊抗日根据地的烽火历史，告诉给更多的读者。

后　记

"北平抗日斗争历史丛书"是北京市红色资源保护传承利用工程的重要组成部分。丛书以北平抗日斗争为主题，全景式展现了北平军民14年不屈斗争的历史画卷，深刻揭示了北平在全国抗战中的重要地位和作用。

丛书项目由北京市委党史研究室、市地方志办主任李良统筹策划，经专家团队反复论证，室务会研究确定，并报请市委批准。市委高度重视，市委常委、组织部部长孙梅君全程关注，并就打造精品力作多次做出指示。为优质高效推进编写工作，专门成立编委会和编委会办公室，并进行了明确分工。经过一年多艰苦努力，顺利完成丛书编写任务。

丛书主编杨胜群、李良从确定选题到谋篇布局，从甄别史实到提升质量，实施全面指导、严格把关；陈志楣负责丛书组织编写工作，并审改全部书稿；张恒彬、刘岳、运子微、姜海军对书稿提出宝贵意见。

《平郊抗日根据地》作为这套丛书其中一部，由军事科学院军队政治工作研究院解放军党史军史研究中心副研究员史波波负责撰写。专责编委郭芳全程指导，姜廷玉、李涛等专家提出修改意见。联络员方东杰具体负责组织协调等工作。

北京出版集团所属北京人民出版社全程参与本书策划论证和审校出版工作。本书参阅了许多公开出版或发表的文献资料和研究成果。在此，谨向所有为本书编写工作做出贡献的单位和同志表示诚挚感谢！

由于时间仓促，加之编写水平有限，本书难免存在不足之处，敬请读者批评指正。

丛书编委会

2022年12月